新能源汽车动力蓄电池与管理技术

主　编　房伟萍　郭化超

副主编　元伟利　孔庆奎　张　峻

吴海平　杨效军　田晓文

山东大学出版社

SHANDONG UNIVERSITY PRESS

·济南·

图书在版编目(CIP)数据

新能源汽车动力蓄电池与管理技术/房伟萍,郭化超主编.
—济南:山东大学出版社,2021.7
活页式·校企合作·高职汽车专业群规划教材/王建良主编
ISBN 978-7-5607-7038-3

Ⅰ.①新… Ⅱ.①房… ②郭… Ⅲ.①新能源—汽车
—蓄电池—高等职业教育—教材 Ⅳ.①U469.703

中国版本图书馆 CIP 数据核字(2021)第 122944 号

策划编辑 刘 彤
责任编辑 祝清亮
文案编辑 曲文蕾
封面设计 牛 钧

出版发行 山东大学出版社
社 址 山东省济南市山大南路 20 号
邮政编码 250100
发行热线 (0531)88363008
经 销 新华书店
印 刷 济南乾丰印刷有限公司
规 格 787 毫米×1092 毫米 1/16
16.25 印张 375 千字
版 次 2021 年 7 月第 1 版
印 次 2021 年 7 月第 1 次印刷
定 价 59.00 元

《活页式·校企合作·高职汽车专业群规划教材》丛书编委会

总　序

《国家职业教育改革实施方案》指出，要深化“三教”改革，建设一批校企“双元”合作开发的国家规划教材，倡导使用新型活页式、工作手册式教材并配套开发信息化资源。同时，要求专业教材随信息技术发展和产业升级情况及时动态更新。为落实《国家职业教育改革实施方案》，推进国家教学标准落地实施，提升职业教育质量，提高人才培养的针对性，教育部出台了《关于职业院校专业人才培养方案制订与实施工作的指导意见》（教职成〔2019〕13 号）和《职业院校教材管理办法》（教材〔2019〕3 号），对教材和资源建设提出了具体要求。为全面落实国家和教育部有关文件精神，山东省交通运输职业教育专业指导委员会牵头组织编写了本套教材。教材的编写秉承以下原则：

突出“课程思政”和文化育人。本套教材编写强调强化“课程思政”，注重实现思想政治教育与汽车相关专业岗位技术技能培养的有机统一。结合汽车行业和企业的典型文化案例，强化学生职业素养养成和专业技术积累，将专业精神、职业精神和工匠精神融入人才培养全过程。

突出类型特色，服务“三教”改革。强化产教融合、校企合作的全流程设计，融入新技术、新设备、新工艺、新规范以及产业发展的新趋势，使学生适应行业技术变革的最新发展。课程、教材教学一体化设计，有利于建设符合项目式、模块化教学需要的教学创新团队，普及项目教学、案例教学、情景教学、模块化教学等教学方式，广泛运用启发式、探究式、讨论式、参与式等教学方法，推动课堂教学革命。

突出山东特色，对接“双高”水准。山东省交通运输专指委联合行业、企业、学校和山东大学出版社，聘请省内外专家指导，围绕汽车技术服务专业集群，适应全面推进“双高计划”、现代学徒制改革试点和“1＋X”证书制度试点的工作需要，开展职业教育教材体系和资源建设，力求建设反映“三教”改革新形态、突出山东特色、对接“双高”水准、对标国内一流的教材和教学资源。当前，职业教育战线正在全面落实习近平总书记关于职业教育的重要指示批示和全国教育大会精神。山东省正在进行部省共建“国家职业教育创新发展高地”，实现一年成“式”、两年成“是”、三年成“事”总目标，打造新时代中国特色职业教育的“山东样板”。出版本套教材也是抛砖引玉，以便更好地服务“高地建设”，祝愿山东汽车职业教育发展越来越好。

山东省交通运输职业教育专业建设指导委员会

2021 年 7 月

前　言

“新能源汽车动力蓄电池与管理技术”是高职汽车专业群课程体系中的一门专业核心课程。本书在内容选取上注重突出类型特征，以载道、需求为导向，重构教学内容体系，并以工作过程中的情景为基础组织内容，重点突出对学生职业能力和职业素养的培养。本书由山东交通职业学院、山东科技职业学院、山东电子职业技术学院、山东水利技师学院、莘县职业中等专业学校、山东水利职业学院等院校骨干教师，以及潍坊市兆和汽车销售服务有限公司、上汽大众培训中心等行业企业专家共同编写。本书内容对接新能源汽车企业职业岗位标准、融合汽车领域“1＋X”证书制度和国家职业技能大赛标准，引入典型生产案例，以工作过程为导向，“校企行”协同开发。本书是一本工作手册式融媒体新型教材，对推动新时代职业教育朝着项目化、模块化、信息化的方向发展具有重要意义。

本书由山东省交通运输职业教育专业建设指导委员会和山东大学出版社组织编写，内容主要包括动力蓄电池概述、高压安全与防护、动力蓄电池性能检测、更换动力蓄电池、动力蓄电池的充电、动力蓄电池管理技术等。本书由房伟萍、郭化超担任主编，元伟利、孔庆奎、张峻、吴海平、杨效军、田晓文担任副主编，潍坊市兆和汽车销售服务有限公司的郑恒建总经理根据职业岗位能力和实际要求，对教材内容选取和实训工单设计进行审核并提出修改意见，并由王建良教授负责全书的主审工作。

本书可作为高职院校新能源汽车类、汽车智能技术、汽车检测与维修技术等专业的教学用书，也可作为从事新能源汽车动力蓄电池相关工作的工程技术人员的参考用书。

本书在编写过程中参阅了许多国内外公开出版的教材和发表的文献资料，并得到了山东交通职业学院王福忠教授、丁在明教授以及宝马培训中心和上汽大众培训中心的大力支持，在此一并表示感谢。

由于时间仓促，加之水平所限，书中难免存在错误和不妥之处，敬请读者提出宝贵意见。

编　者

2021 年 7 月

目　录

项目一
动力蓄电池

任务一　动力蓄电池的发展与未来规划

【工作情景】

从动力蓄电池的诞生到新能源汽车上锂离子动力蓄电池的大量应用，动力蓄电池的发展经历了漫长的过程，你能说出动力蓄电池的发展历程吗？目前国内外常用的动力蓄电池类型有哪些？配套在哪些车型上？

【学习目标】

素质目标

1.养成良好的职业道德和职业素养；

2.能够进行有效的沟通和交流，具备团队合作意识；

3.培养安全第一的操作意识、爱岗敬业的工作态度和精益求精的工匠精神。

知识目标

1.了解动力蓄电池的发展历程；

2.熟悉动力蓄电池的未来规划。

能力目标

1.能够说出动力蓄电池的各个历史阶段；

2.能够说出动力蓄电池的未来发展规划。

【知识准备】

一、动力蓄电池的发展历程

动力蓄电池是纯电动汽车的心脏，是新能源汽车产业发展的关键。近年来，在一系列政策的支持和推动下，我国新能源汽车产业迅速发展，产销量快速增长，直接带动了我国动力蓄电池产业的快速发展。我国新能源汽车产业是否能够可持续发展、能否保持产业国际并行和领先优势，在很大程度上取决于动力蓄电池产业的发展。

1799 年，伏特把一块锌板和一块银板浸在盐水里，发现连接两块金属的导线中有电流通过。于是,他在许多锌片与银片之间垫上浸透盐水的绒布和纸片,并平叠起来,用手触摸两端时会感到强烈的电流刺激。伏特用这种方法成功地制成了世界上第一个电池——伏特电堆,它也是早期电学实验、电报机的电力来源,如图 1-1 所示。

图 1-1 伏特(左)向拿破仑(右)展示伏特电堆

1836 年,英国的丹尼尔对伏特电堆进行了改良。他使用稀硫酸作电解液,解决了电池极化问题,制造出第一个不极化、能保持平衡电流的锌-铜电池,又称"丹尼尔电池",如图 1-2 所示。

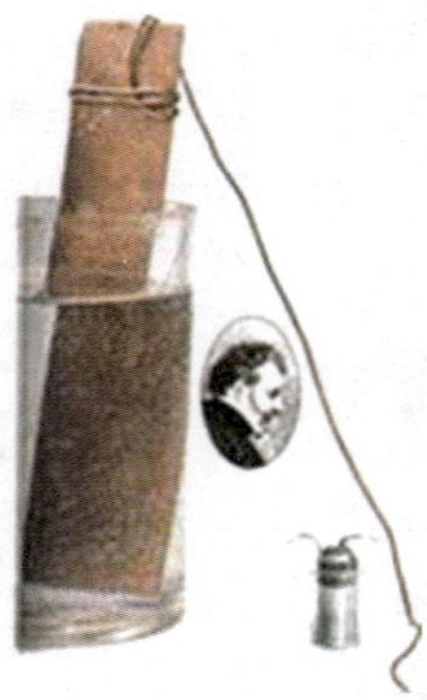

图 1-2 丹尼尔电池

1859 年,法国科学家普兰特发现,当直流电通过浸在稀硫酸中的两块铅板时,这两块铅板上能够重复地产生电动势。根据这个发现,他发明了一种能够产生较大电流的、可重复充电的铅酸蓄电池,如图 1-3 所示。

图 1-3 普兰特发明的铅酸蓄电池

1899 年，瑞典人沃尔德马·尤格尔发明了镍镉电池(Ni-Cd)。

1901 年，爱迪生发明了镍铁电池(Ni-Fe)。

1984 年，荷兰的飞利浦公司成功研制出 $LaNi_5$ 储氢合金，并制备出镍氢电池(Ni-MH)。

1991 年，可充电的锂离子电池问世。实验室制成的第一个 18650 型锂离子电池容量仅为 600 mA·h。

1992 年，日本索尼公司开始大规模生产民用锂离子电池。

1995 年，日本索尼公司首先研制出 100 A·h 锂离子动力蓄电池，并应用在电动汽车上，展示了锂离子电池作为电动汽车用动力蓄电池的优越性能，引起了广泛关注。

2000 年以后，我国锂离子电池开始了商业化生产。随着我国新能源汽车产业的发展，截至 2017 年，中国电动汽车市场实现锂离子电池装车总量 33.55 GW·h，具备规模生产锂离子电池的厂家已有 300 多家。

二、动力蓄电池的发展现状与规划

(一)动力蓄电池的发展现状

对于电动汽车来说，要获得与传统内燃机汽车相当的竞争力，最重要的是开发出接近理想的动力蓄电池。理想的动力蓄电池具备安全性好、绿色环保、高能量密度和高功率密度、循环寿命长、成本低等特性。

铅酸蓄电池虽然具有技术成熟、成本低等优点，但满足不了绿色环保、高能量密度和高功率密度等要求。锂离子电池具有容量高、比能量高、循环寿命长、无记忆效应等优点，已成为当前电动汽车用动力蓄电池的主要研究方向。锂离子电池模块如图 1-4 所示。

图 1-4　锂离子电池模块

根据中国化学与物理电源行业协会动力电池应用分会的统计，2020 年我国新能源汽车共有配套动力锂离子电池企业 72 家，装机量排名如表 1-1 所示。

表 1-1　2020 年中国动力锂离子电池企业装机量排名前 10 强

序号	企业名称	2020 年累计装机量（MW・h）	2020 年市场占比(%)
1	宁德时代新能源科技股份有限公司	30 435.90	48.06
2	比亚迪锂电池有限公司	9439.72	14.91
3	LG 化学	6435.52	10.16
4	中航锂电科技有限公司	3352.32	5.29
5	合肥国轩高科动力能源有限公司	3163.33	4.99
6	时代上汽动力蓄电池有限公司	1354.40	2.14
7	惠州亿纬锂能股份有限公司	1114.81	1.76
8	天津力神电池股份有限公司	921.65	1.46
9	瑞浦能源有限公司	833.01	1.32
10	孚能科技股份有限公司	683.99	1.08

虽然我国锂离子动力蓄电池技术已经达到世界一流水平，但还存在很多问题，特别是产业结构、系统集成、精密制造、回收利用等方面仍然存在很多不足。

(1)高端产能不足，低端产能过剩。2016 年，为新能源汽车提供动力蓄电池及其配件的中国企业有 200 多家，而国外企业仅有 4 家。但是，中国企业的产能利用率只有 50%左右，这种低端产能过剩带来了极大的资源浪费和市场不平衡。尽管国外企业只有4 家，但他们主要提供高端电池材料且供不应求，导致了动力蓄电池的成本居高不下。高端产能不足、低端产能过剩给整个产业结构带来了巨大风险，也使新能源汽车产业受到了国外企业的制约。

(2)集成技术较低。近几年，中国企业生产单体电池的技术水平得到了巨大提高，但相比于日本、韩国等国家的自动化生产，中国许多企业的系统集成技术尚未实现半自动化生产，成组电池的一致性较差。

(3)电池回收利用体系不完善。如果锂离子电池在报废后未进行有效的回收，会造成极大的资源浪费，如图 1-5 所示。废旧电池造成的环境污染问题已经引起行业重视，但标准尚未统一，回收存在很大的缺陷。同时，我国的低端产能过剩导致了回收收益不高，缺少吸引力，无法让更多的从业人员加入进来。

图 1-5　各种废旧电池

(二)动力蓄电池的发展规划

车用动力蓄电池主要有四种技术路线：锂离子电池、氢燃料电池、超级电容电池和铝空气电池。其中，锂离子电池、超级电容电池和氢燃料电池都已得到了应用，而铝空气电池尚处于实验室研究阶段。不同动力蓄电池的优缺点如表 1-2 所示。

我国的锂资源储量丰富，在青海已探明的锂资源储量占全球储量的 1/3 以上。近年来，青海省着力打造千亿锂电产业，初步构建了“盐湖资源—碳酸锂正负极材料—锂电池组件—储能和动力蓄电池及配套设备等”较为完整的产业体系。

表 1-2　不同动力蓄电池的优缺点

项目	氢燃料电池	锂离子电池	超级电容电池	铝空气电池
优点	比能量高，功率密度高，环保、无污染	比能量高，循环性能好，无记忆效应，环保、无污染	功率密度高，充电时间短，使用寿命长	价格便宜，能量密度高，质量轻，体积小
缺点	系统复杂，氢基础设施建设落后	初期购置成本高，充电时间长	能量密度太低	存在空气电极极化和氢氧化铝沉降等问题，功率密度低
应用	适合于客车和重载卡车等具有行驶里程长特点的商用车	用于 300 km 以内的短途纯电动汽车	续航里程太短，不能作为电动汽车的主电源，大多作为辅助电源，用于快速启动装置和制动能量回收装置	目前仍处于实验室研究阶段

《中国制造 2025》明确了动力蓄电池的发展规划：2025 年电池能量密度达到 400 W·h/kg，2030 年电池能量密度达到 500 W·h/kg。目前，我国锂电池生产企业的单体磷酸铁锂能量密度在 150 W·h/kg 以上，三元锂电池能量密度在200 W·h/kg 以上。

（三）新能源汽车对动力蓄电池的要求

动力蓄电池性能直接影响整车的性能，比能量决定纯电动驱动模式下的续驶里程，比功率决定整车的动力性，循环寿命和成本直接影响电动汽车的整车成本和使用经济性。

新能源汽车对动力蓄电池的要求如下：

（1）高能量密度。能量密度为单位质量或体积的电池所储蓄的电能。能量密度越高，电池的外形尺寸越小，质量越轻，充电后行驶的路程越长。锂离子电池具有高能量密度，已成为新能源汽车的优选电源。

（2）高功率密度。功率密度为单位质量或体积的电池所能输出的功率。为满足车辆对动力性的需求，要求动力蓄电池具有内阻小、大电流、放电性能好等特点，即具有高功率密度。应当注意，高能量密度与高功率密度是两个不同的概念，能量密度决定行驶里程长短，功率密度决定车辆动力性能好坏。

（3）使用寿命长。动力蓄电池使用寿命一般用循环使用次数来衡量，蓄电池每充电、放电一次，叫作一次充放电循环。在保持输出一定容量的情况下，蓄电池所能进行的充放电循环次数叫作蓄电池的循环寿命（使用寿命）。磷酸铁锂电池循环使用寿命（100% DOD）是 800 次以上，而三元锂电池的循环使用寿命超过 600 次。

（4）费/效比低。导致新能源汽车售价偏高的主要原因是动力蓄电池价格偏高。

（5）充电时间短。

（6）安全性好。

（7）绿色环保，不会对环境造成污染。

（8）使用、维护方便。

（四）动力蓄电池的未来发展趋势

动力蓄电池是新能源汽车的核心部件，也是新能源汽车的动力源泉。动力蓄电池应用到新能源汽车，要达到高能量密度、高功率密度和高安全特性等要求。锂离子电池比较好地满足了新能源汽车的要求，如图 1-6 所示。

图 1-6　新能源汽车上使用的锂离子动力蓄电池

从材料体系现状来看，锂离子电池负极材料以石墨为主，正极材料包括磷酸铁锂、锰酸锂和三元材料。碳酸铁锂的能量密度为160～190 W·h/kg，主要应用于大巴车。随着现行补贴政策的调整及双积分政策的实施，碳酸铁锂电池在经济型纯电动车领域的市场份额将会得到提升。锰酸锂与三元材料混合，成本比较低，能量密度达到180 W·h/kg，主要应用于物流车。在三元材料方面，高镍材料应用最为广泛；中镍521材料安全性更好，成本较低，在乘用车市场上用量是最大的；中电523电池的高电压化也是一个趋势。

从材料体系发展趋势来看，负极主要是硅碳，隔膜是薄型化涂层聚乙烯隔膜，电解质原料基本上以高电压的电解质为主要研究方向，正极材料以高容量材料、高镍材料、高电压材料、富锂材料为主要研究方向。磷酸铁锂电池能量密度会得到进一步的提升，达到200～250 W·h/kg，高镍会达到300 W·h/kg的水平，富锂会达到400 W·h/kg的水平。工业混合的锂离子电池也是大家关注的重点，许多企业都在做相应的研发。

宁德时代、天津力神和合肥国轩项目都采用了高镍三正极和SiO_x/C负极，且采用软包装形式。比亚迪、孚能已制造出300 W·h/kg的电池，并在300 W·h/kg电池体系和材料体系的基础上进行了拓展研究，正极采用高镍811材料，负极采用石墨。比亚迪开发了270 W·h/kg的电池，孚能和天津力神开发了290 W·h/kg的电池，为下一代400 W·h/kg高比能电池的研发奠定了基础。

2020年，工业和信息化部发布的《节能与新能源汽车技术路线图2.0》指出：动力蓄电池领域涵盖能量型、能量功率兼顾型和功率型三大技术类别，涵盖乘用车和商用车两大应用领域，面向普及、商用、高端三类应用场景，实现动力蓄电池单体、系统集成、新体系动力蓄电池、关键材料、制造技术及关键装备、测试评价、梯次利用及回收利用等产业链条全覆盖。至2035年，对于高端能量型电池，比能量要求达到500 W·h/kg，寿命达到1500次/12年。对于固态电池，特别是固液混合的锂离子电池，在循环寿命、安全性等方面取得了比较好的进展，1000次的循环容量保持率在90%以上，并且也通过了挤压等安全性的测试。

2020年，国务院发布了《新能源汽车产业发展规划（2021—2035年）》，对动力蓄电池提出实施电池技术突破行动，开展正负极材料、电解液、隔膜、膜电极等关键核心技术研究，加强高强度、轻量化、高安全、低成本、长寿命的动力蓄电池和燃料电池系统短板技术攻关，加快固态动力蓄电池技术研发及产业化。到2035年，力争经过15年的不懈努力，纯电动汽车成为新销售车辆的主流，公共领域用车全面电动化，燃料电池汽车实现商业化应用，充换电服务网络便捷、高效，氢燃料供给体系建设稳步推进，有效促进节能减排水平和社会运行效率的提升。

【任务实施】

新能源汽车动力蓄电池应用

<table>
<tr><td colspan="4">一、接受工作任务</td></tr>
<tr><td colspan="4">从动力蓄电池的诞生到新能源汽车上锂离子动力蓄电池的大量应用，动力蓄电池的发展经历了漫长的过程，你能说出动力蓄电池的发展历程吗？目前国内外常用的动力蓄电池类型有哪些？配套在哪些车型上？请查阅教材、网络资源，或进行企业调研，完成任务。</td></tr>
<tr><td colspan="4">二、信息收集</td></tr>
<tr><td colspan="4">1.第一个发明电池的人是________。
2.目前国内最常用的动力蓄电池类型是________。
3.新能源汽车对动力蓄电池的要求是________、________、________、________、________、________、________、______。
4.锂离子动力蓄电池的技术瓶颈是________、________、________、________。</td></tr>
<tr><td colspan="4">三、制订计划</td></tr>
<tr><td colspan="4">1.根据实训任务要求制订作业计划。</td></tr>
<tr><td colspan="4">作业计划</td></tr>
<tr><td>序号</td><td>作业项目</td><td colspan="2">操作要点</td></tr>
<tr><td></td><td></td><td colspan="2"></td></tr>
<tr><td></td><td></td><td colspan="2"></td></tr>
<tr><td></td><td></td><td colspan="2"></td></tr>
<tr><td></td><td></td><td colspan="2"></td></tr>
<tr><td colspan="4">2.根据作业计划完成小组成员任务分工。</td></tr>
<tr><td>操作人</td><td></td><td>记录员</td><td></td></tr>
<tr><td>监护人</td><td></td><td>展示员</td><td></td></tr>
<tr><td colspan="4">作业注意事项</td></tr>
</table>

(1)查阅教材时，请注意理论联系实际，并进行小组讨论。
(2)查阅网络资源时，请使用正规、可信的网站，谨防钓鱼网站。
(3)查询资料时，请注意辨别网络信息的真伪。
(4)进行企业调研时，请注意进行有效的沟通和交流。

检测设备/工具/材料

序号	名称	数量	清点
			□已清点
			□已清点
			□已清点
			□已清点
			□已清点
			□已清点

四、计划实施

1.通过课内、课外教材查询目前常用动力蓄电池的类型，小组讨论它们在新能源汽车上的应用。

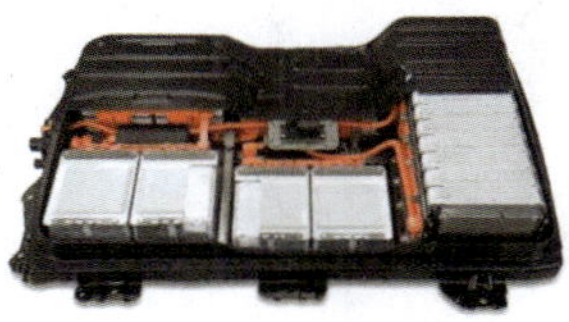

教材中查询到的动力蓄电池的类型：
(1)电池类型__________，应用车型__________。
(2)电池类型__________，应用车型__________。
(3)电池类型__________，应用车型__________。
(4)电池类型__________，应用车型__________。

2.通过网络查询目前常用动力蓄电池的类型，小组讨论它们在新能源汽车上的应用。

网络中查询到的常用动力蓄电池的类型：
(1)电池类型__________，应用车型__________。
(2)电池类型__________，应用车型__________。
(3)电池类型__________，应用车型__________。
(4)电池类型__________，应用车型__________。

3.通过企业调研了解目前常用动力蓄电池的类型，小组讨论它们在新能源汽车上的应用。

企业调研中查询到的常用动力蓄电池的类型：
(1)电池类型__________，应用车型__________。
(2)电池类型__________，应用车型__________。
(3)电池类型__________，应用车型__________。
(4)电池类型__________，应用车型__________。

五、质量检查		
请实训指导教师检查本组作业完成情况，并针对实训过程出现的问题提出改进措施及建议。		
序号	评价标准	评价结果
1	正确、全面地进行信息查询	
2	作业计划完善且保证安全实施	
3	准确查询、记录结果，分析合理	
4	团队实训成果正确展示	
综合评价	☆☆☆☆☆	
综合评语（作业问题及改进建议）		

六、评价反馈
请根据自己在课堂中的实际表现进行自我评价和小组评价。
自我评价：______________________________。 小组评价：______________________________。

实训成绩单

项目	评分标准	分值	得分
接受工作任务	明确工作任务及结果要求	5	
信息收集	掌握工作相关知识及操作要点	15	
制订计划	按照计划顺利且高效地完成工作任务	10	
计划实施	正确、全面地进行信息查询	20	
	作业计划完善且保证安全实施	10	
	查询、记录结果准确，分析合理	15	
	正确展示团队实训成果	15	
质量检查	按照要求完成相应任务	5	
评价反馈	经验总结到位，评价合理	5	
得分（满分 100）			

任务二　认识动力蓄电池

【工作情景】

电池种类繁多，性能参数也各不相同，电池的基本参数有哪些？新能源汽车上应用的动力蓄电池有哪些？参数是怎样的？

【学习目标】

素质目标

1.养成良好的职业道德和职业素养；

2.能够进行有效的沟通和交流，具备团队合作意识；

3.培养安全第一的操作意识、爱岗敬业的工作态度和精益求精的工匠精神。

知识目标

1.了解动力蓄电池的分类；

2.掌握动力蓄电池的主要性能参数；

3.了解常用化学电池的不同参数。

能力目标

1.能够阐述动力蓄电池的不同分类；

2.能够认识并解读动力蓄电池参数。

【知识准备】

一、动力蓄电池的分类

动力蓄电池是新能源汽车的动力来源，是能量的储存装置，集化学特性、物理特性、电气特性和机械特性于一体。在国家标准《电动汽车术语》(GB/T 19596—2017)中，动力蓄电池(traction battery)的定义为：为电动汽车动力系统提供能量的蓄电池，如图 1-7 所示。

图 1-7　动力蓄电池

从广义上讲，动力蓄电池可分为化学电池、物理电池和生物电池三大类，其中化学电池和物理电池已经应用于量产电动汽车中，而生物电池则被视为未来电动汽车电池的重要发展方向之一。

（一）化学电池

化学电池是利用物质的化学反应发电的电池，如镍镉电池、镍氢电池、锂离子电池等，也是世界上研发最成功的电池，如图 1-8 所示。化学电池有以下几种分类方法：按电解液种类分类、按正负极材料分类、按电解液分类等。

图 1-8　化学电池

(1)按电池的电解液种类分为碱性电池、酸性电池、中性电池、有机电解液电池。

(2)按电池的正负极材料分为锌系列电池、镍系列电池、铅系列电池、锂系列电池、二氧化锰系列电池、空气系列电池。

(3)按工作性质分为一次电池、二次电池、燃料电池、储备电池。

（二）物理电池

物理电池是利用光、热、物理吸附等物理能量发电的电池，如太阳能电池、超级电容电池、飞轮电池等。

(1)飞轮电池是 20 世纪 90 年代提出的一种新概念电池。飞轮电池中有一个电机，充电时该电机以电动机形式运转，在外电源的驱动下，电机带动飞轮高速旋转，即用电机给飞轮电池“充电”，增加飞轮的转速，从而增大其功能；放电时，电机则以发电机状态运转，在飞轮的带动下对外输出电能，完成机械能（动能）到电能的转换。当飞轮电池发电时，飞轮转速逐渐下降，飞轮电池的飞轮是在真空环境下运转的，转速可高达 200 000 r/min，使用的轴承为非接触式磁轴承，用来降低飞轮旋转时产生的震动和噪音。

飞轮电池比能量可达 150 W·h/kg，比功率达 5000～10 000 W/kg，使用寿命长达 25 年，可供电动汽车行驶 5×10^6 km，飞轮电池如图 1-9 所示。保时捷 911 GT3 及保时捷 918 Spyder 混合动力跑车均在两个前轮处安装了飞轮电池，用于制动能量的回收再利用，如图 1-10 所示。由于技术和材料价格的限制，飞轮电池的价格相对较高，在小型场合还无法体现其优势，但在太空、大规模交通运输以及军事方面需要大型储能装置的场合，飞轮电池已得到逐步应用。

图 1-9　飞轮电池

图 1-10　保时捷 918 Spyder 混合动力跑车

（2）超级电容电池储存电荷的面积大，一个超级电容单元的电容量可达 1 法拉（F）至几万法拉，而且由于采用特殊的工艺，超级电容的等效电阻很低。超级电容电池具有电容量大、内阻小的特点，使得其有很高的尖峰电流，因此具有很高的比功率（为蓄电池的 5～10倍），可达到 10 kW/kg 左右。它还具有极其优良的充放电性能，在额定电压范围内可以以极快的速度充电至任意电压值，放电时则可放出所存储的全部电能，且没有蓄电池快速充电和放电的损坏问题。此外，超级电容电池还具有对环境友好、无污染、机械强度高、安全性好（防火、防爆）、使用过程中免维护、使用寿命长、深度充放电循环使用次数 1 万～50 万次、没有“记忆效应”、工作温度范围宽（−40～70 ℃）、在瞬间高电压和短路大电流情况下有缓冲功能、能量系统较为稳定等优点，超级电容电池如图 1-11 所示。

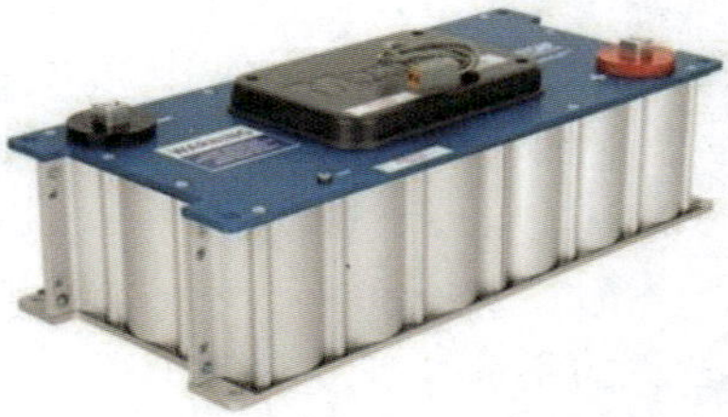

图 1-11　超级电容电池

目前，超级电容电池主要应用在车辆启动系统、军事及少量试运行城市公交车等领域。2006 年8 月，上海的 11 路公交车成为全世界首条将超级电容车投入商业运行的公交线路，其核心的超级电容快充技术由我国自主研发，如图 1-12 所示。

图 1-12　上海 11 路超级电容公交车

2010 年上海世博会期间，61 辆超级电容公交车投入运营，如图 1-13 所示。原本，超级电容车充电时间很短，仅需几十秒，续航里程也仅能维持 3～5 km。2019 年 9 月，上海新一代超级电容公交车在 26 路公交线路投入运营，满电状态下的续航里程可达 30 km。

图 1-13　上海世博会超级电容公交车

视频 1-1　超级电容电池的结构与工作原理

(三)生物电池

生物电池是利用生物化学反应发电的电池,如微生物电池、酶电池、生物太阳电池等,图 1-14 为基于纤维素酶的生物电池。

图 1-14　基于纤维素酶的生物电池

长期以来,电池的使用寿命和成本一直是人们最为关心的两个话题。通过不断的技术创新与工艺改进,电池技术得到了飞速的发展。车用动力蓄电池已经从传统的铅酸蓄电池发展到镍氢电池、磷酸铁锂电池、三元锂电池、氢燃料电池等先进的绿色动力蓄电池,在比能量、比功率、安全性、可靠性、循环寿命、成本等方面都取得了很大进步。在物理电池领域,超级电容电池也已应用于纯电动汽车和混合动力汽车。生物燃料电池在车用动力中的应用前景也非常广阔,是未来电动车电池的重要发展方向之一。

二、动力蓄电池的主要性能参数

动力蓄电池的性能参数关系到整车行驶里程、加速和爬坡等主要性能。

(一)动力蓄电池的性能参数

作为表征化学电池性能的参数,动力蓄电池的性能参数主要包括电压、容量、荷电状态、放电制度、能量、功率及循环寿命等。

1.电压

电池两个电极之间的电位差称为电池电压。电池电压分为额定电压、工作电压、放电截止电压、充电截止电压等。

(1)额定电压也称为标称电压,是指电池在标准规定条件下工作时应达到的电压。镍氢电池的标称电压为 1.2 V,磷酸铁锂电池的标称电压为 3.2 V,锰酸锂电池、钴酸锂电池及三元锂电池的标称电压为 3.65 V。

(2)工作电压指电池在工作状态下,即有电流流过电池时,两个电极间的电位差。在充电过程中,工作电压呈上升趋势;在放电过程中,工作电压逐渐下降。

(3)放电截止电压是指电池在负载状态且保证电池不出现过放电的情况下,可以达到的最低电压,它受放电电流、环境温度等因素影响。一般而言,放电电流越大,时间越短,放电截止电压越低;放电电流越小,时间越长,放电截止电压越高;环境温度越低,放电截止电压越低。在 25 ℃,以 0.5C 放电的情况下,磷酸铁锂电池放电截止电压为2.65 V,如

图 1-15所示；三元锂电池放电截止电压为 3.0 V，如图 1-16 所示。

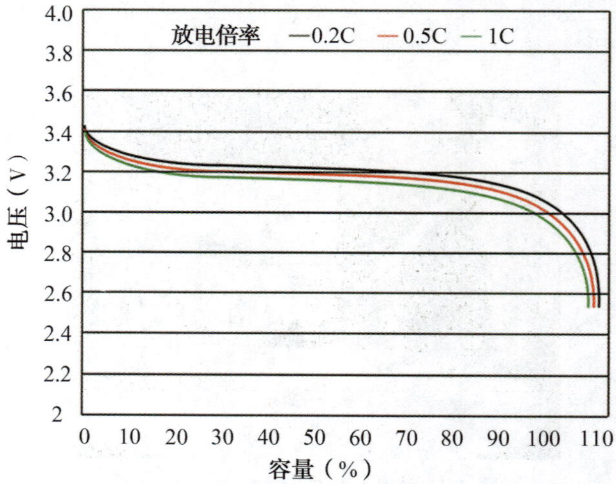

图 1-15 磷酸铁锂电池放电曲线

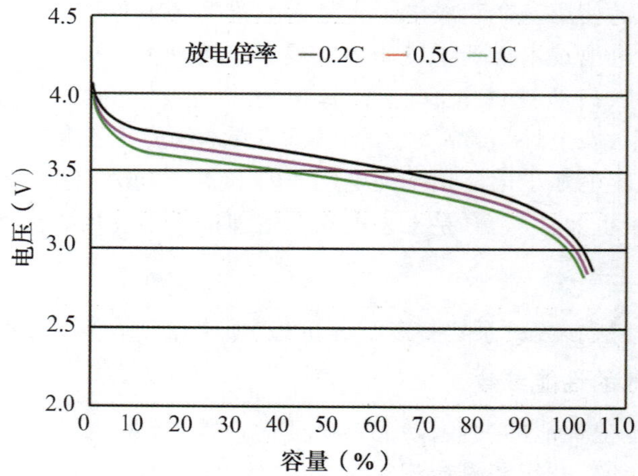

图 1-16 三元锂电池放电曲线

(4)充电截止电压是指在规定的恒流充电期间，蓄电池达到完全充满电状态时的电压。到达充电截止电压后，若仍继续充电，即为过充电，会对电池性能和寿命有损害。在 25 ℃，以 0.5C 充电的情况下，磷酸铁锂电池充电截止电压为 3.8 V，如图 1-17 所示；三元锂电池充电截止电压为 4.2 V，如图 1-18 所示。

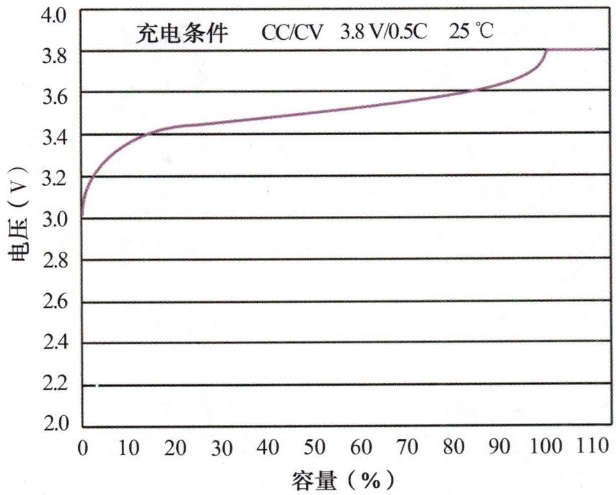

图 1-17 磷酸铁锂电池充电曲线

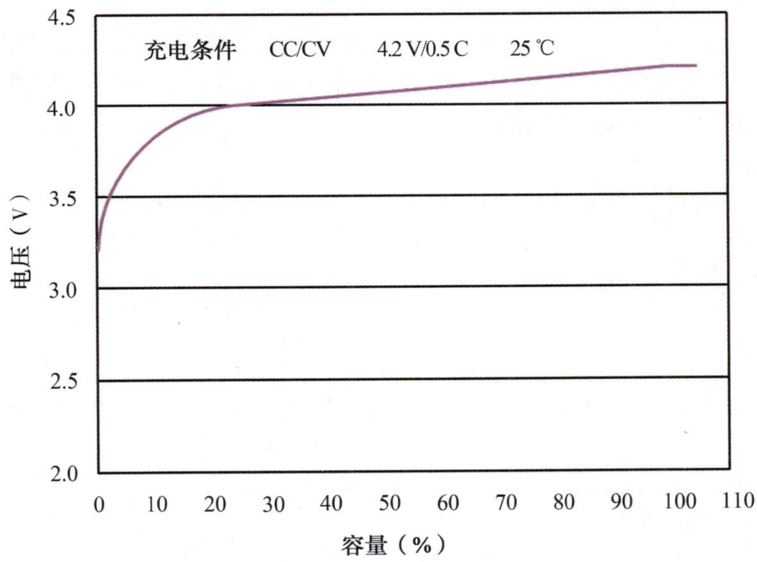

图 1-18 三元锂电池充电曲线

2.容量

电池在一定放电条件下所能放出的电量。称为电池的容量，电池容量常以符号 C 来表示，常用单位为安培・小时，简称安・时，符号为 A・h。电池的容量可分为理论容量、标称容量和实际容量。

（1）理论容量是指活性物质全部参加电化学反应所放出的电量。理论容量是一个理论计算值。在实际应用中，电池容量只是理论容量的一部分。

（2）标称容量又称额定容量，是指电池在规定条件下应该放出的最低限度的容量。额定容量的数值是由生产厂标明的，是一种在规定条件下的保证容量或法定容量。当电池达不到额定容量时，可以认为是不合格产品。额定容量的测试条件，如充电方法、放电电流、测试环境温度、终止电压等，受到严格限制。

(3)实际容量是电池在实际负载条件下所能放出的电量。

3.荷电状态与放电深度

电池荷电状态(State of Charge，SOC)是蓄电池放电后剩余容量与全荷电容量的百分比($0\leqslant SOC\leqslant 100\%$)。它描述了电池的剩余电量，是电池使用过程中的重要参数。

放电深度(Depth of Discharge，DOD)表示蓄电池放电状态的参数，等于实际放电容量与额定容量的百分比。

荷电状态与放电深度之和为1，即 DOD=1－SOC。

4.放电制度

电池放电时所规定的放电速度、放电温度和放电截止通常称为放电制度。

(1)电池的放电速度通常称为放电率，常用放电时率和放电倍率表示。以放电时间的长短或放电电流的大小来表示电池的放电速度，即在规定的时间内或以恒定的电流值，使电池放出全部的额定容量。

(2)放电时电池所处的环境温度称为放电温度。

(3)当达到电池放电截止条件时，终止对电池的放电称为放电截止。放电截止可以有效地保护电池，防止电池出现过放电。过放电可能引起电池正负极活性降低甚至丧失，从而导致电池性能和使用寿命快速下降。

5.自放电率

电池在开路时由于电池内部的自发反应而引起化学能损失的现象称为自放电。电池的荷电保持能力是指在规定条件下，电池开路时保持荷电的能力。

自放电率的表达式为

$$R_Z=\frac{C_0-C_n}{C_nT}\times 100\% \tag{1-1}$$

式中，C_0 为电池存放前的容量(A·h)，C_n 为电池存放后的容量(A·h)，T 为电池存储的时间(日、月等)。

荷电保持率的表达式为

$$R'_Z=\frac{C_n}{C_0}\times 100\% \tag{1-2}$$

自放电率和荷电保持率是两个完全不同而又相互联系的概念，自放电指损失的容量，荷电保持能力指剩余的容量。一般而言，自放电主要受电池制造工艺、材料、储存条件的影响，自放电是衡量电池性能的主要参数之一。

自放电的主要危害有：电池使用时间缩短，电池使用寿命缩短，电池组内部各电池荷电量不等。

6.充电效率

在规定条件下，充入电池的电能与消耗的总电能之比称为充电效率。充电效率受充电电流、温度等多种因素的影响。一般情况下，初期的充电效率很高，约为90%；在充电后期由于电池充电接受能力下降、电池极化等现象出现，充电效率快速下降。充电电流太小或太低，充电效率会下降；低温和高温充电，充电效率也会下降。单节锂离子电池充电效率曲线如图 1-19 所示。

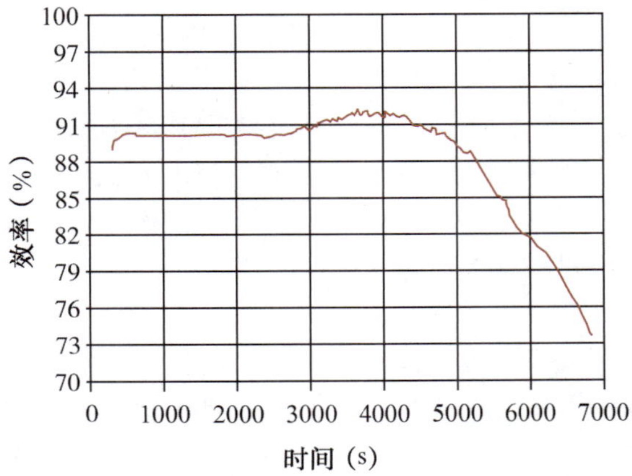

图 1-19　单节锂离子电池充电效率曲线图

7.记忆效应

电池长期不彻底充电、放电，易在电池内留下痕迹，降低电池容量的现象称为记忆效应。镍氢电池、镍铬电池都有记忆效应，镍铬电池的记忆效应非常明显，镍氢电池的记忆效应不明显，可以忽略。锂离子电池不存在记忆效应。

8.能量与比能量

标称能量是指电池在一定的放电制度下所释放出的能量。动力蓄电池的标称能量是电池的额定容量与额定电压的乘积，单位为 W·h。比能量又被称为能量密度，是指单位质量或单位体积的电池所放出的能量。质量比能量的单位为 W·h/kg，体积比能量的单位为 W·h/L。

9.功率与比功率

功率是指在一定放电制度下，单位时间内电池输出的能量，称为电池的功率，单位为 W 或 kW。比功率又称功率密度，是指单位质量或单位体积电池输出的功率。质量比功率的单位为 W/kg，体积比功率的单位为 W/L。在电池额定电压一定的情况下，比功率的大小表征电池所能承受的工作电流的大小，是体现电池性能的一项重要指标。

10.内阻

电池内阻指电流通过电池时所受到的阻力，包括欧姆内阻和极化电阻两个部分。

(1)欧姆内阻主要是由电极材料、电解液、隔膜的电阻及各部分零件的接触电阻组成。

(2)极化电阻指化学电源的正负极在进行电化学反应时所引起的内阻，包括由于电化学极化和浓差极化所引起的电阻之和。它与活性物质的本性、电极结构、电池制作工艺有关。

电池内阻不是一个固定的数值，它与电池的荷电状态、电池使用时间等因素有关，内阻是衡量电池健康状态的重要参数。目前，电池内阻测量方法主要有两种：直流放电内阻测量法、交流压降内阻测量法。由于充电电池内阻很小，测量直流内阻时由于电极容量极化，产生极化内阻，故无法测出其真实值，而测量其交流内阻时可免除极化内阻的影响，得出真实的内值。交流内阻测试方法为：利用电池等效于一个有源电阻的特点，给电池一个 1000 Hz、50 mA 的恒定电流，对其电压进行采样、整流、滤波等一系列处理，从而精确地测量其阻值。

11.低温放电能力

在高温情况下，动力蓄电池的放电容量与常温情况下的放电容量接近甚至略高。但在低温条件下，质子迁移速率变慢，其放电能力受到限制。低温放电能力一般为电池在常温条件下充满电后，在规定的温度（20 ℃或 30 ℃）下搁置一段时间，按照规定的电流放电到终止电压所能放出的容量占常温容量的百分比。

12.电池寿命

电池的寿命一般指电池的充放电循环次数。针对不同的应用要求，考核电池寿命的方法也不同。电动汽车用动力蓄电池一般在 80%DOD、常温条件下进行循环。电池的寿命直接影响电动汽车的使用成本。应当注意的是，单体电池的寿命并不能代表电池组的寿命，电池成组后，由于温度、一致性、使用环境等因素的影响，其使用寿命比单体电池的循环寿命要低得多，正常情况下电池组的寿命仅为单体电池寿命的 50%～80%。

13.电池的不一致性

电池的不一致性是指同一规格、同一型号的电池在电压、内阻、容量、充电接受能力、循环寿命等参数方面存在的差别。由于不一致性的影响，动力蓄电池组使用性能指标往往达不到单体电池原有水平，使用寿命可能缩短数倍，严重影响电动汽车的性能和应用。

14.放电倍率

放电倍率又称 C 率，是指电池在规定的时间内放出其额定容量所需要的电流值，是表示放电快慢的一种量度。充放电倍率（C 率）$=\frac{\text{充放电电流}}{\text{额定容量}}$，它在数值上等于额定容量的倍数。例如，容量为 24 A·h 的电池，0.5C 放电电流为 12 A，1C 放电电流为 24 A，2C 放电电流为 48 A。

一般可以通过不同的放电电流来检测电池的容量。锂离子电池的内阻较大，因此放电电流不能过大，单体电池最大放电电流通常被限制在 2～3C。过大的放电电流会使动力蓄电池温度过高，影响其使用寿命。

15.时率

时率是以放电时间（h）表示的放电速率，指以一定的放电电流，放完额定电源容量所需的小时数，时率$=\frac{\text{额定容量}}{\text{电流}}$。例如，额定容量 60 A·h 的蓄电池以 10 h 放完电称为 C10 放电时率，其放电电流为$\frac{60}{10}=6$ A。

（二）新能源汽车对动力蓄电池的性能要求

（1）具有高的比能量；

（2）具有高的比功率；

（3）循环寿命长；

(4)各单体电池在容量、内阻、功率特性和循环特性等方面具有高度的均匀一致性；

(5)高、低温性能好，环境适应能力强；

(6)安全性好，能够有效避免因泄露、短路、撞击、颠簸等引起的起火或爆炸等危险事故发生，保证汽车在正常行驶或非正常行驶过程中的安全；

(7)绿色、环保，电池材料环境友好、无二次污染，且可再生利用。

三、常用化学电池的参数比较

由于化学电池的种类不同，其技术参数也有差异，电动汽车的未来发展很大程度上取决于动力蓄电池的各项性能。目前，在新能源汽车上使用的化学电池主要有铅酸蓄电池、镍氢蓄电池(MH-Ni)、锂离子蓄电池和燃料电池，如图 1-20 所示。其中，铅酸蓄电池主要用于辅助动力蓄电池。目前，新能源汽车上主要的采用是锂离子蓄电池和镍氢电池。

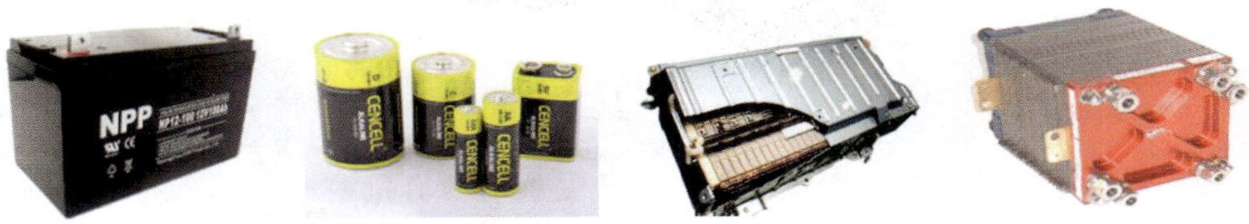

(a)铅酸蓄电池　(b)镍氢电池　(c)锂离子蓄电池　(d)燃料电池

图 1-20　动力蓄电池的类型

(一)镍氢电池

镍氢电池是 20 世纪 90 年代发展起来的一种新型蓄电池，它的正极活性物质主要由镍制成，负极活性物质主要由储氢合金制成，是一种碱性蓄电池。丰田普锐斯采用的镍氢动力蓄电池组如图 1-21 所示。

图 1-21　镍氢动力蓄电池组

镍氢电池具有高比能量、高功率、适合大电流放电、可循环充放电、无污染、耐过充过放、记忆效应弱、使用温度范围宽、安全可靠等优点，被誉为“绿色电源”。大功率的镍氢电池主要应用在油电混合动力车辆中，如丰田普锐斯(Toyota Prius)、福特越狱(Ford Escape)、雪佛兰马里布(Chevrolet Malibu)、本田思域混合动力车(Honda Civic Hybrid)等。

（二）锂离子蓄电池

锂离子蓄电池是1990年由日本索尼公司首先推向市场的高能蓄电池。锂离子蓄电池具有工作电压高、比能量高、充放电寿命长、无记忆效应、无污染、快速充电、自放电率低、工作温度范围宽、安全可靠和能够制造成任意形状等优点，广泛应用在电动汽车中。锂离子动力蓄电池组如图1-22所示。

图1-22　锂离子动力蓄电池组

锂离子蓄电池的负极是储锂材料，电解质是锂盐的有机溶液或聚合物，正极材料主要有锰酸锂、磷酸铁锂、钴酸锂、三元材料等。目前，车用锂离子蓄电池正极主要选用磷酸铁锂和三元材料。

磷酸铁锂电池是指用磷酸铁锂作为正极材料的锂离子电池，具有循环寿命（100%DOD）达到800次以上、使用安全、可大电流快速放电、热稳定性好、金属资源丰富、无记忆效应等优点，很多电动汽车生产厂商都选择使用磷酸铁锂电池。北汽新能源EV160选用的普莱德磷酸铁锂电池如图1-23所示。

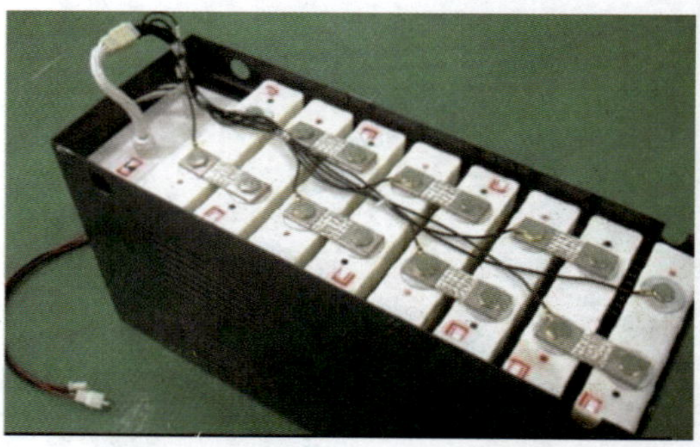

图1-23　北汽新能源EV160采用的磷酸铁锂电池

磷酸铁锂电池低温性能较差。试验表明：一块容量为3500 mA·h的电池，如果在−10 ℃的环境中工作，经过不到100次的充放电循环，电量将急剧衰减至500 mA·h。因此，电池温度管理成为电动汽车的一项关键技术。

三元聚合物锂电池简称三元锂电池，其正极使用镍钴锰酸锂[$Li(NiCoMn)O_2$]三元材料，具有能量密度大、单体电压高、循环使用寿命（100%DOD）高、热稳定性好等优点。

三元锂材料具有容易热解的特性，在应用过程中应加强过充保护、过放保护、过温保护、过流保护等。北汽新能源EV200采用的来自韩国SK的三元锂电池组如图1-24所示。

图 1-24　北汽新能源 EV200 采用的三元锂电池

(三)动力蓄电池

不同类型的动力蓄电池性能参数如表 1-3 所示。

表 1-3　各类动力蓄电池的性能比较

参数名称	铅酸蓄电池	镍氢电池	锂电池
单体电池电压(V)	2	1.2	3.2～3.7
比能量(W·h/kg)	30～50	60～90	70～160
循环寿命(100%DOD,次)	≥300	≥400	≥600
放电率(%/月)	5	20～35	6～8
快速充电能力	一般	较好	好
耐过充能力	一般	强	差
记忆效应	无	无	无
环境污染	严重	微小	微小
使用温度范围(℃)	－20～50	－20～50	－20～55
价格[元/(W·h)]	<1	2～7	2～7

锂电池占据了电动汽车电池市场的半壁江山。目前,在售电动汽车配备的锂电池主要有磷酸铁锂电池及三元锂电池两种。各类锂电池的性能比较如表 1-4 所示。

表 1-4　各类锂电池的性能比较

项目	钴酸锂	锰酸锂	三元锂	磷酸铁锂
电压(V)	3.6～3.7	3.6～3.7	3.6～3.7	3.2～3.3
比能量(W·h/kg)	＞150	＞100	＞140	＞70
循环寿命(100%DOD,次)	＞600	＞600	＞600	＞800
安全性	低	较高	较高	高
热稳定性	不稳定	较稳定	较稳定	稳定
过渡金属资源	贫乏	较丰富	较丰富	丰富
原料成本	较高	较低	较低	低

视频 1-2　动力蓄电池分类和特点

【任务实施】

动力蓄电池参数识读

一、接受工作任务

电池种类繁多，性能参数也各不相同，市场上的新能源汽车应用的动力蓄电池有哪些类型？请按操作规范识读吉利帝豪 EV450 等新能源汽车动力蓄电池参数，并按实训工单完成学习任务。

二、信息收集

1.动力蓄电池从广义上讲主要可分为______、______和______三类，其中最常用的是________和________。

2.动力蓄电池的性能参数主要包括________________________________。

3.放电电流越大，时间越短，放电截止电压越__________；放电电流越小，时间越长，放电截止电压越______。

三、制订计划

1.根据实训任务要求制订作业计划。

作业计划

序号	作业项目	操作要点

2.根据作业计划完成小组成员任务分工。

操作人		记录员	
监护人		展示员	

作业注意事项

(1)举升车辆时严格遵守举升机使用方法，禁止在车底嬉戏打闹。
(2)台架内含 300 V 以上高压电，严禁用手直接触摸高压回路导体部分。
(3)实训过程中严禁私自拆解任何动力蓄电池系统内的零部件。
(4)若实训过程中出现故障，务必第一时间中止实训，并报备实训指导教师。

检测设备/工具/材料

序号	名称	数量	清点
			□已清点
			□已清点
			□已清点
			□已清点
			□已清点
			□已清点

四、计划实施

1.检查车辆、设备是否正常。

车辆外观检查：□良好　　□损坏
P 挡位置：□拉起　　□未拉起
举升机检查：□良好　　□损坏

2.查看整车铭牌参数。

车辆品牌为________，
车辆 VIN 码为________，
动力蓄电池额定电压为________V，
动力蓄电池额定容量为________A·h。

3.举升车辆，找到车辆动力蓄电池铭牌。

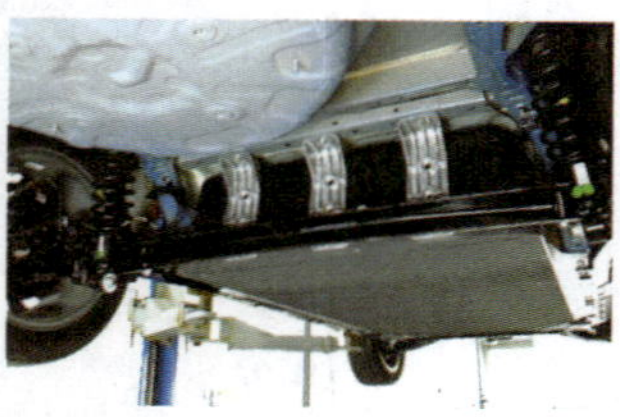

举升车辆结束时注意锁止举升机。

4.举升车辆，查看动力蓄电池铭牌参数。

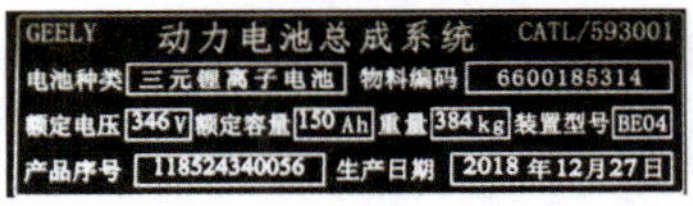

动力蓄电池种类为________，
额定电压为________V，
额定容量为________A·h，
重量为________kg。

5.打开点火开关，观察仪表上显示的电池电量。

仪表盘显示动力蓄电池的电量为____%。

6.连接诊断仪，进入电池管理系统(BMS)，读取动力蓄电池电压、电流参数。

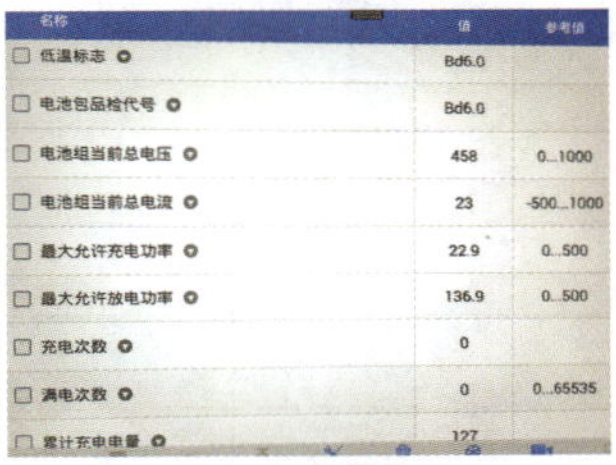

读取的动力蓄电池电压为________V，
动力蓄电池电流为________A。

7.参数读取完毕，车辆上锁，整理场地工具。

确认 P 挡位置：□拉起　□未拉起

五、质量检查

请实训指导教师检查本组作业结果，并针对实训过程出现的问题提出改进措施及建议。

序号	评价标准	评价结果
1	规范使用设备仪器，恢复场地	
2	作业计划完善且保证安全实施	
3	准确测量、记录数据，分析合理	
4	正确展示团队实训成果	
综合评价	☆☆☆☆☆	

<table>
<tr><td>综合评语(作业问题及改进建议)</td><td></td></tr>
<tr><td colspan="2">六、评价反馈</td></tr>
<tr><td colspan="2">请根据自己在课堂中的实际表现进行自我评价和小组评价。</td></tr>
<tr><td colspan="2">自我评价:____。
小组评价:____。</td></tr>
</table>

<table>
<tr><td colspan="4">实训成绩单</td></tr>
<tr><td>项目</td><td>评分标准</td><td>分值</td><td>得分</td></tr>
<tr><td>接受工作任务</td><td>明确工作任务及结果要求</td><td>5</td><td></td></tr>
<tr><td>信息收集</td><td>掌握工作相关知识及操作要点</td><td>15</td><td></td></tr>
<tr><td>制订计划</td><td>按照计划顺利且高效地完成工作任务</td><td>10</td><td></td></tr>
<tr><td rowspan="4">计划实施</td><td>正确读取整车铭牌参数</td><td>10</td><td></td></tr>
<tr><td>正确读取动力蓄电池铭牌参数</td><td>20</td><td></td></tr>
<tr><td>正确使用诊断仪读取动力蓄电池参数</td><td>15</td><td></td></tr>
<tr><td>正确进行场地整理</td><td>15</td><td></td></tr>
<tr><td>质量检查</td><td>按照要求完成相应任务</td><td>5</td><td></td></tr>
<tr><td>评价反馈</td><td>经验总结到位,评价合理</td><td>5</td><td></td></tr>
<tr><td colspan="3">得分(满分100)</td><td></td></tr>
</table>

项目二
高压安全与防护

任务一 触电的危害

【工作情景】

在电力行业的高压电作业中，触电事故每年都有发生。对于新能源汽车的高压电，在维修时也必须将安全问题置于首位，安全无小事，那你了解高压电吗？如果触电会对人体造成哪些伤害？

【学习目标】

素质目标

1.养成良好的职业道德和职业素养；

2.能够进行有效的沟通和交流，具备团队合作意识；

3.培养安全操作意识、爱岗敬业的工作态度和精益求精的工匠精神。

知识目标

1.了解高电压对人体的伤害；

2.掌握人体触电的基本形式。

能力目标

1.能够根据触电方式正确选用防护工具；

2.能够选择正确的方式避免触电。

【知识准备】

一、认识高压电

在新能源汽车上，动力蓄电池的电压最高可达 600 V 以上，如果不按照高压安全操作规范进行维护、维修作业，则有可能导致触电事故的发生。

(一)安全电压

在电网中，一般情况下允许接触的安全电压是 36 V。在新能源汽车上，国家标准《电动汽车 安全要求 第 3 部分：人员触电防护》(GB/T 18384.3—2015)中明确规定，电动汽车上的工作电压分为A级和B级，如表2-1所示。其中B级的直流工作电压在60 V以上，交流工作电压在30 V以上，这就是新能源汽车的高压电。

表2-1　电动汽车的工作电压等级划分

电压等级	工作电压(V)	
	直流	交流
A	$0<U\leqslant60$	$0<U\leqslant30$
B	$60<U\leqslant1500$	$30<U\leqslant1000$

(二)安全电流

实际上，人体触电并不是指人体接触到了很高的电压，而是因为过高的电压通过人体后，会在人体中形成电流，从而导致人体受伤。因此，伤害人体的不是电压，而是电流。

当加在人体的电压达到一定值以后，就会有相应的电流流过人体。不同电流值对人体的伤害如图2-1所示。能引起人感觉到的最小电流值称为感知电流，感知电流为1 mA。触电后能自己摆脱的最大电流称为摆脱电流，摆脱电流为10 mA。在较短的时间内危及生命的电流称为致命电流，致命电流为50 mA。

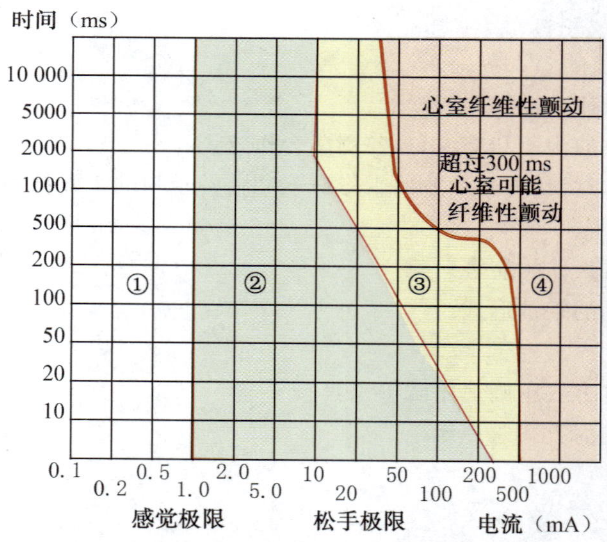

①作用无感觉；②作用有感觉，直至肌肉收缩；

③肌肉收缩，呼吸困难；④心室颤动，呼吸停止，心脏停止跳动

图2-1　不同电流值对人体的伤害反应

同样的电流值，交流电的伤害更大。交流电压引发交流电流流过人体，而该电流会引起肌肉收缩和心脏颤动。其中，频率为40～60 Hz时，交流电压的危险性最大。交流电会迅速引发心室纤维颤动，若不能及时救治，就会有生命危险。

(三)人体电阻

人体血液中含有电解液成分，而电解液提升了人体的导电性。同样，皮肤、肌肉也具有一定的导电能力。使用普通的万用表测量人体电阻时，会得到一个比较高的测量值。大多数人的人体电阻在 100 kΩ～10 MΩ 之间，主要是人体的皮肤电阻。当皮肤潮湿或破损时，电阻值会明显下降。但在接触高压电时，人体电阻会变得很小，约为 1 kΩ，这主要是因为高压电击穿了人体皮肤后加速了血液的电解，提高了人体导电能力，特别是有主动脉的胸腔部位和躯干部位，电阻更小，而最大的危险是电流通过心脏时刺激心脏产生的异常颤动。

图 2-2 所示的是人体等效电阻。例如，新能源汽车上 300 V 的直流电压穿过人体(两手之间)后，可以通过欧姆定律粗略计算出通过人体的电流为

$$I=\frac{U}{R}=\frac{300\ \mathrm{V}}{1080\ \Omega}=278\ \mathrm{mA}$$

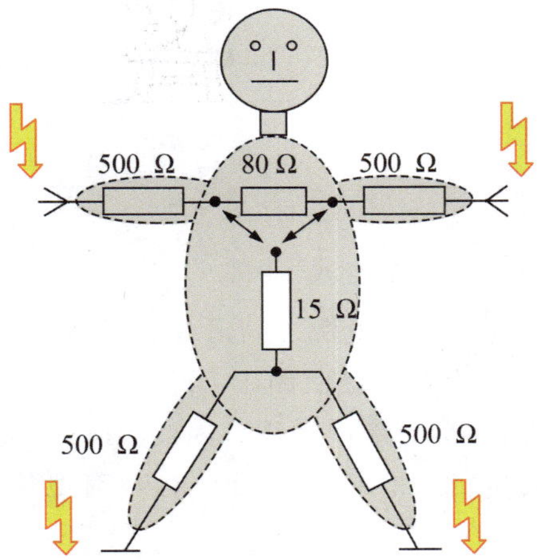

图 2-2　人体等效电阻

从图 2-1 中可以发现，如果 278 mA 的电流在心脏的滞留时间达到 10～15 ms 就会致命。

二、触电的方式与危害

(一)人体触电的方式

人体触电分单线触电、双线触电、跨步电压触电等。

1.单线触电

单线触电是人体某一部分触及一相电源或接触到漏电的电器设备时，电流通过人体流入大地造成触电，如图 2-3(a)所示。需要注意的是，当电器设备内部绝缘损坏而与外壳接触时，将使其外壳带电。当人体触及带电设备的外壳时，相当于单线触电，大多数触电事故属于单线触电。

2.双线触电

双线触电也叫作相间触电，指人体在与大地绝缘的情况下，同时接触到两根不同的

相线，或者人体同时触及电器设备的两个不同相的带电部位时，电流由一根相线经过人体流到另一根相线，形成闭合回路。人体承受的双线电压将比单线触电时高，危险性更大，如图 2-3(b)所示。

3.跨步电压触电

跨步电压触电是指当高压电网搭铁点或防雷搭铁点及高压相线断落或绝缘损坏处，有电流流入地下时，强大的电流在搭铁点周围的土壤中产生电压降，如图 2-3(c)所示。如果误入搭铁点附近，应双脚并拢或单脚跳出危险区。从安全防护的角度而言，在查找搭铁故障点时，应穿绝缘靴，以防跨步电压电击。

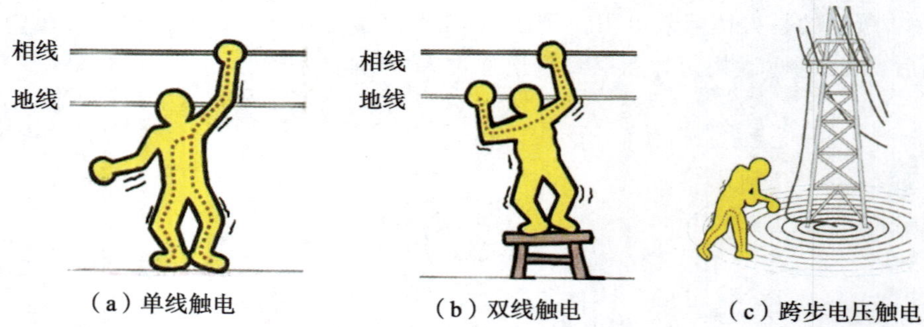

图 2-3　触电形式

(二)新能源汽车高压电常见触电方式

人体触电的原因是人体与接触的电源之间形成了回路，有电流流经人体。

新能源汽车的高电压系统独立形成回路，与车身之间采取电气隔离，并且高压部件的外壳通过等电位线缆相连，与车身形成搭铁。因此，在一个高压部件正极对外壳短路，另一个高压部件负极对外壳短路的情况下，由于人体没有电位差，不会产生电流，人体也就不会触电，如图 2-4 所示。

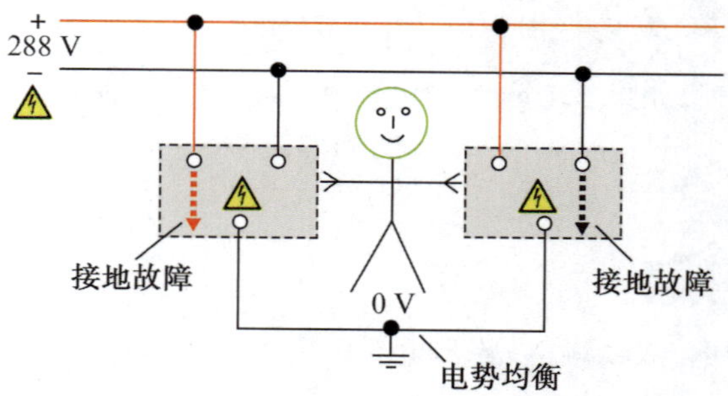

图 2-4　非触电情况

若新能源汽车高压部件之间没有等电位线，在一个高压部件正极对地短路，另一个高压部件负极对地短路的情况下，就会发生触电事故，如图 2-5 所示。

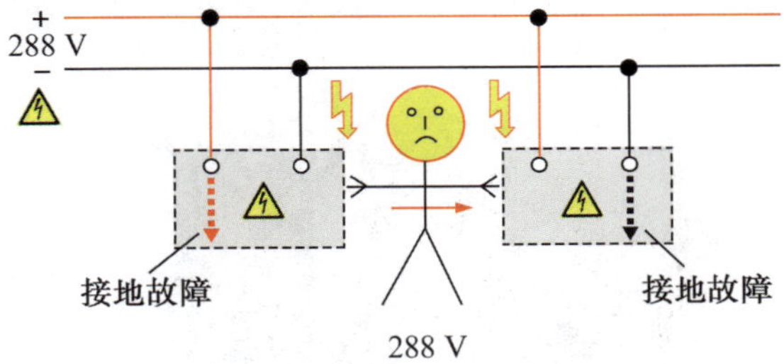

图 2-5 触电情况

(三)触电的伤害形式

电流对人体的伤害有三种形式:电击、电伤和电磁场伤害。

(1)电击是指电流通过人体,破坏人的心脏、肺及神经系统的正常功能。

(2)电伤是指电流的热效应、化学效应和机械效应对人体的伤害,主要指电弧烧伤、熔化金属溅出导致的烫伤等。

(3)电磁场伤害是指在高频磁场的作用下,人会出现头晕、乏力、记忆力减退、失眠、多梦等神经系统的症状。

一般来说,电流通过人体的心脏、肺部和中枢神经系统的危险性较大,特别是电流通过心脏时,危险性最大,所以从手到脚的电流途径最为危险,因为沿该条途径有较多的电流通过心脏、肺部等重要器官;其次危险的是从一只手到另一只手的电流途径。

此外,触电后还容易因剧烈痉挛而摔倒,导致电流通过全身,并造成摔倒、坠落等二次事故伤害。

(四)电击事故的后果

通常情况下,电击造成的伤害最严重,电击带来的后果主要有:

(1)电击效应:人受到电击时会产生相应的电击反应,从而容易因肢体不受控制和失去平衡而导致受伤。在梯子上进行电工作业时,若受到电击易使人失去平衡导致二次伤害,如图 2-6 所示。

图 2-6 登高作业

(2)热效应：电流导入、导出点处有烧伤和焦化，也会发生内部烧伤，甚至造成致命的伤害，如图 2-7 所示。

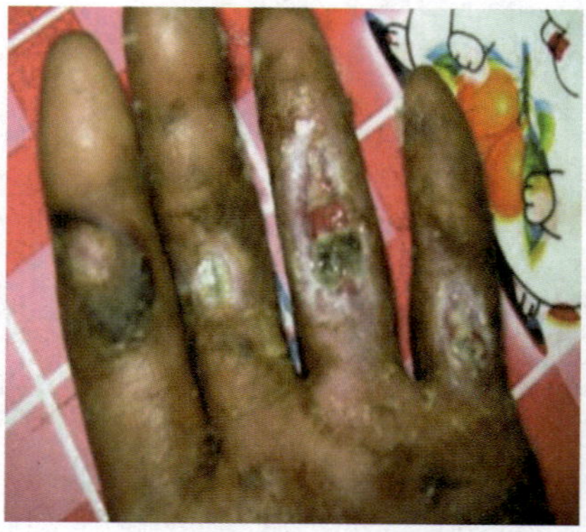

图 2-7　电击的热效应

(3)化学效应：血液和细胞液被电解后，可能会引发严重的中毒。中毒情况往往在几天后才能被发现，因此伤害极大。

(4)肌肉刺激效应：所有的身体功能和人体肌肉运动都是由大脑通过神经系统的电刺激来控制的。如果通过人体的电流过高，肌肉开始抽搐，大脑无法控制肌肉组织，握紧的拳头就可能无法打开或者移动。如果电流经过了胸腔，肺会产生痉挛(呼吸停止)，心脏的跳动节奏会被中断(心室纤维化颤动，无法进行心脏的收缩扩张运动)。

若电流未流过人体，也可能造成以下几种伤害：

(1)静态短路引起的热效应：工具急剧发热会导致材料熔化，从而可能导致烧伤。

(2)短路引起的火花灼伤：金属快速熔化产生火花，飞溅出来的金属颗粒温度超过 5000 ℃，可能引起烧伤并严重伤害眼睛。

(3)电弧伤害：带电高压线路短路产生电弧，弧光可能造成电光性眼炎，如图 2-8 所示。

图 2-8　高压电短路产生的弧光

【任务实施】

安全脉冲电压触电体验

一、接受工作任务

在电力行业的高压电作业中，触电事故时有发生，对于新能源汽车的高压电，在维修时必须将安全问题置于首位。为提高对高压电的认识，新能源汽车维修店会组织员工进行安全培训，并在安全脉冲电压触电试验台上进行高压触电体验，增强员工的安全意识，请按操作规范完成任务。

二、信息收集

1.人体允许通过的电流不能超过________mA，致命电流为________。

2.电流对人体的伤害有________、________、________三种形式。

3.触电的方式有________、________、________。

三、制订计划

1.根据实训任务要求制订作业计划。

作业计划

序号	作业项目	操作要点

2.根据作业计划完成小组成员任务分工。

操作人		记录员	
监护人		展示员	

作业注意事项

(1)有心脏病、高血压或身体不适者,禁止参加体验以免发生危险。
(2)模拟高压触电操作时,严格按照规范操作,敬畏生命,禁止嬉戏打闹。
(3)若实训过程中出现故障,务必第一时间中止实训,并报备实训指导教师。
(4)作业完毕应清除杂物,打扫设备周围以保持场地整洁。

检测设备/工具/材料

序号	名称	数量	清点
			□已清点
			□已清点
			□已清点
			□已清点
			□已清点
			□已清点

四、计划实施

1.场地设备工具准备。测试设备采用漏电安全认知实训台,试验开始前检查设备是否正常,锁止台架固定脚轮。

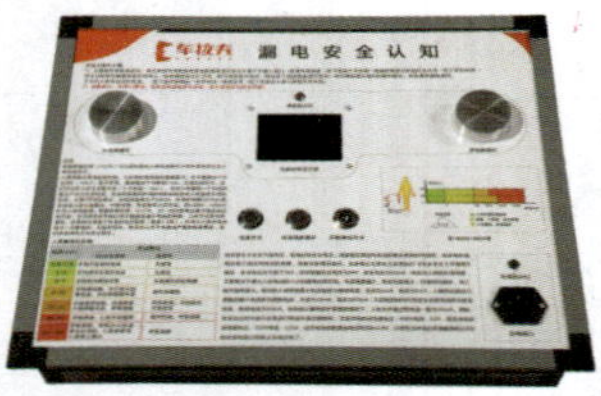

台架状态:□良好　　□损坏
台架锁止状态:□锁止　　□未锁止

2.使用专用配套电源适配器接通试验台电源,按下安全脉冲电压触电体验区的电源开关按钮打开电源。

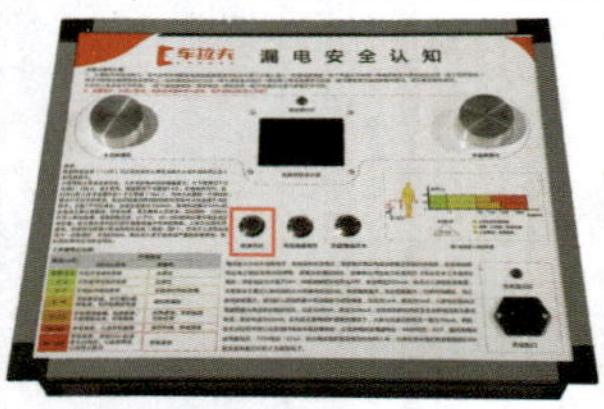

通电状态:□良好　　□损坏
电脑控制显示屏:□点亮　　□未点亮

3.按下“开始/复位”按钮,将电流强度等级恢复到初始等级。

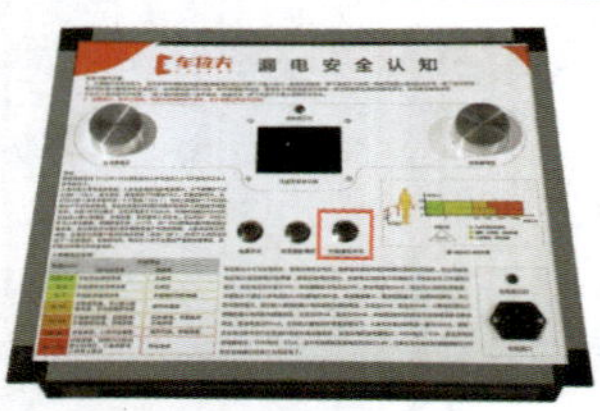

是否初始化:□是　　□否

4.左右两手分别同时放在两个体验触摸区上，记录显示屏上的电流、电压、强度三个数据和自身的触电感觉。如果两手都触摸到体验触摸区，则感应指示灯点亮。

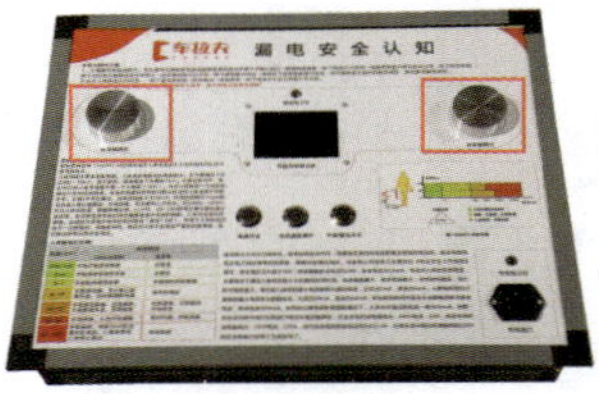

电流大小________。
电压大小________。
强度大小________。

5.按下电流强度调节按钮，增大电流强度。

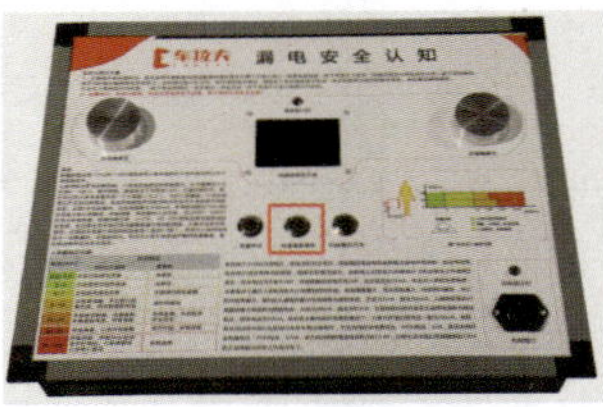

注意：安全脉冲电压触电体验区共有 9 个级别，每按一次电流强度调节按钮，电流强度增加一个等级。

6.重复操作步骤 4 和步骤 5，直至体验结束。体验结束后按下电源开关，关闭电源。

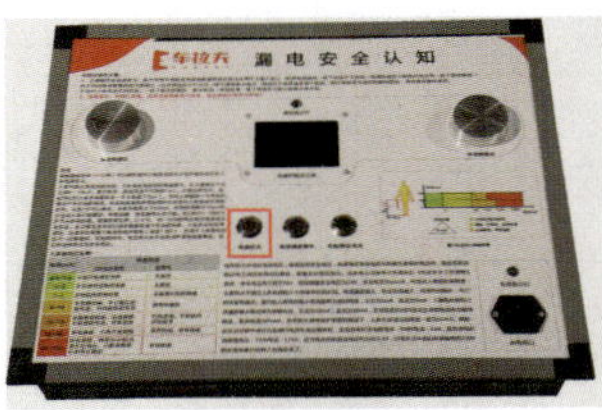

一级电流体验感受________。
二级电流体验感受________。
三级电流体验感受________。
四级电流体验感受________。
五级电流体验感受________。
六级电流体验感受________。
七级电流体验感受________。
八级电流体验感受________。
九级电流体验感受________。

五、质量检查

请实训指导教师检查本组作业结果，并针对实训过程出现的问题提出改进措施及建议。

序号	评价标准	评价结果
1	规范使用设备仪器，恢复场地	
2	作业计划完善且保证安全实施	
3	准确测量，记录数据，分析合理	
4	正确展示团队实训成果	
综合评价	☆☆☆☆☆	

综合评语（作业问题及改进建议）	

六、评价反馈

请根据自己在课堂中的实际表现进行自我评价和小组评价。

自我评价：______________________________。

小组评价：______________________________。

实训成绩单

项目	评分标准	分值	得分
接受工作任务	明确工作任务及结果要求	5	
信息收集	掌握工作相关知识及操作要点	15	
制订计划	按照计划顺利且高效地完成工作任务	10	
计划实施	按照操作规范进行场地设备准备	20	
	正确进行体验触电	10	
	正确进行电流强度调节	15	
	正确说出不同电流强度下的触电感受	15	
质量检查	按照要求完成相应任务	5	
评价反馈	经验总结到位，评价合理	5	
得分（满分100）			

任务二　高压安全防护与触电急救

【工作情景】

新能源汽车维修店里，小王在维修动力蓄电池时因违章操作导致发生了触电事故。生命至上，面对这种情况你应该如何对小王进行心肺复苏救助？

【学习目标】

素质目标

1.养成良好的职业道德和职业素养；

2.能够进行有效的沟通和交流，具备团队合作意识；

3.培养安全第一的操作意识、爱岗敬业的工作态度和精益求精的工匠精神。

知识目标

1.了解安全防护装备的种类；

2.明确新能源汽车高压操作要求；

3.掌握人体触电急救方法。

能力目标

1.能够正确使用安全防护装备；

2.能够按新能源汽车高压操作要求进行操作；

3.能够对触电人员进行急救。

【知识准备】

一、安全防护设备与人员资质要求

在进行新能源汽车高电压系统维修操作时，需采取必要的高电压安全防护措施，保证高压用电安全。

（一）安全防护装备的种类

由于新能源汽车带有高电压，因此维修人员必须做好高电压安全防护。虽然新能源汽车开发过程中都有防止意外触电的功能设计，但是事故车辆的动力蓄电池组总成是始终存在高电压的，因此仍需做好防护。防止触电的个人安全防护设备主要有绝缘手套、护目镜、绝缘安全鞋（靴），以及非化纤材质的衣服等。

1.绝缘手套

橡胶制成的绝缘手套如图 2-9 所示。绝缘手套具备以下两种独立的性能：一是能够承受 1000 V 以上的工作电压，防止新能源汽车的高压电将绝缘手套击穿，避免电流流过人体；二是具备抗碱性，当工作中接触到来自动力蓄电池组的氢氧化物等化学物质时，能防止这些物质对人体造成伤害。

绝缘手套需要定期进行检查，且在每次使用前必须自行进行泄漏检查。检查的方法是向手套内吹入一定的空气，观察手套是否有漏气的现象。

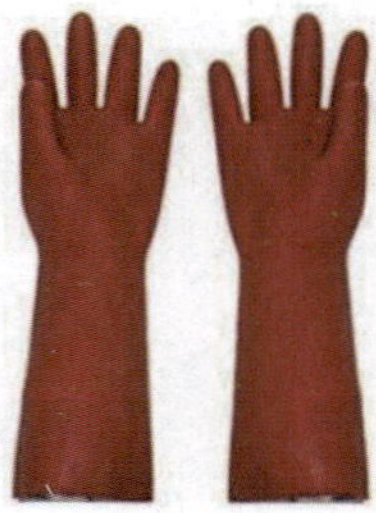

图 2-9　绝缘手套

2.护目镜

护目镜需具有正面及侧面防护的功能，可防止维修过程中产生的电火花及电池电解液飞溅对眼睛造成伤害。护目镜如图 2-10 所示。

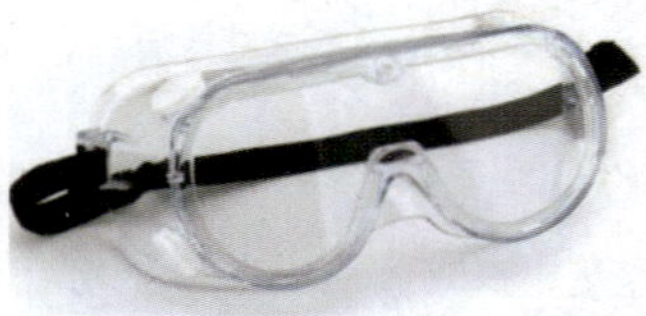

图 2-10　护目镜

3.绝缘安全鞋(靴)

绝缘安全鞋(靴)的作用是使人体与地面绝缘，防止电流通过人体时与大地之间构成通路，从而把触电时的危险程度降到最低。

绝缘安全鞋(靴)根据《个体防护装备　职业鞋》(GB 21146—2007)进行生产，电阻值范围为100 kΩ～1000 MΩ。绝缘安全鞋(靴)产品具有透气性能好、防静电、耐磨、防滑等优点。绝缘安全鞋如图2-11所示。

图 2-11　绝缘安全鞋

4.非化纤工作服

维修高电压系统时，必须穿非化纤工作服，工作服如图 2-12 所示。化纤工作服会产生静电，并且当发生火灾事故时，化纤会在高温环境下粘连到人体皮肤上，导致人员受到严重的二次伤害。

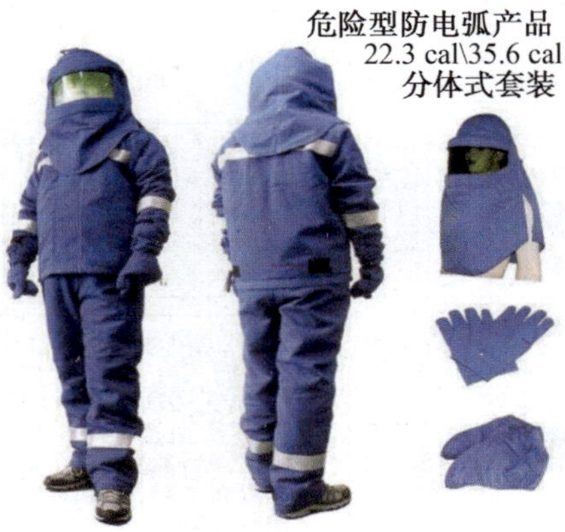

图 2-12　工作服

(二)从业人员资质要求

1.电工作业证

由于电动汽车中有几百伏的直流电压系统，为防止相关人员在日常工作中遭到触电危害，降低电动汽车企业的运营风险，新能源汽车相关企业依据国家标准《特种作业人员安全技术考核管理规则》(GB 5306—1985)对从业人员提出了须持有低压电工作业证的要求，考察相关从业人员对电工操作技能、安全知识的掌握情况。低压电工作业证如图 2-13 所示。

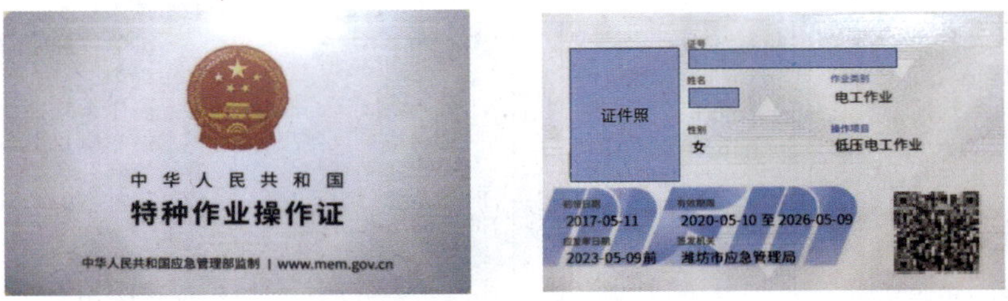

图 2-13　电工作业证

2.德国 BGI/GUV-I 8686E 标准

德国 BGI/GUV-I 8686E 标准针对汽车领域的高压电作出规定，特别是对混合动力、燃料电池、电动汽车的高压电作出了明确界定，高压电是指：DC 60～1500 V，AC 30～1000 V。依据员工工作环境及岗位职责的不同，将从业人员按资质和权限分为三个等级，如图 2-14 所示。

3.国内企业标准

国内新能源汽车企业根据工作岗位安全需要，对相关从业人员的资质和权限作出了要求：电动汽车维修操作人员必须持证上岗，并经过培训后才能进行维修操作。电动汽车维修操作人员须持有国家安监局颁发的《特种作业操作证(低压电工证)》,须经过汽车企业专业技术培训,并通过考核,须掌握新能源汽车构造原理和维修诊断知识与技能,具有安全、文明生产和环境保护的相关知识和技能。维修新能源汽车高压器件时,在维修现场至少有 2 名工作人员,其中一人为专职监护人。以北汽新能源汽车为例,其技术培训和资质相关要求如图 2-15 所示。

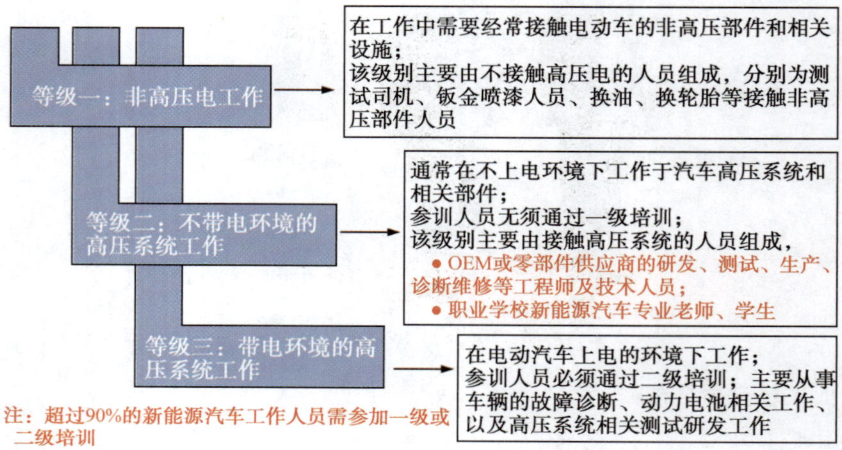

图 2-14　BGI/GUV-I 8686E 标准

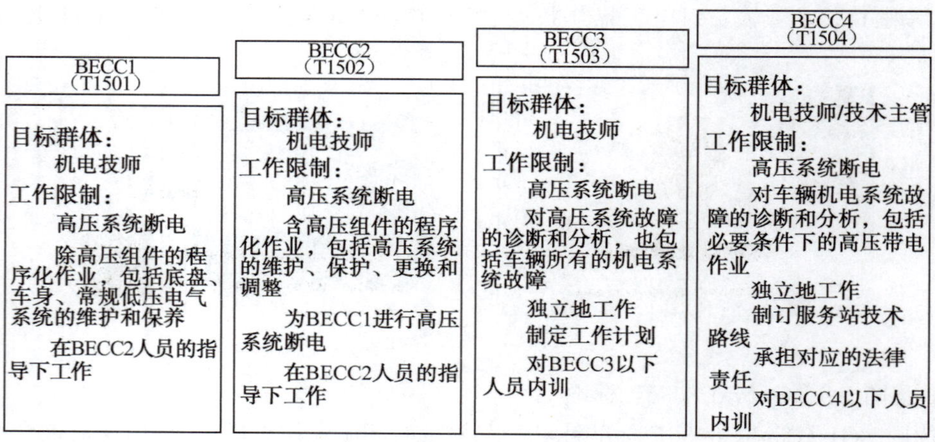

图 2-15　北汽新能源汽车技术培训和资质

二、新能源汽车安全作业操作规范

电动汽车涉及高压电，在维修作业过程中必须遵守高压电操作规范、机动车维修操作规范等作业安全规范，且必须严格遵守维修流程，以保障作业人员人身安全以及车辆、设备安全。高压作业五条安全规定为：断电、防止重新接通、确定处于无电状态、接地和短路、遮盖和阻隔相邻带电部件。

（一）断电

电动汽车维修维护作业须在断电情况下进行。断电必须由具备高压资质的人员执行，必要时使用专用诊断仪的引导性功能。断电步骤包括：关闭点火开关并拔掉钥匙，断开低压蓄电池负极。对动力蓄电池箱进行打开作业时，必须拔掉维修开关。电动汽车维修流程如图 2-16 所示。

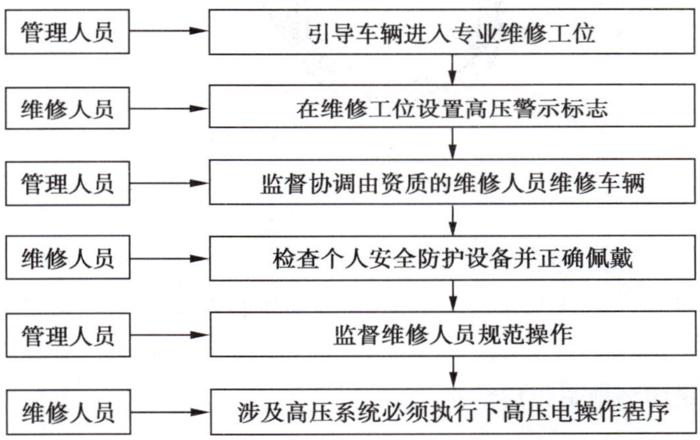

图 2-16　电动汽车维修流程

（二）防止重新接通

断开低压蓄电池负极后，应使用绝缘防护帽对负极柱或负极连接线进行保护，防止重新接通，并在车辆醒目位置粘贴作业警示标志，如图 2-17 所示。维修操作过程中妥善保管点火钥匙和维修开关，除唯一执行人外任何人不得恢复电压。

图 2-17　作业警示标志

(三)确定处于无电状态

断开高压电后至少等待 1 min,然后使用专用万用表进行断电测量,以此来检查动力蓄电池主正/主负接触器断开情况、电机控制器(MCU)中超级电容的放电情况等。断开高压电后,连接电机控制器(MCU)的高压直流电缆端的测量电压应小于 5 V,必要时使用放电工装进行放电,放电工装如图 2-18 所示。若无法断电,必须请具有特定资质的人员来处理。

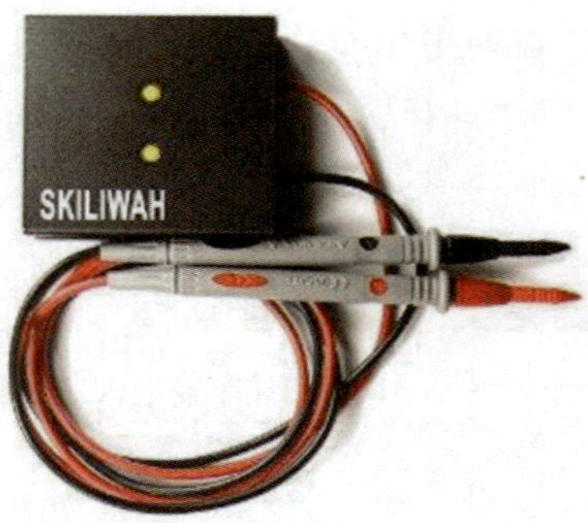

图 2-18　放电工装

三、新能源汽车作业场地安全要求

工作环境将直接影响事故的发生,电动汽车维修车间的场地与设施比普通汽车维修车间的要求高。

(一)高压车间场地与设施要求

1.使用面积

高压维修车间的面积根据实际要求确定,并符合国家相关规定。

2.采光

明亮的车间可以让车辆维护人员更加清楚地观察到周围的部件及物体,避免因为视线不好意外触碰到高压设备,同时也有利于其他人员及时观察到可能存在的隐患。维修车间的采光应按照《建筑采光设计标准》(GB 50033—2013)的有关规定来布设。采光设计应注意光的方向性,应避免对工作产生遮挡和不利的阴影。对于需要识别颜色的场所,应采用不改变自然光光色的采光材料。

3.照明

当自然光光线不足时,应配置人工照明。人工照明光源应选择接近天然光色温的光源。维修车间的照明要求应符合《建筑照明设计标准》(GB 50034—2013)的有关规定。进行精细操作(如画线、金属精加工、间隙调整等)的工作区域的照度不应低于 500 lx。照度不足时应增加局部补充照明,补充照明不应产生有害眩光。

4.干燥

保持车间干燥是为了降低车间内工作人员的触电风险。当湿度增加时,人体和空气的绝缘电阻就会降低,那么在相同的电压下人体触电的风险也就增加了。因此,高压车间必须保持干燥。

5.通风

良好的通风有利于车辆维修期间产生的有害物的排出。在发生触电事故时，通风的环境有利于伤者呼吸到更多的氧气。

6.防火

防火应符合《建筑设计防火规范》(GB 50016—2014)中有关厂房、仓库防火的规定，同时也要符合《汽车库、修车库、停车场设计防火规范》(GB 50067—2014)的有关规定。

7.卫生

卫生应符合《工业企业设计卫生标准》(GBZ 1—2010)、《生产过程安全卫生要求总则》(GB/T 12801—2008)的有关规定。

8.安全标志

安全标志应符合《安全标志及其使用导则》(GB 2894—2008)、《安全色》(GB 2893—2008)的有关规定。此外，对于高电压车辆的维护工位，很多厂商有特别的要求。例如，比亚迪要求维修其新能源汽车时必须具有单独的维修工位，该工位的设备采用特殊的颜色来与其他工位进行区别。当工位上有高电压车辆进行维修时，要求在工位周围必须布置明显的警示标志，避免他人未经允许进入高电压工位而发生危险。

(二)车间安全管理

对于电动汽车专用车间安全管理，除了要满足普通车间的安全要求外，还必须注意以下几个事项：

1.车辆焊接维修

车辆焊接维修时要注意以下几个方面：①切断低压电源和动力蓄电池插头；②操作人员要具备特种作业操作证；③清理周围易燃物品，并申请动火证；④做好车身的保护工作，预防飞溅及着火；⑤严格按照焊接工艺进行操作；⑥灭火器的使用和检查。

2.灭火器的使用和检查

一旦发生火灾将带来不可估量的危害和损失。因此，必须预防车辆自燃等火灾的发生，及时消除机舱内存在油污、接插件松动或线束老化等隐患。同时，还要检查车上的灭火器是否在固定的位置、是否在有效期内，充分了解本灭火器的性质和正确使用方法。

火灾发生后不要惊慌，要及时采取正确的方法来灭火，将火灾消灭在萌芽状态。首先要切断电源，所有人员立即离开车辆并站在远离车辆的上风处；在采取救火措施的同时立刻报警(拨打 119、110)。常用的车载灭火器都是干粉灭火器，灭火时手提干粉灭火器快速奔赴火点，在距离燃烧点 1 m 左右的位置进行灭火。先将灭火器开启把上的保险销拔下，然后将喷嘴部位迅速对准火焰的根部扫射灭火。干粉灭火器使用时，首先上下颠倒摇晃使干粉松动，之后拔掉铅封，拉出保险销，保持安全距离，左手扶喷管，喷嘴对准火焰根部，右手用力压下压把进行灭火，如图 2-19 所示。

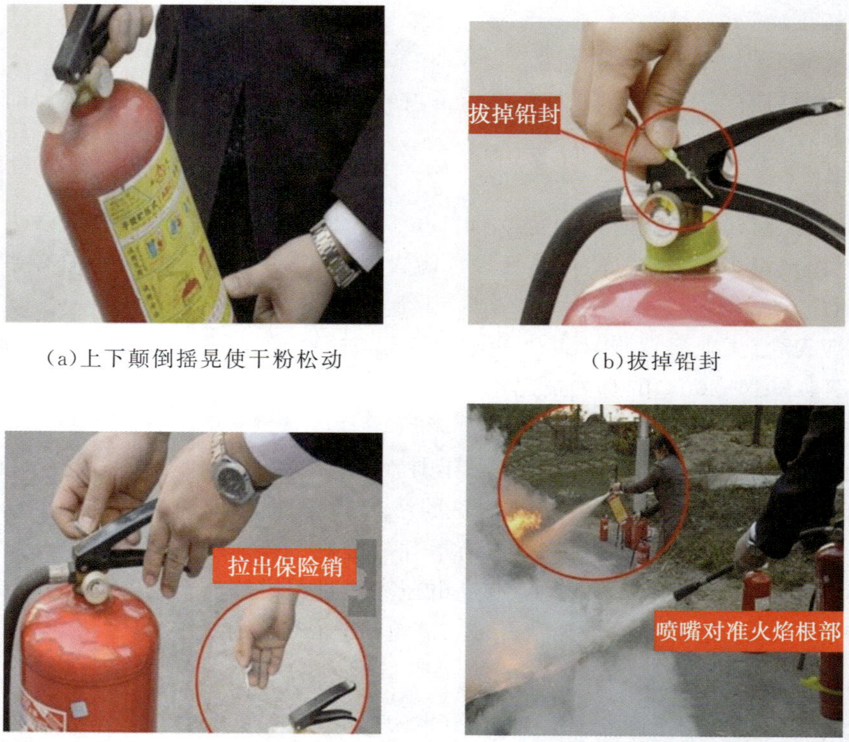

(a)上下颠倒摇晃使干粉松动　　(b)拔掉铅封

(c)拉出保险销　　(d)喷嘴对准火焰根部喷射

图 2-19　干粉灭火器使用方法

四、触电急救

人体触电后，应在 1 min 内进行救治。国内外研究资料表明，触电后1 min内进行救治，90%以上有良好的救治效果，而超过 12 min 再开始救治，将会大大增加死亡的概率。

(一)脱离电源

人体触电以后，可能会由于痉挛或失去知觉等原因，导致触电者不能自己摆脱电源。施救人员首先要使触电者尽快脱离电源。援救触电事故中的受伤人员时，施救人员自身的安全是第一位的，绝对不要去触碰仍然与电压有接触的人员。如果条件允许，应立即将电器系统断电，或用不导电的物体(如木板、扫帚把等)把触电者或者导电体与电源分离，如图 2-20 所示。

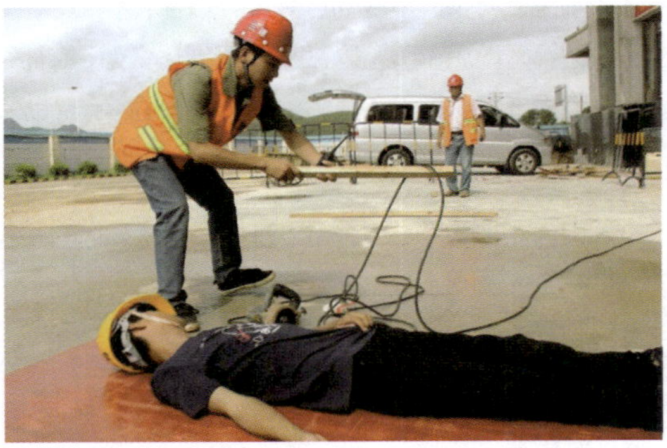

图 2-20 用绝缘木棒移开电线

(二)触电急救方法

当触电者脱离电源后,应立即拨打 120 急救电话。在专业救援人员到来之前,应根据触电者的具体情况迅速对症救护。现场救治的主要方法有口对口人工呼吸和胸外心脏按压。触电者一般有以下四种症状,可分别给予正确的对症救治。

(1)神志尚清醒,但心慌力乏且四肢麻木。该类人员一般只需将其扶到清凉通风处休息,让其自然慢慢恢复。但要派专人照料护理,因为有的病人在几小时后会因发生病变而突然死亡。

(2)有心跳,但呼吸停止或极微弱。该类人员应该采用口对口人工呼吸法进行急救,频率是每分钟约 12 次。

(3)有呼吸,但心跳停止或极微弱。该类人员应该采用人工胸外心脏按压法来恢复心跳,频率是每分钟 100～120 次。

(4)心跳和呼吸均已停止。该类人员的危险性最大,抢救的难度也最大,应同时使用口对口人工呼吸和胸外心脏按压,即采用心肺复苏法。胸外心脏按压和口对口人工呼吸的比例是 30∶2,即胸外按压 30 次,人工呼吸 2 次,如此循环往复。

(三)胸外心脏按压

(1)体位:将患者仰卧在硬质平面上,保证按压胸骨时病人不会移动。

(2)按压位置:按压胸骨正中、两乳连线中间处,如图 2-21 所示。

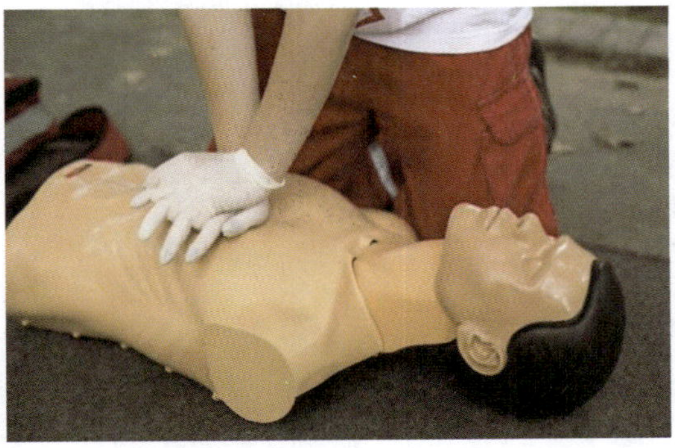

图 2-21 胸外心脏按压

(3)按压方法:按压时上半身前倾,双肩正对患者胸骨上方,一只手的掌跟放在患者胸骨正中,然后两手重叠,手指离开胸壁,双臂绷直,以髋关节为轴,借助上半身的重力垂直向下按压。每次抬起时,掌根不要离开胸壁,并随时注意有无肋骨或胸骨骨折。

(4)按压频率:按压频率为100～120次/min。

(5)按压深度:成人的按压深度为5～6 cm或胸廓前后径的$\frac{1}{3}$,压下与松开的时间基本相等,压下后应让胸廓充分回弹。

(四)口对口人工呼吸

(1)清除口腔异物:进行人工呼吸之前应先去除口腔内异物。清除口腔中的异物和呕吐物时,可用一只手按开下颌,用另一只手的食指将固体异物钩出,或用指套或手指缠上纱布来清除口腔中的液体分泌物。

(2)开放气道:用一只手按压伤者的前额,使其头部后仰,同时将另一只手的食指及中指置于下颌骨骨性部分向上抬颌,使下颌尖与耳垂的连线同地面垂直。

(3)人工呼吸:在保持呼吸道畅通和口部张开的状况下进行人工呼吸。用拇指与食指捏闭伤者的鼻孔,抢救者深呼吸一口气后,口部张开并贴紧伤者的嘴(要把伤者的口部完全包住),用力向病人口内吹气(吹气要求快而深),直至病人胸部明显上抬,如图2-22所示。一次吹气完毕后,应立即与病人口部脱离,轻轻抬起头部,眼视病人胸部,并重新吸入新鲜空气,以便做下一次人工呼吸。同时,放开捏鼻的手,以便伤者从鼻孔呼气。此时病人胸部向下塌陷,有气流从口、鼻排出。每次吸入的气量为500～1000 mL。

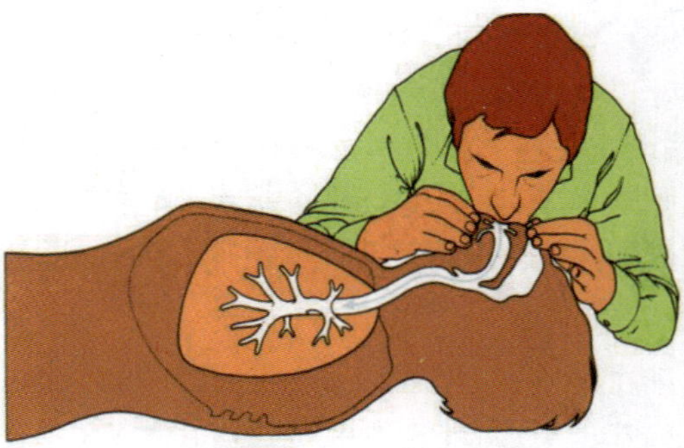

图2-22 口对口人工呼吸

视频2-1 心肺复苏急救演示

【知识拓展】

自动体外除颤仪

一、AED的介绍

自动体外除颤仪(AED)又称自动体外电击器、自动电击器、自动除颤器、心脏除颤器等,是一种便携式的医疗设备,如图2-23所示。

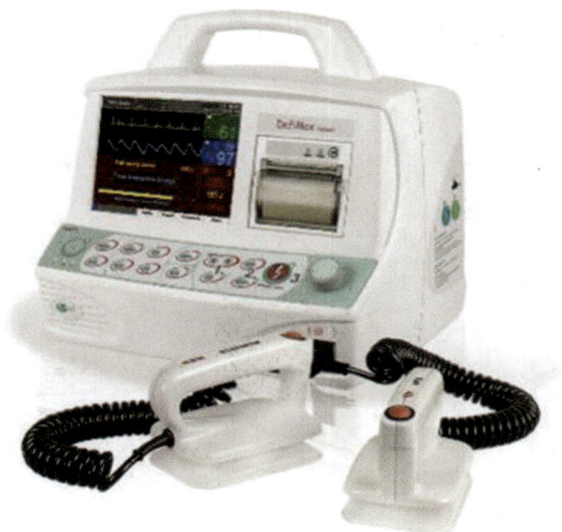

图2-23　AED

AED可以独立提供伤者的心电图(ECG),并在适当情况下进行除颤。该设备为非训练有素人员提供了第一反应,是便于非专业人员使用的、用于抢救心脏骤停患者的医疗设备。当伤者心跳骤停时,只能使用电能(除颤)帮助心脏恢复正常功能,或者请急救医生进行抢救。在最佳抢救的“黄金4分钟”内,利用自动体外除颤器对患者进行除颤和心肺复苏,可以有效防止猝死。美国心脏病协会(AHA)认为,学会用AED比学会心肺复苏(CPR)更为简单。

二、AED的使用步骤

(1)开启AED。打开AED的盖子,根据显示器和声音的提示操作(有些型号需要先按下电源)。

(2)给患者贴电极。在伤者胸部适当位置紧密地贴上电极板。通常而言,两块电极板应分别贴在右胸上部和胸左乳头外侧,具体位置可以参考AED机壳上的图样和电极板上的图片说明。

(3)将电极板插头插入 AED 主机插孔。

(4)开始分析心律。在必要时除颤,按下“分析”键(有些型号在插入电极板后会发出语音提示,并自动开始分析心率,在此过程中请不要接触患者,即使是轻微的触动都有可能影响 AED 的分析),AED 将会开始分析心率。分析完毕后,AED 将会发出是否进行除颤的建议。

(5)除颤。当有除颤指示时,不要与患者接触,同时告诉附近的其他人远离患者,由操作者按下“放电”键进行除颤。

除颤结束后,AED 会再次分析心律,若未恢复有效灌注心律,操作者应进行 5 个周期的 CPR,然后再次分析心律,进行除颤和 CPR,如此反复直至急救人员到来。

三、AED 的使用注意事项

(1)AED 除颤时,瞬间可以传输 200 J 的能量。在给病人救治过程中,按下通电按钮后应立刻远离患者,并告诫身边任何人不得接触或靠近患者。

(2)在水中不能使用 AED。若伤者胸部有汗水需要快速擦干胸部,因为水会降低 AED 的功效。

(3)如果用 AED 除颤后,患者仍没有任何生命特征(没有呼吸、心跳),需要马上送医院进行救治。

视频 2-2　除颤仪的使用

【任务实施】

心肺复苏操作

一、接受工作任务

小李在给新能源汽车动力蓄电池进行维修的过程中没有按照操作规范佩戴安全防护用具，不慎高压触电。作为救助人，你该如何对小李进行心肺复苏急救？

二、信息收集

1.安全防护装备的种类有________、________、________、________。
2.安全操作的规范步骤为________、________、________。
3.心肺复苏时胸外按压与人工呼吸的比例为________。

三、制订计划

1.根据实训任务要求制订作业计划。

作业计划

序号	作业项目	操作要点

2.根据作业计划完成小组成员任务分工。

操作人		记录员	
监护人		展示员	

作业注意事项

(1)实训开始前应摘掉首饰，换上实训服，长发挽起并固定于脑后。
(2)进行心肺复苏操作时，要严格按照规范进行操作。敬畏生命，禁止嬉戏打闹。
(3)若实训过程中出现故障，务必第一时间中止实训，并报备实训指导教师。
(4)作业完毕后应清除杂物，打扫设备周围，以保持场地整洁。

检测设备/工具/材料			
序号	名称	数量	清点
			□已清点
			□已清点
			□已清点
			□已清点
			□已清点
			□已清点

四、计划实施

1.实训前对心肺复苏模拟人进行检查及准备，完成信息填写，并将心肺复苏模拟人置于良好水平地面。	
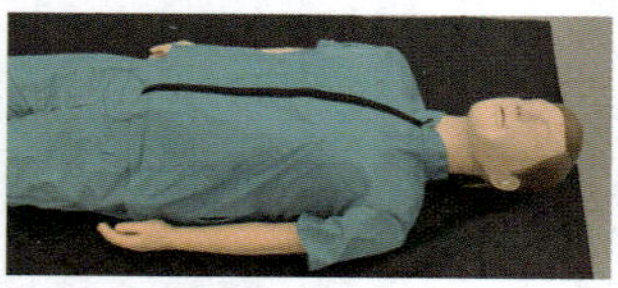	通电状态：□良好 □损坏 吹气状态：□良好 □损坏 计数状态：□良好 □损坏 语音提示状态：□良好 □损坏
2.判断意识。用双手轻拍伤者双肩，并问："喂！你怎么了？"查看伤者状态，判断是否有意识。	
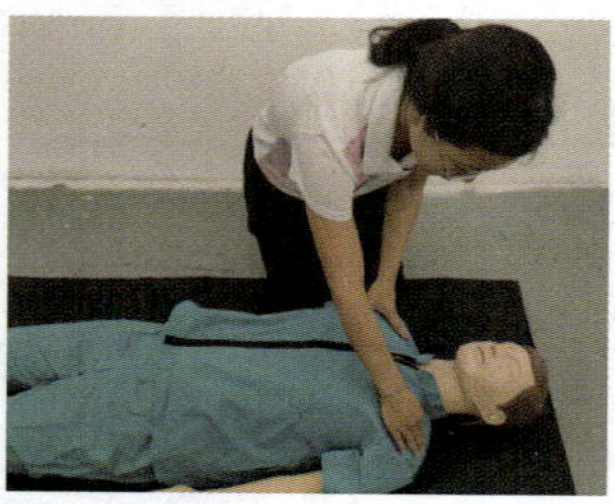	病人状态：□有意识 □无意识
3.检查呼吸和心跳。查看伤者状态，检查是否有呼吸和心跳。	
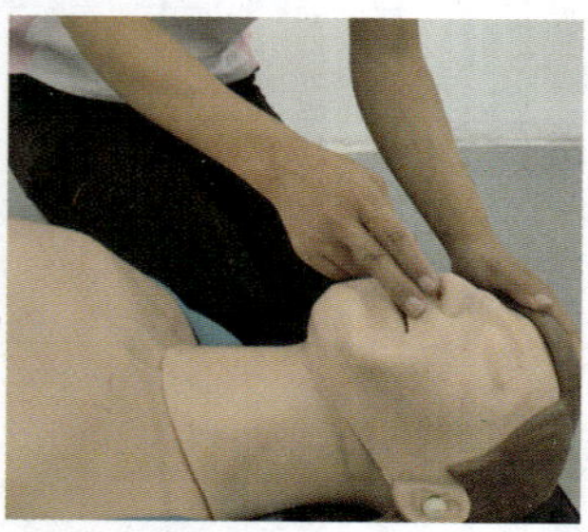	呼吸状态：□有呼吸 □无呼吸 心跳状态：□有心跳 □无心跳

<table>
<tr><td colspan="2">4.检查口腔内有无分泌物。若有分泌物,应及时清除,并使用仰头抬颌法打开气道。</td></tr>
<tr><td>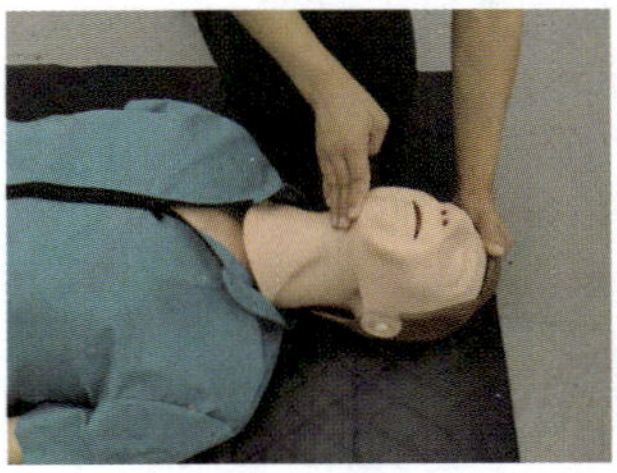</td><td>口腔状态:□有分泌物　　□无分泌物</td></tr>
<tr><td colspan="2">5.进行胸外心脏按压。左手掌跟紧贴伤者的胸部,两手重叠,左手五指翘起,双臂伸直,用上身力量用力按压。</td></tr>
<tr><td>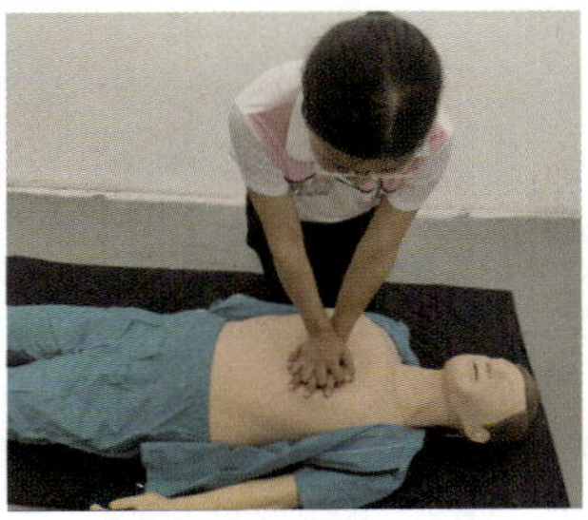</td><td>按压位置为________。
按压频率为________。
按压深度为________。</td></tr>
<tr><td colspan="2">6.进行口对口人工呼吸。在保持伤者呼吸道畅通和口部张开的情况下进行口对口人工呼吸。</td></tr>
<tr><td>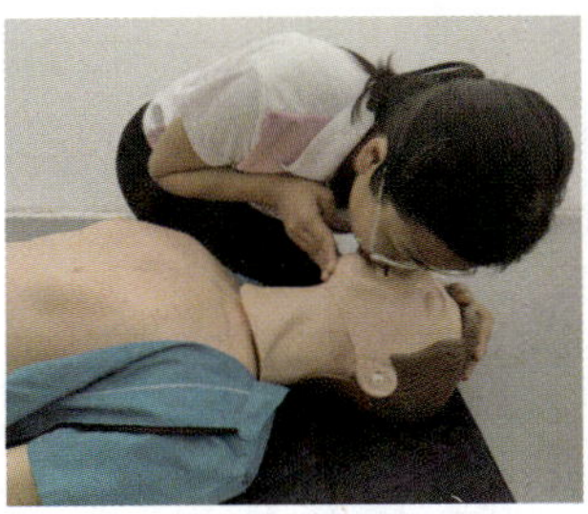</td><td>人工呼吸时,病人的鼻孔应________。
胸外心脏按压与口对口人工呼吸的比例为________。</td></tr>
<tr><td colspan="2">7.判断心肺复苏是否有效。</td></tr>
<tr><td>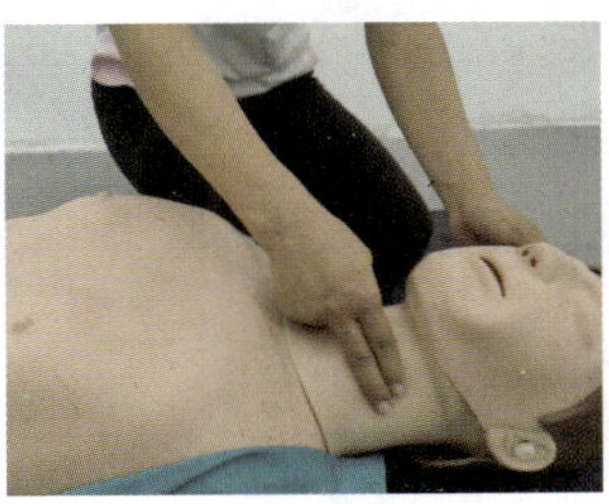</td><td>颈动脉搏动状态:□恢复　　□未恢复
呼吸状态:□恢复　　□未恢复</td></tr>
</table>

五、质量检查		
请实训指导教师检查本组作业结果，并针对实训过程出现的问题提出改进措施及建议。		
序号	评价标准	评价结果
1	规范使用设备仪器，恢复场地	
2	作业计划完善且保证安全实施	
3	准确测量、记录数据，分析合理	
4	正确展示团队实训成果	
综合评价	☆☆☆☆☆	
综合评语（作业问题及改进建议）		

六、评价反馈

请根据自己在课堂中的实际表现进行自我评价和小组评价。

自我评价：____________________________________。

小组评价：____________________________________。

实训成绩单

项目	评分标准	分值	得分
接受工作任务	明确工作任务及结果要求	5	
信息收集	掌握工作相关知识及操作要点	15	
制订计划	按照计划顺利且高效地完成工作任务	10	
计划实施	按照操作规范进行意识判断	20	
	正确检查呼吸和心跳	10	
	正确进行胸外心脏按压	15	
	正确进行口对口人工呼吸	15	
质量检查	按照要求完成相应任务	5	
评价反馈	经验总结到位，评价合理	5	
得分（满分 100）			

项目三

动力蓄电池性能检测

任务一　铅酸蓄电池性能检测

【工作情景】

王先生有一辆吉利帝豪 EV450 纯电动汽车，因出差 2 个月未使用。某一天早晨启动时发现无法上电，仪表不亮，无论做何操作车辆均无反应，因此将汽车送入 4S 店进行检修。请对车辆进行检查、维护，并排除故障。

【学习目标】

素质目标

1.养成良好的职业道德和职业素养；

2.能够进行有效的沟通和交流，具备团队合作意识；

3.培养安全第一的操作意识、爱岗敬业的工作态度和精益求精的工匠精神。

知识目标

1.掌握铅酸蓄电池的结构与原理；

2.掌握铅酸蓄电池的工作特性；

3.了解铅酸蓄电池的应用。

能力目标

1.能够正确使用万用表、电池检测仪等仪器设备；

2.能够使用检测仪正确完成铅酸蓄电池的检测；

3.能够根据检测数据正确分析铅酸蓄电池性能。

【知识准备】

一、铅酸蓄电池的结构与原理

自铅酸蓄电池发明距今已有 150 多年，它具有技术成熟、高低温性能优异、性能稳定可靠、安全性高、资源再利用性好等优点，在新能源汽车上被广泛用作辅助动力蓄电池。同样，铅酸蓄电池也有一些缺点：能量密度低、循环寿命偏短、正负极材料有铅污染、易对环境和人体健康造成危害。

(一)铅酸蓄电池的基本结构

铅酸蓄电池主要由极板、隔板、壳体、联条、电解液、极桩等组成,一个 12 V 的铅酸蓄电池由 6 个串联的单格电池构成。铅酸蓄电池的结构如图 3-1 所示。

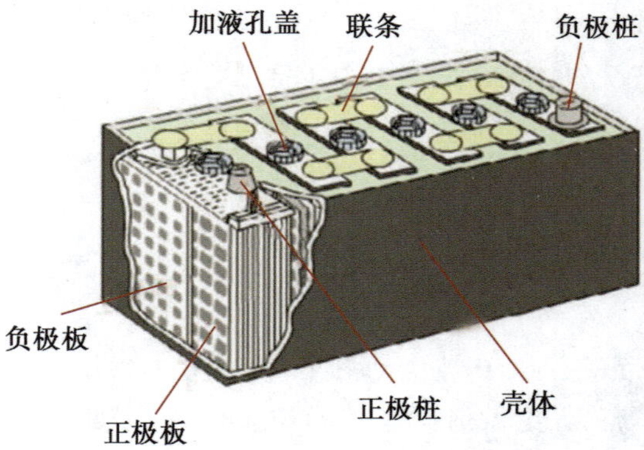

图 3-1　铅酸蓄电池的结构

1.极板

极板是铅酸蓄电池的核心部件,分为正极板和负极板。铅酸蓄电池的充放电过程是通过极板上的活性物质与电解液进行电化学反应来实现的。

极板由栅架及铅膏涂料组成,如图 3-2 所示。栅架的作用是固定活性物质,通常由铅锑合金浇铸而成。

正极板上的活性物质为深棕色的二氧化铅(PbO_2),负极板的活性物质为海绵状、青灰色的纯铅(Pb)。

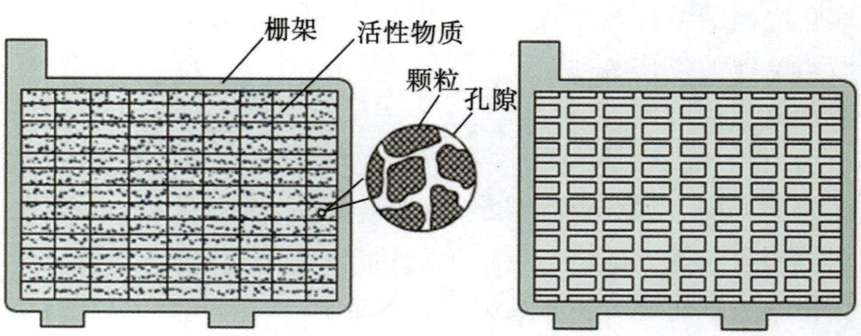

(a)极板　　(b)极板栅架

图 3-2　极板

为了增大铅酸蓄电池的容量,每个单格铅酸蓄电池都有多个极板组。极板组中的每个正极板都处于两片负极板之间,从而使正极板两侧充放电均匀。负极板比正极板多一块,如图 3-3 所示。

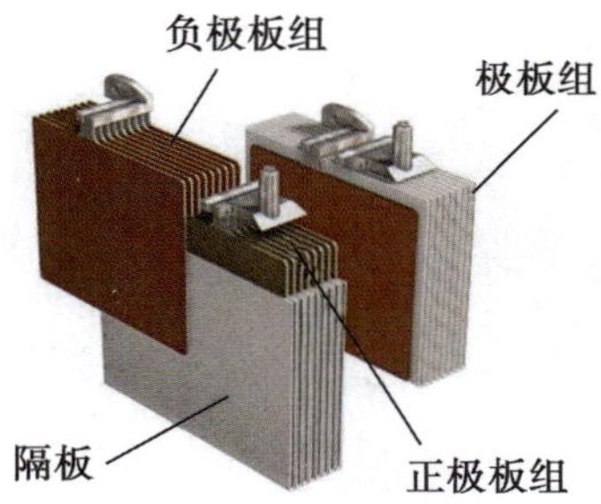

(a)极板外形

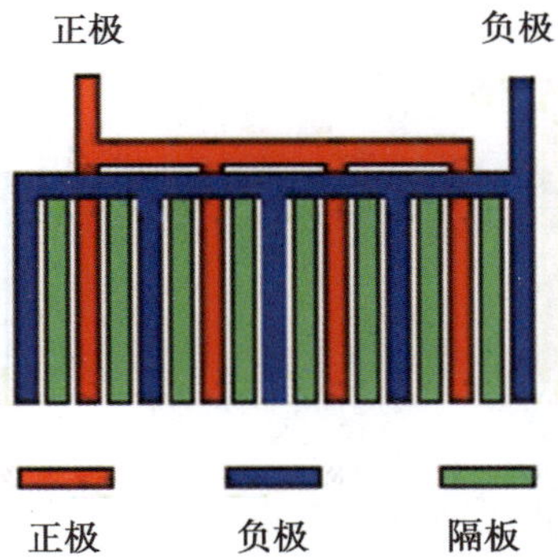

(b)极板侧面

图 3-3　极板组

2.隔板

为减少电池的内阻和体积，正负极板之间应尽量靠近。为避免正负极板之间彼此接触而造成短路，正负极板之间装有绝缘隔板，隔板上有许多微孔，能够让电解液通过。隔板一般采用木板、微孔橡胶、微孔塑料、玻璃纤维和纸板等。木质隔板价格低，但耐酸性能差，已逐渐被淘汰；微孔橡胶隔板性能好，寿命长，但生产工艺复杂、成本高，故尚未大量使用；微孔塑料隔板孔径小、孔率高、薄而软、生产效率高、成本低，目前被广泛采用。

隔板一面平整，一面有沟槽。正极板在充放电过程中的化学反应比较剧烈，沟槽面应对着正极板，且与底部垂直。其目的是使充放电时电解液能及时通过沟槽供给正极板，也能使气泡沿槽上升。当正极板上的活性物质 PbO_2 脱落时，脱落的 PbO_2 能迅速通过沟槽沉入容器底部。

3.电解液

铅酸蓄电池的电解液是浓度为 27%～37%的稀硫酸水溶液，是由蒸馏水和 15 ℃时相对密度为1.83～1.84 g/cm^3 的化学纯硫酸按一定比例配制而成的。电解液的密度由厂家要求和当地最低气温共同决定，一般为 1.24～1.30 g/cm^3。电解液在蓄电池的充放电化学反应中起到离子间导电的作用，其纯度是影响蓄电池电气性能和使用寿命的重要因素。因此，蓄电池电解液必须符合《铅酸蓄电池用电解液》(JB/T 10052—2010)中的规定。工业硫酸和普通水中含铜、铁等杂质较多，会加速蓄电池自放电，不能用于蓄电池。

电解液密度对蓄电池的容量和寿命影响很大。电解液的密度与电池容量的关系如图 3-4 所示。适当提高电解液密度，可以增强电解液的渗透能力，使参与反应的活性物质增多，电阻减小，从而提高蓄电池的容量，减少结冰的危险。但电解液相对密度过大时，电解液的黏度增加，内阻增大，流动性变差，从而使蓄电池容量降低。而且密度大，腐蚀作用就会增强，也会降低极板和隔板的寿命。试验表明，电解液在密度为 1.23 g/cm^3 时，蓄电池容量最大。因此，在冬季不结冰的前提下，应尽可能采用相对密度较低的电解液。

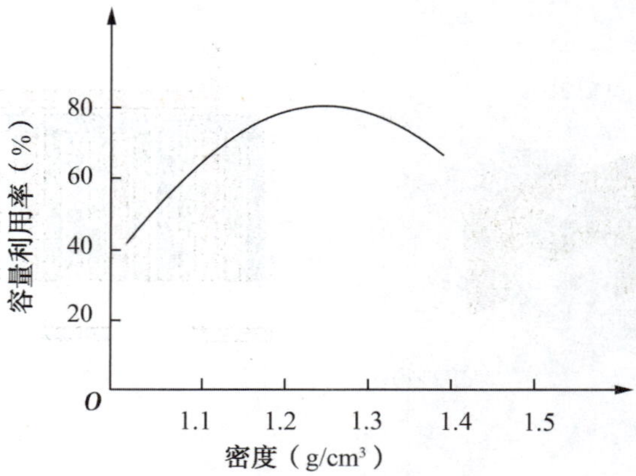

图 3-4　电解液的密度与容量关系

在免维护铅酸蓄电池中，蓄电池上盖有电眼显示，用于显示蓄电池是否正常，如图 3-5所示。电眼的颜色不同表示的意思也不同。绿色表示电解液液位正常，蓄电池充电充足。黑色表示电解液液位正常，电量不足，蓄电池需要充电。浅黄色表示蓄电池电解液液位过低，蓄电池必须更换。

(a)绿色　　(b)黑色　　(c)浅黄色

图 3-5　蓄电池电眼颜色显示

4.壳体

铅酸蓄电池的外壳由电池槽和电池盖组成，其功能是盛装电解液和极板组。目前，铅酸蓄电池的外壳大多采用耐酸塑料，电池槽和电池盖之间采用热压工艺黏合为整体结构。其优点为体积小、质量轻、强度高、耐腐蚀。电池槽由隔板分成六个互不相通的单格，底部有凸起的筋条，用于放置极板组，如图 3-6 所示。

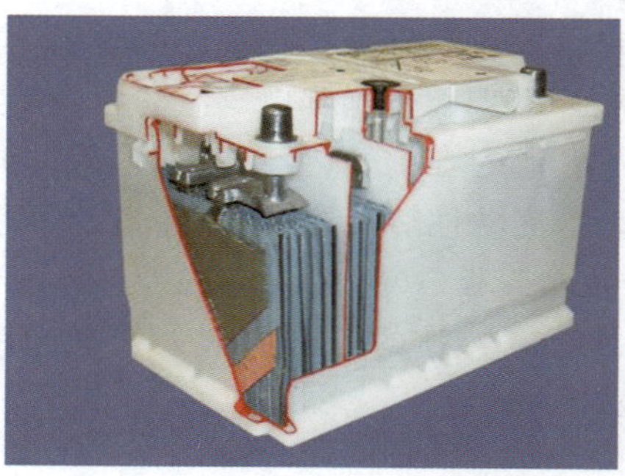

图 3-6　壳体

每个单格都有一个加液孔，用于加注电解液或检测电解液密度。加液孔用螺塞或盖板密封，防止电解液外溢。在加液孔盖上设有通气孔，以便排出化学反应所放出的氢气和氧气。该通气孔在使用中应保持畅通，以防止外壳膨胀或发生事故。免维护的铅酸蓄电池产生的气体则通过中央通气孔排出，如图 3-7 所示。

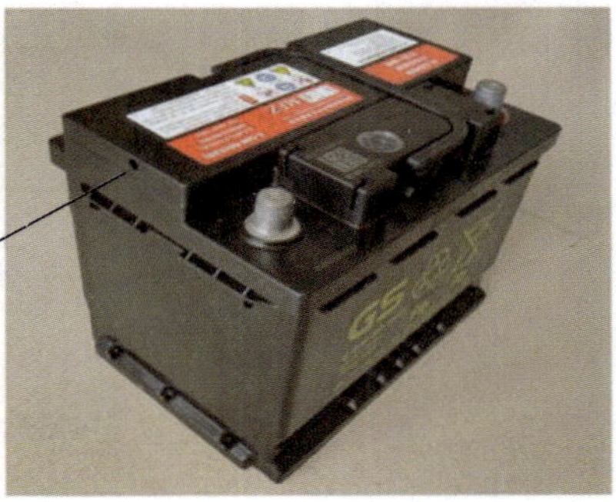

图 3-7　免维护铅酸蓄电池中央通气孔

5.联条

铅酸蓄电池的单格电池之间采用联条串联连接。

6.接线柱

接线柱分为正接线柱和负接线柱。为了便于区分，正接线柱通常较粗，且用“+”或“P”表示，表面常涂红色油漆；负接线柱通常较细，且用“-”或“N”表示，表面涂成蓝色或不涂颜色。

(二)铅酸蓄电池的工作原理

电池两端加上负荷时，电池内部化学能转换为电能，导电离子从一个电极到另一个电极，于是在电池外部的电路电子流动形成电流。在电池满电的情况下，正极为二氧化铅，负极为铅，电解液是稀硫酸。完全放电后，两个极板上均变成硫酸铅。铅酸蓄电池充放电过程中的化学反应是可逆的。

正电极在放电时，外界电路接收电子，形成还原反应；负电极释放电子到外界电路，形成氧化反应；电解液的作用是给正负极之间流动的离子创造一个液体环境，或者说充当离子流动的介质。电极上的化学反应方程式为

$$Pb+PbO_2+2H_2SO_4 \rightleftharpoons 2PbSO_4+2H_2O \tag{3-1}$$

1.电动势的建立

正极板上的二氧化铅电离为正四价铅离子和负二价氧离子，铅离子附着在正极板上，氧离子进入电解液中，正极板具有 2.0 V 的正电位。负极板上的纯铅电离为正二价铅离子和两个电子，铅离子进入电解液中，电子留在负极板上，负极板具有 -0.1 V 的电位。两极板之间的电动势为 2.1 V，如图 3-8 所示。

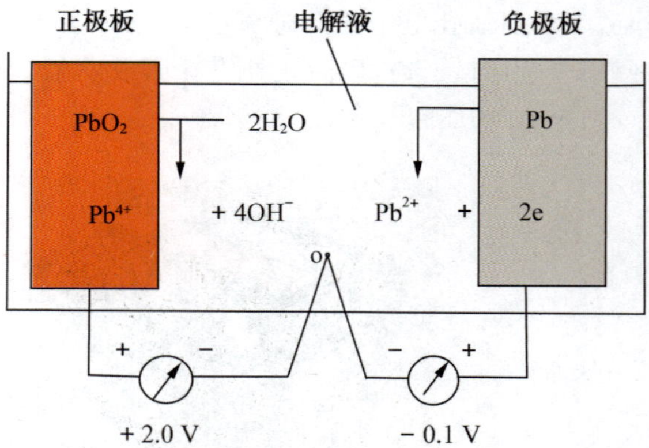

图 3-8　电动势的建立

2.放电过程

放电时，化学能转化为电能。当电池接入负载后，在电位差的作用下，电流从正极流出，经过负载流回负极。正极板上的正四价铅离子与电子结合生成正二价铅离子，进入电解液与硫酸根离子结合生成硫酸铅，附着在正极板上。正极板上的化学反应方程式为

$$Pb^{4+}+2e \longrightarrow Pb^{2+} \tag{3-2}$$

$$Pb^{2+}+SO_4^{2-} \longrightarrow PbSO_4 \tag{3-3}$$

负极板上，正二价铅离子也同硫酸根离子结合生成硫酸铅，附着在负极板上。负极板上的化学反应方程式为

$$Pb-2e \longrightarrow Pb^{2+} \tag{3-4}$$

$$Pb^{2+}+SO_4^{2-} \longrightarrow PbSO_4 \tag{3-5}$$

电解液中，H_2SO_4 失去 SO_4^{2+}，留下 H^+，H^+ 与 OH^- 结合生成水。电解液中的化学反应方程式为

$$H^+ + OH^- \longrightarrow H_2O \tag{3-6}$$

随着放电过程的进行，电解液中的硫酸根离子不断与正、负极板上的铅离子生成硫酸铅而附着在极板上，电解液中的硫酸根离子逐渐减少。同时，由于正极板上的负二价氧离子与氢离子生成水，电解液中的水不断增多，结果使得电解液密度下降，蓄电池内阻逐渐增大，如图 3-9 所示。放电时的总反应为

$$Pb+PbO_2+2H_2SO_4 \longrightarrow 2PbSO_4+2H_2O \tag{3-7}$$

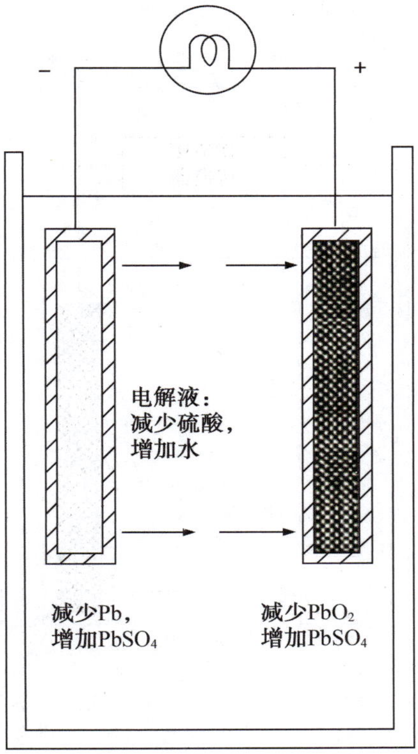

图 3-9 放电过程

3.充电过程

充电时，外接直流电源的正极连接铅酸蓄电池的正极板，负极连接铅酸蓄电池的负极板。正极板上的正二价铅离子失去 2 个电子成为正四价铅离子，与水反应生成二氧化铅。正极板上的化学反应方程式为

$$PbSO_4 + 2H_2O - 2e^- \longrightarrow PbO_2 + 4H^+ + SO_4^{2-} \tag{3-8}$$

负极板上的正二价铅离子得到 2 个电子生成 Pb，附着在负极板上。负极板上的化学反应方程式为

$$PbSO_4 + 2e^- \longrightarrow Pb + SO_4^{2-} \tag{3-9}$$

随着电流的通过，硫酸铅在负极上变成蓬松的金属铅，在正极上变成黑褐色的二氧化铅，从正、负极板上电离出来的硫酸根离子与水中的氢离子结合生成硫酸，结果使得电解液的密度不断升高，如图 3-10 所示。充电时的总反应为

$$2PbSO_4 + 2H_2O \longrightarrow Pb + PbO_2 + 2H_2SO_4 \tag{3-10}$$

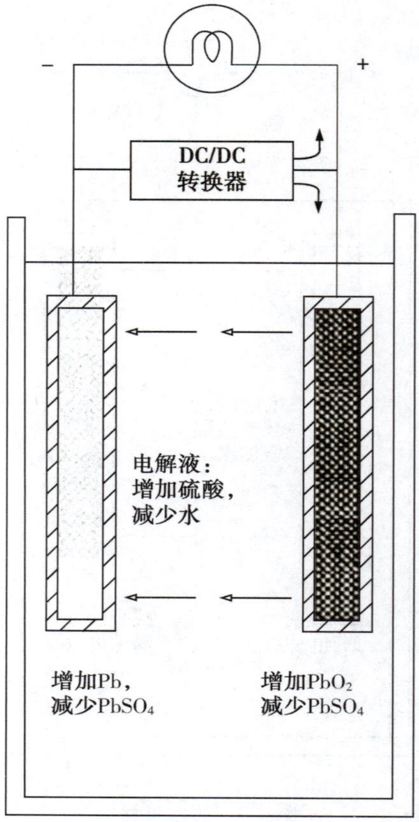

图 3-10　充电过程

在充电过程中，当单格电池的端电压达到 2.4 V 时，$PbSO_4$ 已基本转化为 PbO_2 和 Pb。如果继续充电，水将被电解成氢气和氧气，氧气从正极板溢出，氢气从负极板溢出。随着充电时间延长，产生的氢气和氧气增多，就会呈现“沸腾”现象。铅酸蓄电池若长时间过充电，极板内部会产生大量气体，形成局部压力，从而加速活性物质的脱落，使极板过早损坏。因此，应避免长时间过量充电。

二、铅酸蓄电池的工作特性

(一)放电特性

放电特性是指充足电的蓄电池以一定放电时率的电流连续放电的过程中，端电压和电解液密度随放电时间的变化规律。图 3-11 所示的是电流以 20C 的放电时率连续放电时端电压 U、电动势 E 和电解液密度 ρ 随放电时间的变化规律。

在放电过程中，由于蓄电池内阻有压降 $I_f R_0$，所以蓄电池的端电压总是小于其电动势 E，而静止电动势 E_0 与电解液的密度变化相似，单格蓄电池的放电终止电压为1.75 V，整个蓄电池的放电终止电压为 10.5 V。

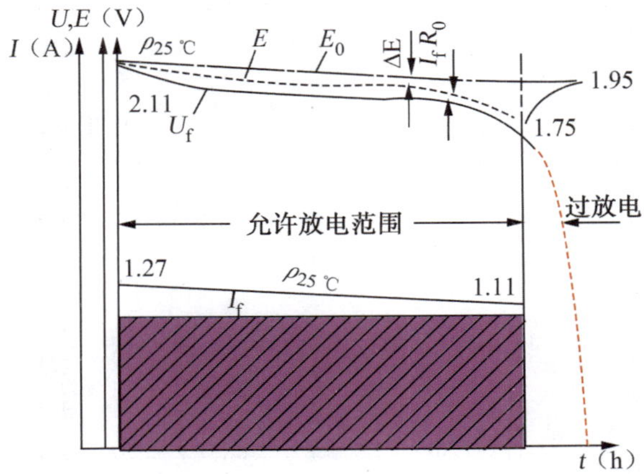

图 3-11　铅酸蓄电池放电特性

随着电池不断放电，电解液的密度直线下降，因此在电池使用的过程中可以根据电解液的密度来判断蓄电池的放电程度。

在放电过程中，电池端电压稳定下降，但在放电末期会出现一个转折电压，此时电池端电压急剧下降，表现为放电曲线斜率显著增加。这是因为电解液中的硫酸浓度已经很低，电解液扩散到极板的速度低于放电的速度，在电解质不足的情况下，极板的电动势急剧降低，造成电池端电压的下降，此时应停止放电，否则会造成电池的过度放电。过放电会致使电池内部大量的硫酸铅被吸附到蓄电池的阴极表面，造成电池阴极“硫酸盐化”。由于硫酸铅是一种绝缘体，它的形成会对蓄电池的充放电性能产生很大的负面影响，因此在阴极上形成的硫酸盐越多，蓄电池的内阻越大，电池的充放电性能就越差，从而使蓄电池的寿命缩短。

电池以不同的放电倍率放电，其端电压与放电时间的关系如图 3-12 所示。从图中可以看出，放电倍率越大，电池端电压下降越快，电池所能放出的容量越小。

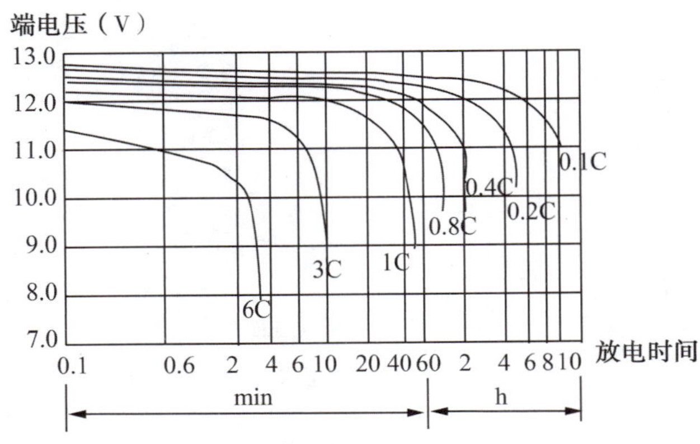

图 3-12　铅酸蓄电池端电压与放电时间的关系

(二)充电特性

恒流限压法是铅酸蓄电池最常用的充电方法，12 V 铅酸蓄电池充电控制曲线如

图 3-13所示。充电过程分为三个阶段：第一阶段为 60 A 恒流充电，第二阶段为 15 V 恒压充电，第三阶段为 3 A 恒流定时充电，定时时间小于 5 h。

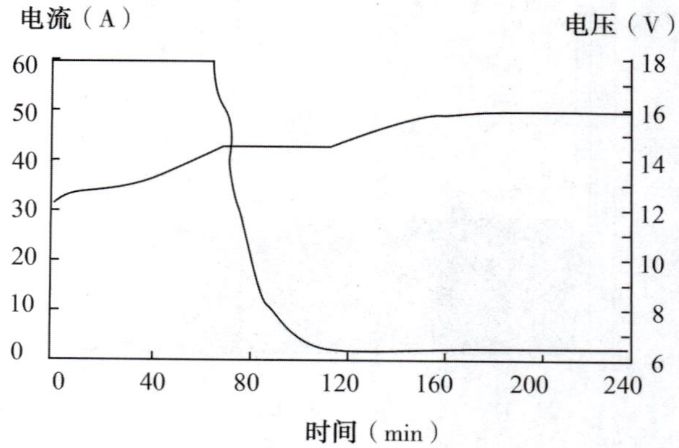

图 3-13　12 V 铅酸蓄电池充电控制曲线

充电过程中电池的电压变化曲线如图 3-14 所示。在充电初期（*oa* 段），电池的端电压上升很快，这是因为电池两极的硫酸铅分别转化为二氧化铅和铅，同时生成硫酸，极板表面和活性物质微孔内的硫酸浓度剧增，硫酸来不及向极板外扩散，因此电池的端电压迅速升高。在充电中期（*ab* 段），由于电解液的相互扩散，极板表面和活性物质微孔内的电解液浓度不再急剧上升，因此端电压缓慢上升。随着充电的不断进行，活性物质逐步转化为二氧化铅和铅，孔隙逐渐扩大，孔率增加。当单体端电压达到 2.3 V 左右时（至曲线 *b* 点），大部分活性物质已转化为二氧化铅和铅，极板上所余硫酸铅不多，如果继续充电，则会大量电解水，开始析出气体。由于部分气体吸附在极板表面来不及释放，增加了内阻，导致正极电位升高，因此电池端电压又迅速上升，如曲线 *bc* 段。当充电到 *cd* 段时，由于活性物质已全部还原为充满电时的状态，水的分解也渐趋饱和，电解液剧烈沸腾，电压则稳定在 2.7 V 左右，所以充电至 *d* 点就应结束。若继续充电，端电压也不再升高，只是不断消耗电能进行水的电解。如果在 *d* 点停止充电，端电压会迅速降低至2.3 V。

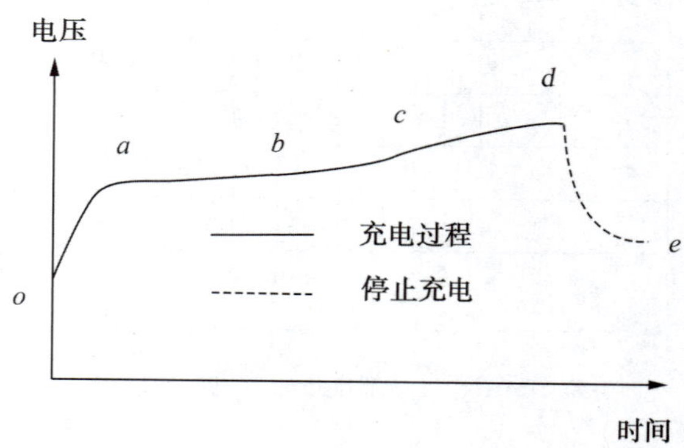

图 3-14　电池电压随时间的变化

(三)自放电性能

自放电分为正极自放电和负极自放电。

1.正极自放电

正极自放电是由于在放置期间正极活性物质发生分解,形成硫酸铅并伴随着氧气析出,发生逆反应。在电极上端、下端、电极的孔隙以及电极的表面,硫酸浓度不同,因而电极内外和上下形成了浓差电池。处于硫酸浓度低的区域的二氧化铅为负极,进行氧化反应而析出氧气;处于硫酸浓度高的区域的二氧化铅为正极,进行还原反应,还原为硫酸铅。这种浓差电池在正极和负极上都可能形成,因此都有氧气析出。但在电解液浓度趋于均匀后,浓差消失,由此引起的自放电也就停止了。另外,在电解液中一些其他盐类杂质的存在也会引起自放电。

2.负极自放电

在开路状态下,蓄电池中的铅溶解导致容量损失,而铅溶解的共轭反应是溶液中氢的还原过程。该过程的速度与硫酸的浓度、储存温度、所含杂质和膨胀剂的类型有关,溶解于硫酸中的氧也可以发生铅自溶的共轭反应。

三、铅酸蓄电池的应用

铅酸蓄电池的优点是技术可靠、生产工艺成熟、成本低、大电流输出、具有良好的高温和低温性能、较高的能量效率(75%～80%)以及多种多样的型号和尺寸,缺点是比能量和能量密度比较低(35 W·h/kg、70 W·h/L)、自放电率较高(25 ℃环境每天降低1%)、循环寿命相对较低(小于1000次)、硫酸腐蚀电极不便于长期储存,但是铅酸蓄电池仍是电动汽车不可缺少的储能元件。

(一)辅助动力蓄电池

新能源汽车上辅助动力蓄电池仍然采用铅酸蓄电池,例如在吉利帝豪EV450纯电动汽车上使用的低压蓄电池型号为6-QW-45。该型号电池中有6个单格电池,总电压为12 V,是一种启动型免维护蓄电池,额定容量为45 A·h。在温度为10 ℃时,12 V铅酸蓄电池的静态电压与容量的关系如表3-1所示。随着温度的下降,蓄电池的电压会稍微下降。

表3-1 铅酸蓄电池电压与容量的关系

电压(V)	12.6	12.4	12.2	12.0	11.8
容量(%)	100	75	50	25	0

(二)低速电动车动力蓄电池

从广义上讲,低速电动车涵盖两轮电动自行车、电动摩托车、电动三轮车、低速电动汽车等。铅酸蓄电池虽然能量密度低、寿命短,但电压稳定、成本低,被广泛用于低速电动车上。目前,低速电动车在我国还不能上牌使用,但部分地区已开始准备出台管理办法,相关上牌政策也正在讨论中。

低速电动汽车以比德文、时风、唐骏、雷丁、丽驰等为代表,图3-15所示为比德文M6

低速电动汽车。出于成本考虑，低速电动汽车主要采用铅酸蓄电池，其中应用最多的是密封式阀控铅酸蓄电池，其价格优势使得其在农村及城乡结合部等市场需求强烈，占有很大的市场份额。

图 3-15　比德文 M6 低速电动汽车

现在的铅酸蓄电池技术已经得到了很大提升，比能量由原来的 20 W·h/kg 提升到了现在的 40 W·h/kg，最高的超级电池的比能量达到了 70～80 W·h/kg。使用寿命方面，原来铅酸蓄电池循环次数只有 350 次左右，目前在 70%的 DOD 放电的情况下，已经能够超过 4000 次，超过了镍氢电池。另外，铅酸蓄电池还具有可回收再利用的优势。目前，美国铅酸蓄电池的回收利用率已达到 98.5%，我国也达到了 90%左右。

（三）新型铅酸蓄电池

AGM/EFB 蓄电池统称为启停蓄电池，最早由德国 MOLL 和美国江森等著名品牌厂家研发生产，目前国内的风帆、骆驼等蓄电池厂家也有生产。AGM 蓄电池在欧系品牌车辆上装配居多，EFB 蓄电池在日系品牌车辆上装配居多。

为解决普通铅酸蓄电池存在的问题，如电解液水分流失、充电过程产生酸雾等，人们研发出 VRLA 阀控式蓄电池。在普通铅酸蓄电池的基础上，VRLA 蓄电池负极采用过量的活性物质，使得负极不能析出氢气，同时正极产生的氧气通过一定的途径进入负极，与负极的铅产生化学反应。充电过程中产生的绝大部分气体通过化学反应继续留在蓄电池内部，从而保持电解液浓度的相对稳定。常见的 VRLA 阀控式蓄电池有 EFB 增强富液式和 AGM 贫液式两种。

1.EFB 蓄电池

EFB 蓄电池即增强富液型蓄电池（Enhanced Flooded Battery，EFB）。这类蓄电池可以从蓄电池盖上的 EFB 字样识别出来，如图 3-16 所示。它通过调整活性物质以及电解液配方，提高电池深循环性能。除了极板、隔膜及其他结构部件外，蓄电池内部剩余的空间全部用电解液填满，也就是说电解液处于过量状态。其特点是：

（1）负极格栅更厚。这使电池具有更高的耐腐蚀性，特别是在高电流负荷时。

（2）负极添加了碳。这改善了电流损耗，使得电池更容易充电。

（3）略微提高了含铅量。

与 AGM 蓄电池相比，EFB 蓄电池具有成本低廉、适用温度范围广等特点，整体性能可满足启停系统需求，但不适用于带有能量回收的系统。国内带启停功能的日系汽车多采用 EFB 蓄电池。

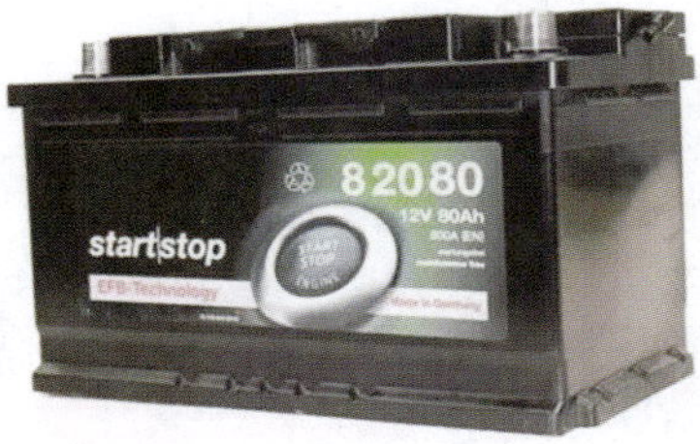

(a)EFB 蓄电池外形

(b)EFB 蓄电池盖标识

图 3-16　EFB 蓄电池

2.AGM 蓄电池

AGM 蓄电池即玻璃纤维蓄电池(Absorbent Glass Mat，AGM)。这类蓄电池可以从蓄电池盖上的 AGM 字样和全黑色蓄电池外壳识别出来，如图 3-17 所示。玻璃纤维结构具有很强的吸水性，因此所有硫酸都被玻璃纤维吸附，具有防泄漏作用。与 EFB 蓄电池相比，AGM 蓄电池极板不是浸泡在电解液中，而是将大部分电解液吸附在多孔的玻璃纤维隔板上，通过紧装配技术与电极接触；同时，电解液并未填满整个蓄电池内槽，而是为正极析出的氧气留出了进入负极的通道，并利用阴极吸附原理实现氧的复合和循环使用，从而减少电池失水，做到真正的免维护。另外，由于采用 AGM 隔板技术，不仅使电解液固定在隔板中，有效防止电解液分层，提高深循环寿命，同时 AGM 隔板具有更低的电阻，有利于提高冷启动性能；采用紧装配技术，可有效防止活性物质软化脱落，进一步提高循环性能。与 EFB 蓄电池相比，AGM 蓄电池整体性能更优，充放电循环次数是普通铅酸蓄电池的 3～4 倍，而且可以支持汽车更高的用电荷载要求和能量回收功能，因此 AGM 蓄电池多用于带有能量回收系统和启停功能的高端汽车上。

(a)AGM 蓄电池外形

(b)AGM 蓄电池盖标识

图 3-17　AGM 蓄电池

【任务实施】

铅酸蓄电池性能检测

<table>
<tr><td colspan="4">一、接受工作任务</td></tr>
<tr><td colspan="4">客户反映在将车辆放置 2 个月后，车辆出现无法启动、仪表也无任何显示的问题。经判定，12 V 低压铅酸蓄电池电量不足，技师刘强要求学徒按照安全规范对低压铅酸蓄电池进行性能测试，并按实训工单完成学习任务。</td></tr>
<tr><td colspan="4">二、信息收集</td></tr>
<tr><td colspan="4">1.铅酸蓄电池的正极材料是________，负极材料是________。
2.铅酸蓄电池的________极板比________极板多一片。
3.铅酸蓄电池的单格电池电压为________V。
4.铅酸蓄电池的优点是________，缺点是________。</td></tr>
<tr><td colspan="4">三、制订计划</td></tr>
<tr><td colspan="4">1.根据实训任务要求制订作业计划。</td></tr>
<tr><td colspan="4">作业计划</td></tr>
<tr><td>序号</td><td>作业项目</td><td colspan="2">操作要点</td></tr>
<tr><td></td><td></td><td colspan="2"></td></tr>
<tr><td></td><td></td><td colspan="2"></td></tr>
<tr><td></td><td></td><td colspan="2"></td></tr>
<tr><td></td><td></td><td colspan="2"></td></tr>
<tr><td colspan="4">2.根据作业计划完成小组成员任务分工。</td></tr>
<tr><td>操作人</td><td></td><td>记录员</td><td></td></tr>
<tr><td>监护人</td><td></td><td>展示员</td><td></td></tr>
</table>

作业注意事项
(1)使用前应检查测试夹具绝缘层是否完好,有无破损、裸露及断线。 (2)若蓄电池刚充满电时,电压略高于正常值,请开启大灯 2~3 min,待电压降回正常值再进行测量。 (3)测试仪表不要在高温、高湿、易燃、易爆和强电磁场中使用和存放。 (4)若实训过程中出现故障,务必第一时间中止实训,并报备实训指导教师。

检测设备/工具/材料

序号	名称	数量	清点
			□已清点
			□已清点
			□已清点
			□已清点
			□已清点
			□已清点

四、计划实施

1.测量准备。

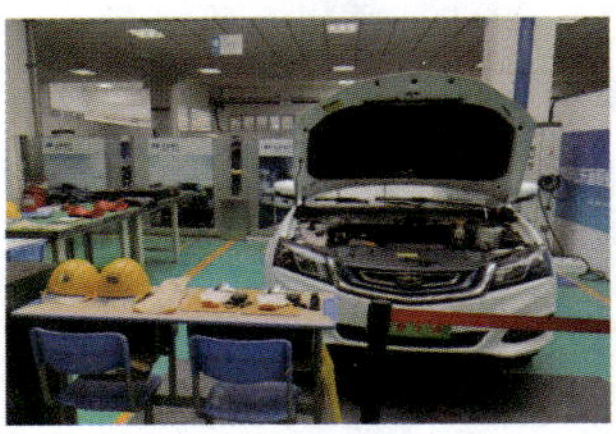

测量时需要准备的场地安全措施有____________________。
工具安全措施有____________________。

2.蓄电池性能测试。

(1)将红色测试钳接蓄电池正极,黑色测试钳接蓄电池负极。

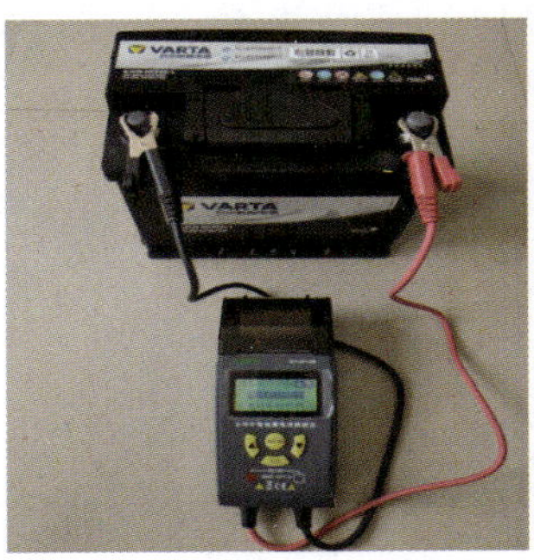

注意:必须接触良好,以免影响测试结果。

(2)选择测试项目，选择电池启动能力，按“ENTER”键进入下一步。	
	注意：测试项目可选择电池启动能力、启动系统负荷、最大负载系统测试、充电系统测试，这里以电池启动能力为例进行测试。
(3)按照蓄电池的类型选择种类，按“ENTER”键进入下一步。	
	蓄电池的种类为________。
(4)根据蓄电池上的铭牌实际情况选择采用快速测试或精确测试。快速测试方式是在无法从蓄电池中获取该蓄电池的精确冷启动电流参数的情况下，根据电池容量大致确定该蓄电池的冷启动电流，并以此作为测试结果判断的基准依据。精确测试方式则是通过从蓄电池中获取到该蓄电池的准确冷启动电流参数，并以此设置好判断基准，进行测试。	
	注意：若能从蓄电池中获取到该蓄电池的准确冷启动电流参数，建议使用精确测试方式对蓄电池进行测试。
(5)选择蓄电池的规格，可根据蓄电池的参数选择 CCA、IEC、EN、DIN、JIS 等不同规格。	
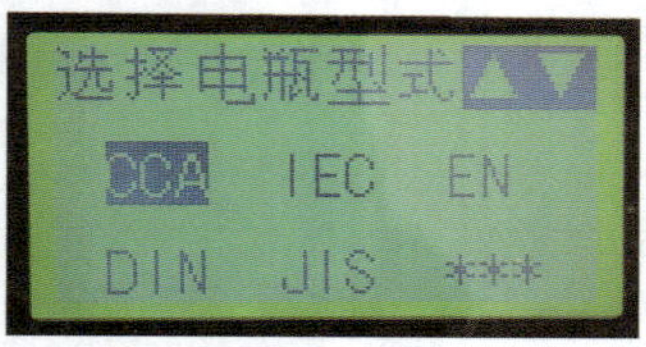	蓄电池的规格为________。
(6)输入蓄电池的最大启动电流值。	
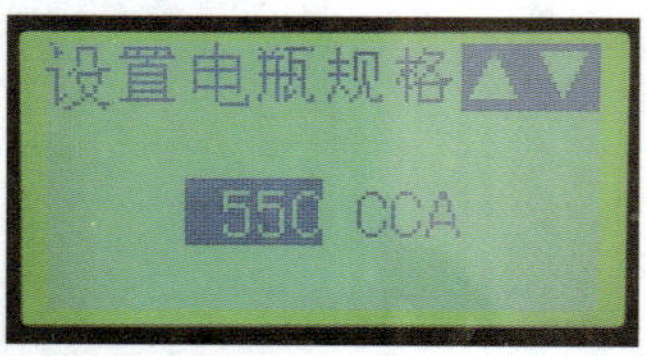	最大启动电流值为________CCA。

<table>
<tr><td colspan="2">(7)按“ENTER”键进行启动测试。</td></tr>
<tr><td>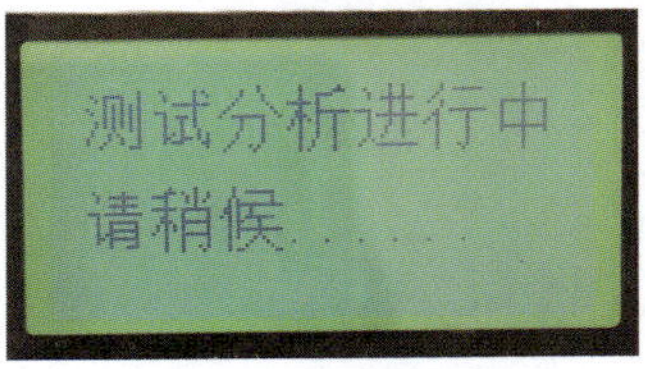
</td><td>注意:仪器分析过程中不要随意移动设备。</td></tr>
<tr><td colspan="2">(8)测试完成,显示区显示测试结果。</td></tr>
<tr><td>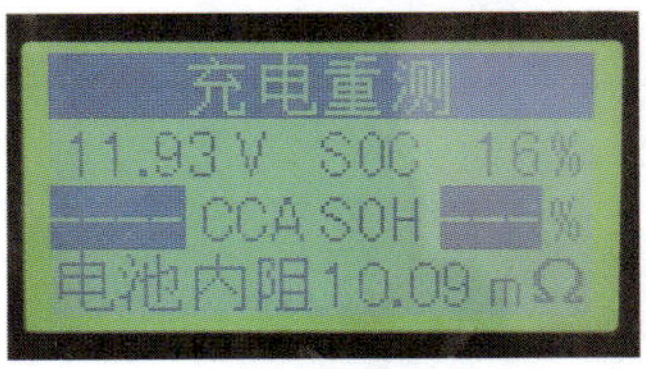
</td><td>显示测试蓄电池的 SOC 为________,
CCA 为________,
SOH 为________,
蓄电池内阻为________。</td></tr>
<tr><td colspan="2">(9)打印测试报告。</td></tr>
<tr><td>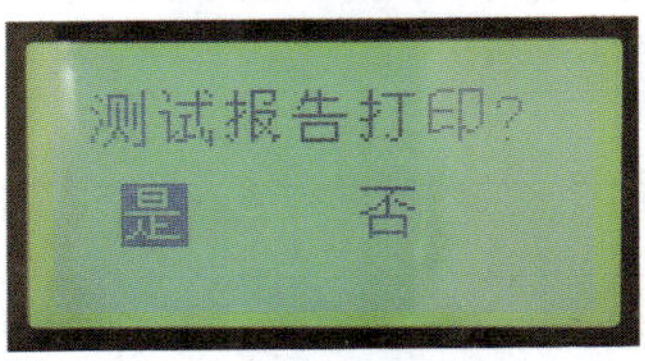
</td><td>选择是否打印测试报告:☐是 ☐否</td></tr>
<tr><td colspan="2">(10)输入车辆后 6 位识别号。</td></tr>
<tr><td>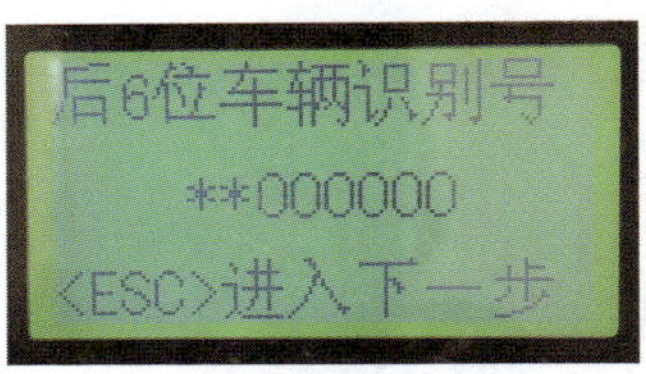
</td><td>车辆后 6 位识别号为________。</td></tr>
<tr><td colspan="2">(11)打印测试报告。</td></tr>
<tr><td>
</td><td>注意:打印过程中不要随意移动设备。</td></tr>
</table>

(12)根据测试报告判断蓄电池性能，判断是否需要更换蓄电池。

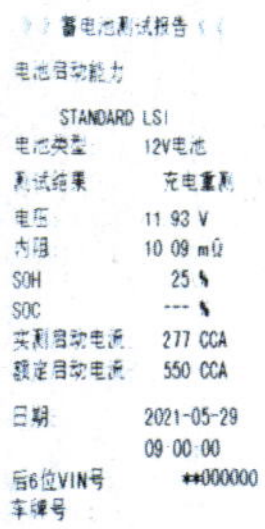

》》蓄电池测试报告《《
电池启动能力
STANDARD LSI
电池类型 12V电池
测试结果 充电重测
电压 11.93 V
内阻 10.09 mΩ
SOH 25 %
SOC --- %
实测启动电流 277 CCA
额定启动电流 550 CCA
日期 2021-05-29
09:00:00
后6位VIN号 **000000
车牌号

判断是否需要更换蓄电池：□是　　　　□否

五、质量检查

请实训指导教师检查本组作业结果，并针对实训过程出现的问题提出改进措施及建议。

序号	评价标准	评价结果
1	设备仪器使用规范，恢复场地	
2	作业计划完善且保证安全实施	
3	准确测量，记录数据，分析合理	
4	正确展示团队实训成果	
综合评价	☆☆☆☆☆	
综合评语（作业问题及改进建议）		

六、评价反馈

请根据自己在课堂中的实际表现进行自我评价和小组评价。

自我评价：________________________________。

小组评价：________________________________。

实训成绩单

项目	评分标准	分值	得分
接受工作任务	明确工作任务及结果要求	5	
信息收集	掌握工作相关知识及操作要点	15	
制订计划	按照计划顺利且高效地完成工作任务	10	
计划实施	做好安全防护	20	
	正确连接蓄电池与测量设备	10	
	正确测试蓄电池的性能参数	15	
	根据测试报告正确判断蓄电池性能好坏	15	
质量检查	按照要求完成相应任务	5	
评价反馈	经验总结到位,评价合理	5	
得分(满分 100)			

任务二　镍氢蓄电池性能检测

【工作情景】

王先生有一辆三代丰田普锐斯混合动力汽车，最近出现无法以纯电模式行驶的问题，因此将汽车送入 4S 店维修，维修师让你对其搭载的镍氢动力蓄电池组进行检查、维修，请按照操作规范完成任务。

【学习目标】

素质目标

1.养成良好的职业道德和职业素养；

2.能够进行有效的沟通和交流，具备团队合作意识；

3.培养安全第一的操作意识、爱岗敬业的工作态度和精益求精的工匠精神。

知识目标

1.掌握镍氢蓄电池的结构与原理；

2.掌握镍氢蓄电池的工作特性；

3.了解镍氢蓄电池的应用。

能力目标

1.能够正确使用万用表、电池检测仪等仪器；

2.能够使用检测仪正确完成镍氢蓄电池的检测诊断；

3.能够根据检测数据正确分析镍氢蓄电池性能。

【知识准备】

碱性电池是以氢氧化钾等碱性水溶液为电解液的蓄电池的总称。根据极板活性物质的不同，碱性电池分为镍镉电池、镍氢电池等。1993 年，国际抗癌联盟将镉定为一级致癌物，而且镉及其化合物是不可降解的环境污染物，可通过废水、废气、废渣大量流入环境，污染环境及危害健康。所以，镍镉电池目前已逐渐被镍氢电池取代。镍氢电池如图 3-18 所示。

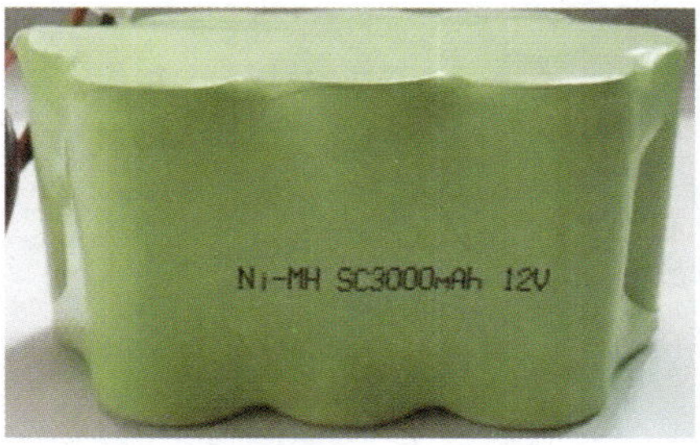

图 3-18　镍氢电池组

新能源汽车中以镍氢电池为动力蓄电池的汽车主要为混合动力汽车。丰田普锐斯的镍氢动力蓄电池如图 3-19 所示。

图 3-19　镍氢动力蓄电池组

一、镍氢电池结构与原理

(一)镍氢电池的基本结构

按照外形，镍氢电池可以分为方形、圆柱形，如图 3-20 所示。镍氢电池的单体电池电压为 1.2 V。

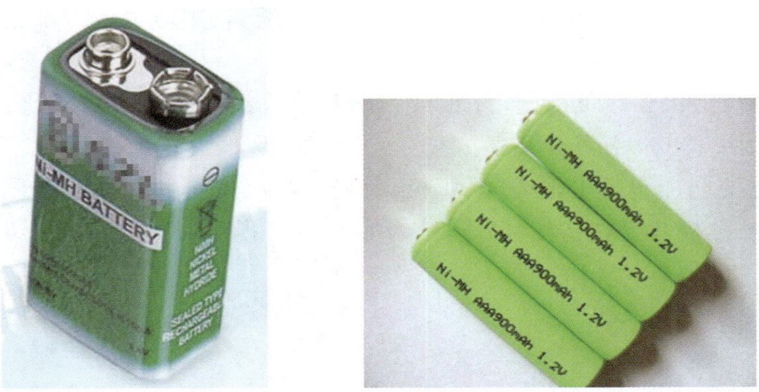

(a)方形　　(b)圆柱形

图 3-20　镍氢电池

镍氢电池由正极、负极、隔膜、碱性电解质、外壳等组成，方形电池结构如图 3-21 所示。电池正极的活性物质为氢氧化亚镍[$Ni(OH)_2$]，充电后变为羟基氧化镍(NiOOH)；负极的活性物质为储氢合金(M)，充电后变为金属氢化物(MH)；采用接枝聚丙烯隔膜，用于储存电解液、导通离子并阻断电池内部正负电极间的电子传递；使用以 KOH 为主并少量添加 NaOH、LiOH 组成的水溶液为电解液。

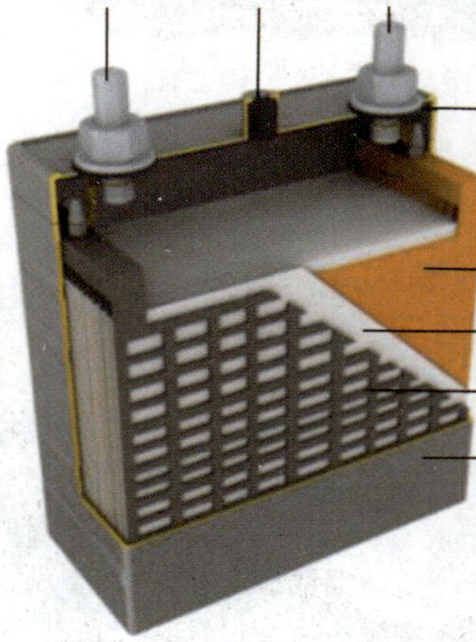

图 3-21　方形镍氢电池结构

(1)正极柱、负极柱：分别用于连接正极板、负极板，是电池与外电路的连接点。

(2)安全阀：用于完成电池的密封，当电池内部压力过大时安全阀开启，释放气体，降低电池内部压力，提高电池安全性。

(3)电池壳：电池反应的容器，同时完成电池的密封。

(4)绝缘垫：实现电池极柱与电池壳体之间的绝缘。

(5)正电极、负电极：电池反应的主体，电池的能量储存在正电极、负电极上。

(6)隔膜：隔离正负电极，储存电解液，提供离子通道，阻隔电池内部正负电极之间电子的传递。

方形电池极组由多片负极、多片正极和隔膜叠片组成。通常负极比正极要多一片，极组的最外侧两片电极均为负极片。

圆柱形电池同样包括电池壳体、正极、负极、隔膜、安全阀等。圆柱形电池极组一般由单个正极片、负极片、隔膜卷绕形成，结构如图 3-22 所示。

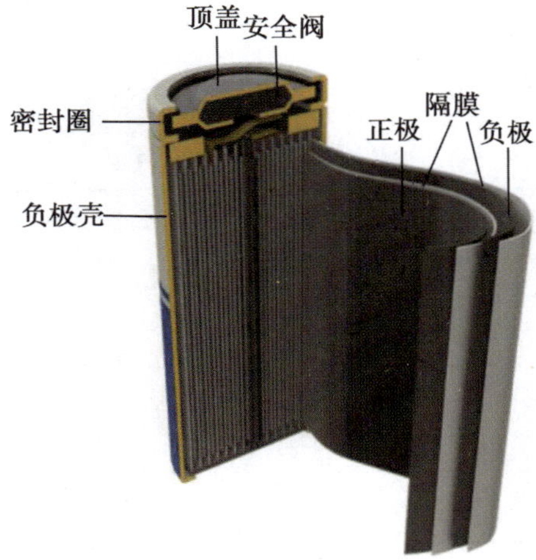

图 3-22　圆柱形镍氢电池结构

在应用过程中，由于活性物质的结构变化，电极会发生膨胀，圆柱形电池的耐压程度要远高于方形电池，所以一般圆柱形电池的安全阀开启压力要比方形电池高得多。方形电池在应用中容易发生膨胀，组合应用时需要采取防膨胀措施。

(二)镍氢电池的工作原理

镍氢电池以金属氢化物为负极，氢氧化镍为正极，电解液为30%的氢氧化钾溶液，氢氧化钾不直接参与电极反应。镍氢电池充放电原理如图 3-23 所示。

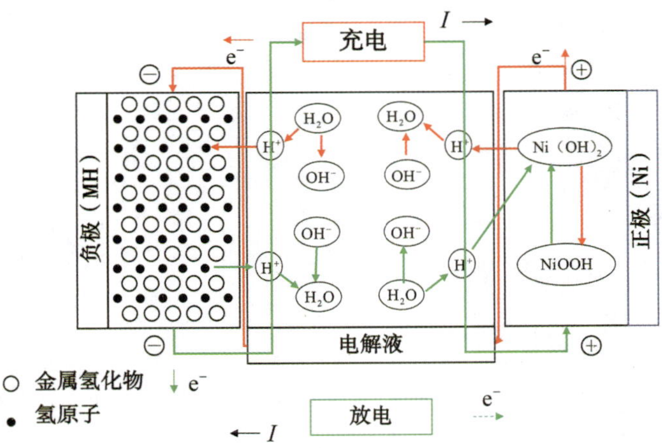

图 3-23　镍氢电池充放电原理

在镍氢电池充电时，正极上的 $Ni(OH)_2$ 转变为 NiOOH，负极上析出的氢原子吸附在储氢合金表面，形成吸附态 MH_{ab}，然后再扩散到储氢合金内部，形成金属氢化物 MH。过充电时，正极会产生 O_2，并通过隔膜扩散到负极。由于负极存在负电势，在储氢合金的催化作用下又生成 OH^-，总反应为零。因此过充电时，KOH 浓度和水的总量保持不变。

在镍氢电池放电时，NiOOH 得到电子转变为 $Ni(OH)_2$，金属氢化物内部的氢原子扩散到表面形成吸附态的氢原子，氢原子再发生电化学氧化反应生成水。过放电时，正极上的 NiOOH 已经全部转变成 $Ni(OH)_2$，这时 H_2O 便在镍电极上还原生成 H_2，而在负极上会发生 H_2 的电化学氧化，又生成 H_2O。这时，电池总反应的净结果仍为零。

正负极的充放电反应如表 3-2 所示。

表 3-2 镍氢电池正负极的充放电反应

反应过程	正极	负极
充电	$Ni(OH)_2 + OH^- - e^- \longrightarrow NiOOH + H_2O$	$M + H_2O + e^- \longrightarrow MH + OH^-$
过充电	$4OH^- - 4e^- \longrightarrow 2H_2O + O_2\uparrow$	$2H_2O + O_2 + 4e^- \longrightarrow 4OH^-$
放电	$NiOOH + H_2O + e^- \longrightarrow Ni(OH)_2 + OH^-$	$MH + OH^- - e^- \longrightarrow M + H_2O$
过放电	$2H_2O + 2e^- \longrightarrow 2OH^- + H_2\uparrow$	$H_2 + 2OH^- - 2e^- \longrightarrow 2H_2O$

镍氢电池的总反应为

$$M + Ni(OH)_2 \longrightarrow MH + NiOOH \tag{3-11}$$

从反应式可以看出，反应过程中只有质子在正极、负极间转移，水参与正负极的单电极反应，但整个反应过程中不存在水的消耗，所以电池可实现免维护。镍氢电池的充电反应是放热反应，即在充电过程中会产生热量，使电池温度逐渐上升。

在镍氢电池充放电反应中，储氢合金担负着储氢和在其表面进行电化学催化反应的双重任务。在过充电和过放电过程中，由于储氢合金的催化作用，可以消除产生的 O_2 和 H_2，从而使镍氢电池具有耐过充电、过放电的性能。但随着充放电循环的进行，储氢合金会逐渐失去催化能力。对于排气式电池，产生的气体会通过排气阀排出；对于密封式电池，产生的气体仅部分会在电池内部消耗掉，其余部分气体会在电池中积累，所以电池的内压会逐渐升高，最终导致电池漏液、失效。

二、镍氢电池的工作特性

（一）充电特性

镍氢电池的充电曲线如图 3-24 所示。

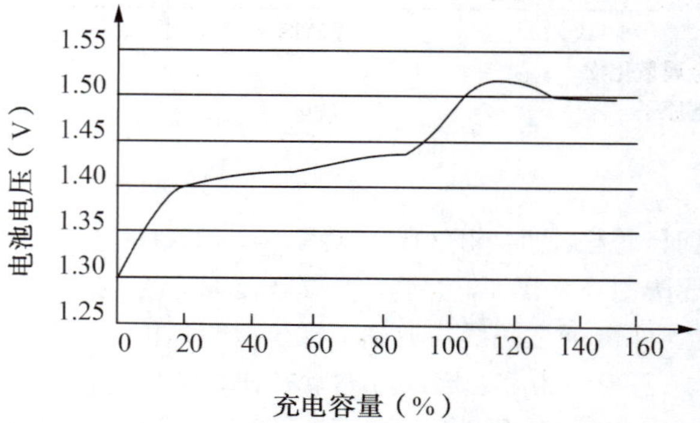

图 3-24 镍氢电池充电特性曲线

镍氢电池充电初始时的电压上升较快，之后比较平缓。这是由于 $Ni(OH)_2$ 导电性极差，但充电产物 NiOOH 导电性是前者的 10 倍，因而充电刚开始时的电压上升很快，有 NiOOH 生成后，充电电压上升速率降低，电压变得比较平坦。随着充电过程的进行，当充电容量达到电池额定容量的 75%左右时，储氢合金中的氢原子扩散速度减慢。由于氧在储氢合金的扩散速度受负极反应速度的限制，并且此时正极开始逐步析出氧气，因而充电电压再次呈现快速上升的趋势。当充电量超过电池设计容量后，电池进入过充电阶段。此时正极析出的氧会在负极储氢合金表面进行还原、去极化，使负极电位正移，电池温度迅速升高，加之镍氢电池反应温度系数是负值，因此电池的充电电压就会下降。

镍氢电池常用恒流充电的方式进行充电，充电最高电压越低表明电池在充电过程中的极化越小，电池的充电效率越高，电池的使用寿命可能越长。

(二)放电特性

镍氢电池工作电压为 1.2 V，其放电性能随放电电流、温度的改变而改变。电流越大，温度越低，电池放电电压和放电效率越低。长期大电流放电会对电池的寿命造成一定的影响。电池以 0.2C 放电时，放电性能如图 3-25 所示。镍氢电池的放电截止电压一般设定在 0.9～1.0 V，如果截止电压设定得太高，则电池容量不能被充分利用，反之则容易引起电池过放。

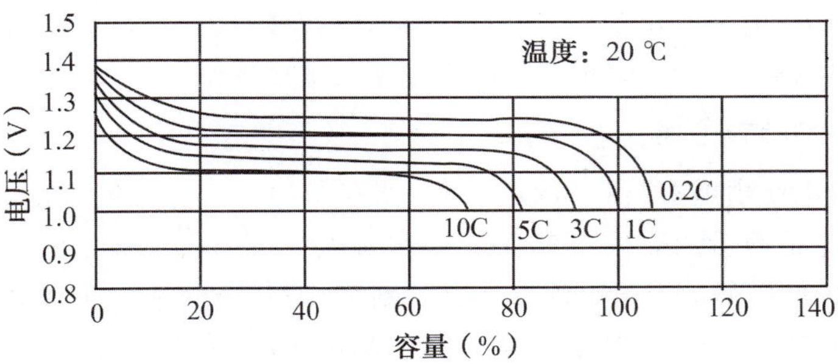

图 3-25　镍氢电池放电特性图

(三)电池内部压力

镍氢电池的内压是一直存在的，通常都维持在正常水平，不会引起安全问题。但在过充或过放情况下，当电池内压升高到一定程度时，就有可能带来安全问题。

镍氢电池在充电电量达到 100%前，内压增加较少。如果继续充电，电池的内压会急剧增加。因此，镍氢电池过充电存在一定的安全隐患。

(四)温度特性

由于电池中电极材料的活性和电解液的电迁移率等都与温度密切相关，所以环境温度对镍氢电池性能有一定的影响。

在中高温环境下，高温有利于合金中氢原子的扩散，提高了合金的动力学性能，且电解液中 KOH 的电导率也随温度升高而增加。因此，镍氢电池放电容量明显比低温时的放电容量大。温度过高(一般超过 45 ℃)时，虽然电解质电导率大，电流迁移能力增强，迁移内阻减小，但电解液溶剂水分蒸发快，增加了电解液的内阻，两者相互抵消，使得放电容量不再增加。

镍氢电池的正常存储温度是-20～45 ℃，最佳存储温度是10～25 ℃。一般情况下，当温度降至低于-20 ℃时，电池中的电解液会凝固，电池内阻会变得无穷大，电池内部可能发生不可逆的变化，导致电池无法激活到正常状态，甚至无法使用。当温度超过45 ℃时，电池自放电速率大大加快，电解液会发生副反应而产生大量气体，电极片中的辅助材料可能变质失效，从而导致整个电池逐渐老化、容量衰减，甚至在短期内失效。

（五）容量特性

电池的实际容量和实际放电机制与应用工况密切相关。在大电流放电条件下，电极的极化增强，内阻增大，放电电压下降很快，电池的能量效率降低，电池的实际容量一般都低于额定容量。相应地，在低倍率放电条件下，放电电压下降缓慢，电池实际放出的容量常常高于额定容量。镍氢电池的充电电流、搁置时间、放电终止电压和放电电流等均会对放电容量产生影响。

当充电电流增大、电极极化增加时，镍氢电池中氧气析出的复合反应将加剧，导致充电效率和放电容量降低。

搁置时间对镍氢电池放电容量的影响本质上就是镍氢电池的自放电问题。镍氢电池放电容量随搁置时间的延长而下降，搁置的开始阶段容量下降较快。

放电电流增大，电极极化也增大，电化学极化内阻增大，其端电压相对较低。对于相同的放电终止电压来说，最终表现为放电容量测试结果较低。

（六）自放电和储存性能

电池的自放电是由电极材料、制造工艺、储存条件等多方面因素决定的。在自然搁置状态下，镍氢电池容量的衰减速率很快，月自放电率可达到25%～35%。

镍氢电池自放电率较高，与电池正负极材料的组成、电解液的组成和隔膜材料有关。电池的自放电还与电池储存的温度和湿度有关，温度越高，湿度越大，自放电越严重。自放电率高对电池储存非常不利，所以镍氢电池一般都遵从即充即用的原则，不宜放置较长时间。

镍氢电池的存放条件：存放区应保持清洁、凉爽、通风；温度应在10～25 ℃，一般不应超过30 ℃；相对湿度不高于65%。另外，长期放置的电池应将电量充至50%～100%后储存。在储存过程中，要保证至少每3个月对电池充电一次。若不及时充电，当电池放电到终止电压后，一方面会继续自放电造成过放，另一方面电池内的正负极、隔膜也会发生严重的电解液腐蚀和漏液现象，造成电池损坏。

（七）循环寿命

镍氢电池的循环寿命受充放电的湿度、温度和使用方法的影响。在目前的技术条件下，按照IEC标准对电池充放电，充放电循环可以超过500次。在电动车辆上应用镍氢电池时，一般采用浅充、浅放的应用机制，即SOC在40%～80%之间应用，电池的使用寿命已经可以达到5年以上，甚至达到10年以上。

随着电池充放电循环次数的增加，电池的隔膜结构会发生变化，隔膜的电解液保持能力下降，电池自放电增大，电池寿命减小。另外，从电池电极上脱落下的电极材料逐渐堵塞隔膜上的孔隙，严重影响了镍氢电池中气体的渗透传输，进而增大了电池内阻，影响电池充放电性能，甚至导致电池失效。

三、镍氢电池的应用

(一)镍氢电池的特点

与铅酸蓄电池相比，镍氢电池具有无污染、高比能量、大功率、快速充放电、耐用性强等优点。同时，镍氢电池还具有以下特点：

(1)比功率高。目前，商业化的镍氢功率型电池能做到 1350 W/kg。

(2)循环次数多。目前，电动车镍氢动力蓄电池在 80%放电深度的情况下，可循环充电 1000 次以上，是铅酸蓄电池的 3 倍以上。

(3)无污染。镍氢电池不含铅、镉等对人体有害的金属。

(4)耐过充、过放。

(5)无记忆效应。

(6)使用温度范围宽。正常使用温度范围为−30～55 ℃；储存温度范围为−40～70 ℃。

(7)安全可靠。短路、挤压、针刺、安全阀工作能力、跌落、加热、耐振动等安全性、可靠性试验无爆炸、燃烧现象。

镍氢电池的缺点是成本高、自放电损耗大、电压低、电池组热管理要求比较高。

镍氢电池能量密度远低于锂离子电池，而对储能要求不是很高的油电混合动力汽车通常选择镍氢电池作为动力蓄电池，根本原因在于其造价成本低。目前，80%以上的混合动力汽车采用镍氢电池。

视频 3-1　镍氢电池的特点

(二)镍氢电池的应用

镍氢电池安全性高、耐过充过放性能好，能满足混合动力电动汽车高功率密度的要求。目前，该类电池在混合动力电动汽车上应用比较广泛，尤其是在日系车型中，如丰田凯美瑞混合动力车、丰田普锐斯、雷克萨斯 CT200、本田思域等。福特公司推出的 Escape 混合动力汽车也采用了额定电压 300 V 左右的镍氢电池组。搭载镍氢动力蓄电池的丰田普锐斯混合动力汽车如图 3-26 所示。

普锐斯的动力蓄电池采用的是电压为 288 V 的镍氢动力蓄电池，其安装位置如图 3-27所示。该电池组可以通过发电机和电动机实现充放电，具有高输入与输出密度(每重量的输出)和重量轻、寿命长等优点，无须定期交换，其电池参数如表 3-3 所示。

图 3-26　丰田普锐斯

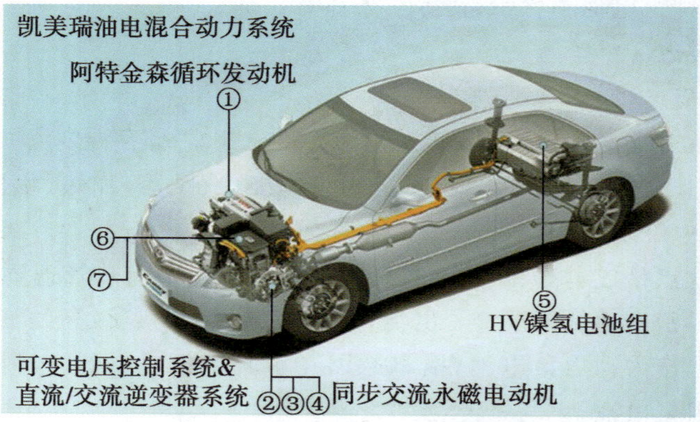

图 3-27　电池组件在车上的安装位置

表 3-3　普锐斯混合动力汽车镍氢蓄电池电池参数

电池类型	NI-MH
电池单体电压(V)	1.2
充电容量(A·h)	6.5
每个模块含单体数(个)	6
模块数(个)	38
总电压(V)	273.6
储藏电池能量(W·h)	1778
模块质量(kg)	1.04
高压电池总质量(kg)	53.3

【任务实施】

镍氢蓄电池性能检测

<table>
<tr><td colspan="4">一、接受工作任务</td></tr>
<tr><td colspan="4">新能源维修店里有一个待维修的动力蓄电池，对其拆解后，需要区分出性能良好的单体电池和性能较差的单体电池，请按操作规范对单体镍氢蓄电池进行性能测试，并按实训工单完成学习任务。</td></tr>
<tr><td colspan="4">二、信息收集</td></tr>
<tr><td colspan="4">1.镍氢单体电池的标称电压为________V。
2.镍氢电池的优点是________________________，缺点是________________________。
3.丰田普锐斯混合动力汽车搭载的是________类型的动力蓄电池。</td></tr>
<tr><td colspan="4">三、制订计划</td></tr>
<tr><td colspan="4">1.根据实训任务要求制订作业计划。</td></tr>
<tr><td colspan="4">作业计划</td></tr>
<tr><td>序号</td><td colspan="2">作业项目</td><td>操作要点</td></tr>
<tr><td></td><td colspan="2"></td><td></td></tr>
<tr><td></td><td colspan="2"></td><td></td></tr>
<tr><td></td><td colspan="2"></td><td></td></tr>
<tr><td></td><td colspan="2"></td><td></td></tr>
<tr><td colspan="4">2.根据作业计划完成小组成员任务分工。</td></tr>
<tr><td>操作人</td><td></td><td>记录员</td><td></td></tr>
<tr><td>监护人</td><td></td><td>展示员</td><td></td></tr>
<tr><td colspan="4">作业注意事项</td></tr>
<tr><td colspan="4">(1)实训开始前应摘掉首饰，换上实训服，长发挽起并固定于脑后。
(2)实训中需依次开启设备电源开关，以免损坏仪器设备。</td></tr>
</table>

(3)电池测试过程中务必连接适当负载,过高或过低均可能导致电池爆炸起火或损坏仪器设备。
(4)电池充放电时务必确保其终止电压符合要求,避免发生过充电、过放电现象。
(5)实训设备使用额定工作电压为 220 V 的交流电源,严禁用手直接触摸导线或裸漏部分
(6)若实训过程中出现故障,务必第一时间中止实训,并报备实训指导教师。

检测设备/工具/材料

序号	名称	数量	清点
			□已清点
			□已清点
			□已清点
			□已清点
			□已清点
			□已清点

四、计划实施

1.检查校准电池综合测试仪、线束等设备。

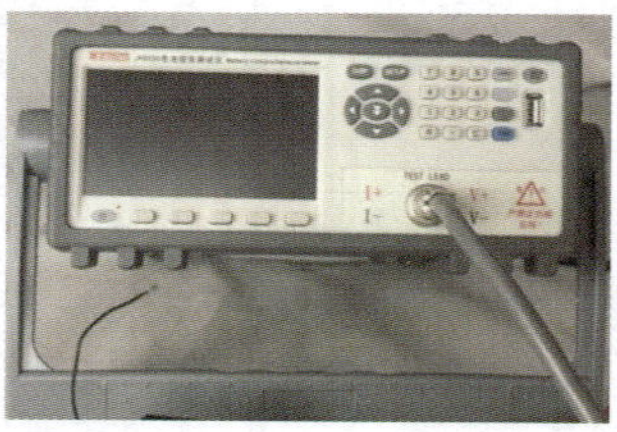

设备外观检查:□良好　　□损坏
设备校准:□良好　　□损坏
设备连接线束检查:□良好　　□损坏

2.记录镍氢电池的参数。

电池类型:________,
电池额定电压:________,
电池额定容量:________。

3.打开电池综合测试仪电源,将线束与被测电池正负极连接,测量并记录电池电压和内阻。

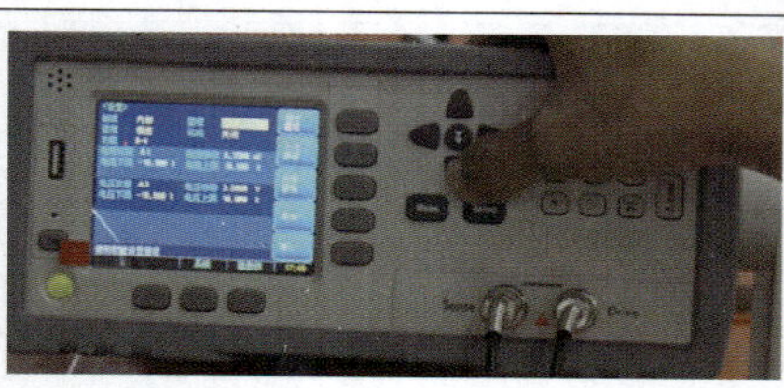

测得镍氢电池的电压为________V,
电池的内阻为________mΩ。

4.放电性能测试。选择程控负载按钮，设定放电电流分别为 2C、1C 和 0.5C，设定放电截止电压为 0.9 V，按启动按钮开始放电，绘制不同放电电流下的放电曲线。

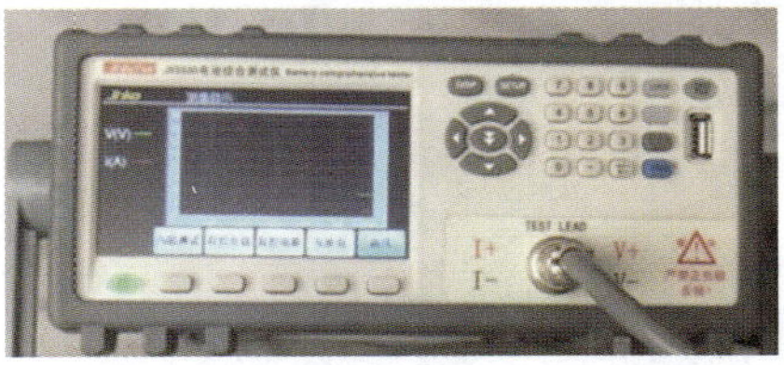

分别绘制 2C、1C 和 0.5C 的放电曲线。

5.电池充电性能测试，选择程控电源按钮，设定充电电流分别为 2C、1C 和 0.5C，设置充电截止电压为 1.4 V，按启动按钮开始充电，绘制不同充电电流下的充电曲线。

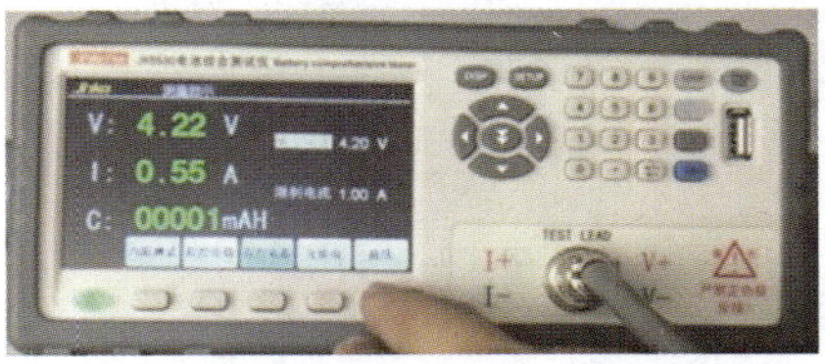

分别绘制 2C、1C 和 0.5C 的充电曲线。

6.电池容量测试。选择充放电按钮，输入电池充电输出电压、限制电流、充电截止电压、充电截止电流、放电负载电流、放电截止电压和充放电循环次数，按启动按钮，进行电池容量测试。

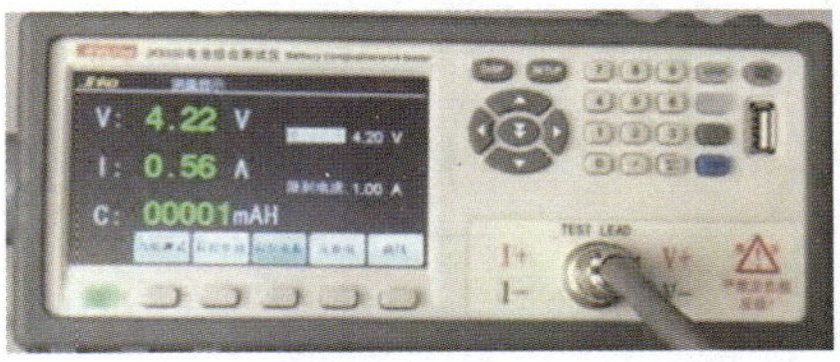

测得镍氢电池的容量为________A·h。

五、质量检查

请实训指导教师检查本组作业结果，并针对实训过程出现的问题提出改进措施及建议。

序号	评价标准	评价结果
1	规范使用设备仪器，恢复场地	
2	作业计划完善且保证安全实施	
3	准确测量、记录数据，分析合理	
4	正确展示团队实训成果	
综合评价	☆☆☆☆☆	
综合评语（作业问题及改进建议）		

六、评价反馈
请根据自己在课堂中的实际表现进行自我评价和小组评价。
自我评价：________________。 小组评价：________________。

实训成绩单

项目	评分标准	分值	得分
接受工作任务	明确工作任务及结果要求	5	
信息收集	掌握工作相关知识及操作要点	15	
制订计划	按照计划顺利且高效地完成工作任务	10	
计划实施	正确检查、校准电池综合测试仪	10	
	正确测量单体电池的电压	20	
	正确测量单体电池的内阻	15	
	正确测量单体电池的容量	15	
质量检查	按照要求完成相应任务	5	
评价反馈	经验总结到位，评价合理	5	
得分（满分100）			

任务三　锂离子电池性能检测

【工作情景】

王先生有一辆吉利 EV300 纯电动汽车，早晨启动时出现无法上电的问题，并且仪表盘上的“READY”指示灯不亮，动力蓄电池断开故障指示灯亮起。该车被送入 4S 店进行检修，请对车辆进行检查及维护，并排除故障。

【学习目标】

素质目标

1.养成良好的职业道德和职业素养；

2.能够进行有效的沟通和交流，具备团队合作意识；

3.培养安全第一的操作意识、爱岗敬业的工作态度和精益求精的工匠精神。

知识目标

1.掌握锂离子蓄电池的结构与原理；

2.掌握锂离子蓄电池的工作特性；

3.了解锂离子蓄电池的应用。

能力目标

1.能够正确使用万用表、电池检测仪等仪器设备；

2.能够使用检测仪正确完成锂离子蓄电池的检测诊断；

3.能够根据检测数据正确分析锂离子蓄电池性能。

【知识准备】

一、锂离子电池的结构与原理

（一）锂离子电池的分类

1.按电解质分

按照电解质材料，锂离子电池分为液态锂离子电池、聚合物锂离子电池和固态锂离子电池。液态锂离子电池使用的是液体电解质，聚合物锂离子电池使用的是聚合物电解质。

2.按外形分

按照外形封装形式，锂离子电池分为硬壳和软包电池，硬壳电池又分为方形锂离子电池、圆柱形锂离子电池，如图 3-28 所示。不同形状的锂离子电池特点如表 3-4 所示。

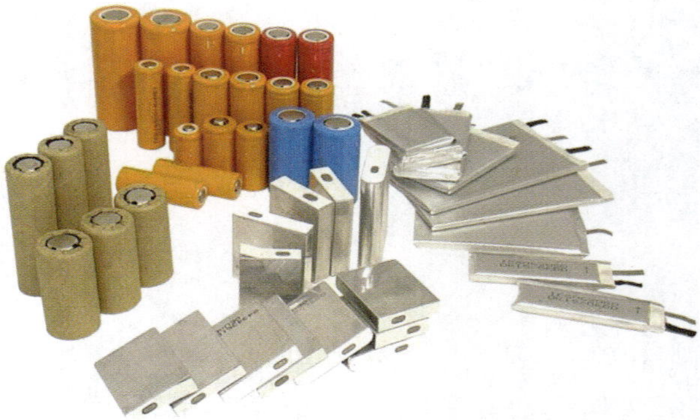

图 3-28 锂离子电池外形

表 3-4 不同形状的锂离子电池的特点

外形	圆柱形	方形	软包
安全性	安全阀双重保护，PTC	泄气阀保护	外壳保护
耐压性	高	中	差
功率性能	好	较好	一般
组合体积	大	小	小
组合成本	高	低	低
形状	标准壳体	金属或塑料壳体，较难改变	可制成各种尺寸的电池
散热性能	良好	一般	差
工艺性	成熟，易于自动化生产	一般	一般
组合特点	体积大，散热表面大	体积小，工艺简单	工艺简单，机械强度低
应用领域	应用广泛，多用于动力类及消费类蓄电池	动力类蓄电池	动力类蓄电池

3.按正极材料分

按照正极材料，锂离子电池分为钴酸锂电池、锰酸锂电池、磷酸铁锂电池、三元锂电池等。其中，磷酸铁锂电池和三元锂电池是目前新能源汽车上最常用的锂离子电池。

(二)电芯型号与规格

在电池成组(PACK)时，一般把未组装的电池叫作电芯，而把连接上 PCM 板、有充放控制等功能的成品叫作电池。

根据《锂离子电池电性能标准》(IEC 61960—2011)规定，电池单体命名规则如图 3-29 所示。

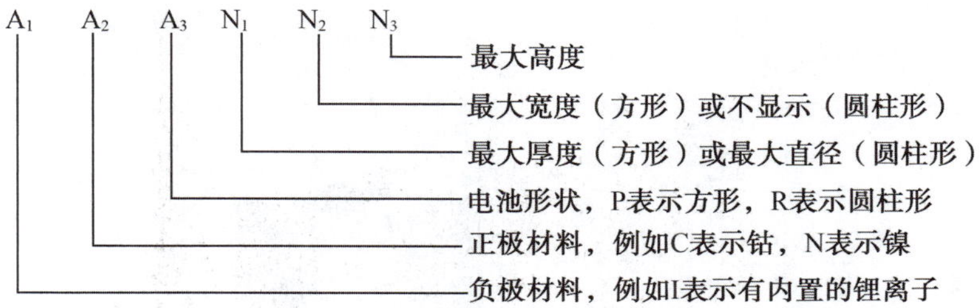

图 3-29　电池单体命名规则

对于方形电芯，如 ICP 383450 型号指实体部分厚 3.8 mm、宽 34 mm、高（长度）50 mm的方形锂离子电芯，如图 3-30 所示。

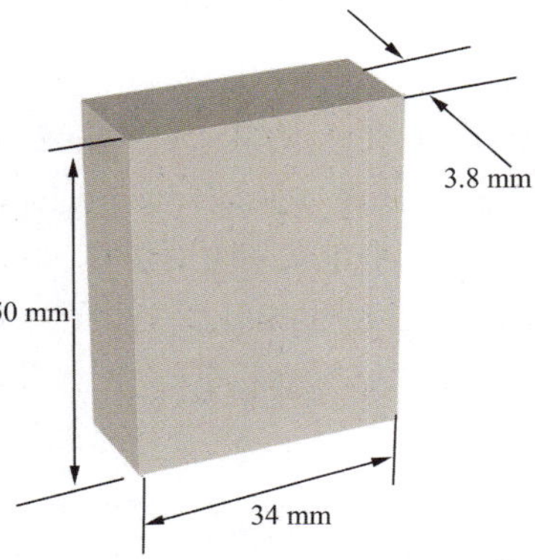

图 3-30　ICP 383450 型号

对于圆柱形电芯，如 ICR 18650 型号指直径 18 mm、高度 65 mm 的通用 18650 圆柱形锂离子电芯，如图 3-31 所示。

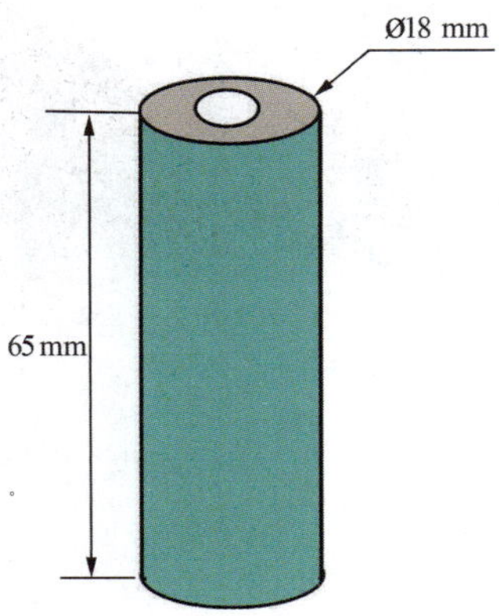

图 3-31　ICR 18650 型号

(三)锂离子电池的结构

锂离子电池由锂离子的金属氧化物组成的正极、石墨晶格构成的负极、电解质和隔膜、安全阀等组成，如图 3-32 所示。

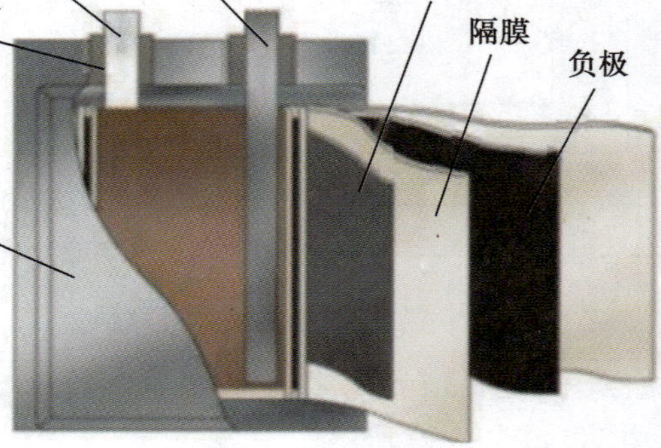

图 3-32　锂离子电池的结构

1.正极材料

锂离子电池的正极通常采用锂化合物 Li_xCoO_2（钴酸锂）、Li_xMnO_2（锰酸锂）、$LiFePO_4$（磷酸铁锂）、$Li(NiCoMn)O_2$（镍钴锰酸锂）三元材料等，这些锂离子电池通常以正极材料来命名。正极材料是锂离子电池关键技术的核心，同时也是决定电池成本高低的重要影响因素。与镍氢电池的活性物质相比，锂离子电池活性物质的导电性相对较差。为提高电池的输出电流，采用薄电极设计，通常正极集流体为铝箔。正极集流体如图 3-33 所示。

图 3-33　正极集流体

2.负极材料

负极主要采用锂-碳层间化合物（Li_xC_6）。为提高电池的输出电流，采用薄电极设计，负极集流体为铜箔。负极集流体如图 3-34 所示。

图 3-34　负极集流体

3.电解质

电解质是含锂盐的有机溶液，能为离子运动提供运输介质，一般为 $LiPF_6$（六氟磷酸锂）、$LiAsF_6$（六氟合砷酸锂）等的混合溶液，形态有液体电解质、胶体电解质和固体电解质。

4.隔膜

通常使用微孔聚丙烯和微孔聚乙烯或者二者的复合膜，如图 3-35 所示。孔径一般为 0.03～0.12 μm。允许锂离子 Li^+ 往返通过，阻止电子 e^- 通过，在正负极之间起绝缘作用，因此隔膜被称为电池第三极。在过度充电导致温度升高时，隔膜通过闭孔来阻隔离子传导，防止热失控导致爆炸。隔膜性能决定电池的界面结构和内阻，进而影响电池的容量、循环性能、充放电电流密度等关键特性。

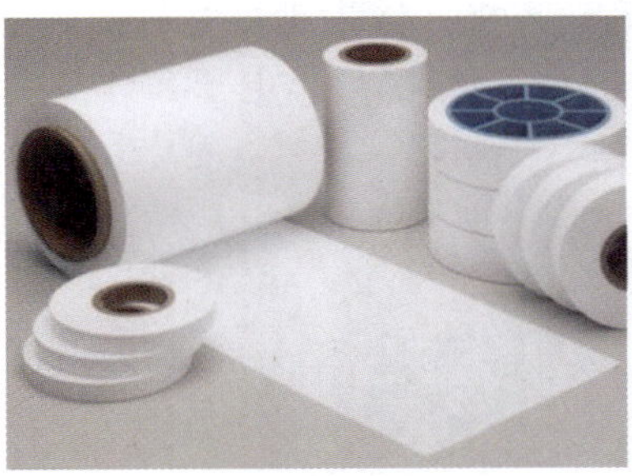

（a）宏观隔膜

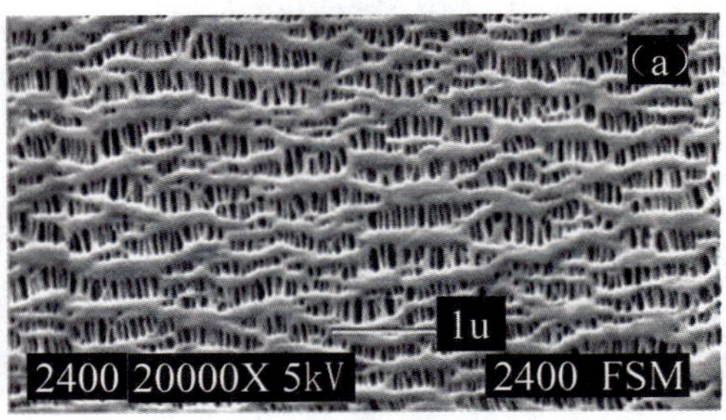

（b）微观隔膜

图 3-35　隔膜

5.安全阀

在锂离子电池使用过程中，可能会因为一些原因引起蓄电池内压异常上升，因此需要在电池结构中设置安全阀。当内压超过允许压力时，打开安全阀释放气体，从而防止蓄电池破裂。安全阀为一次性非修复式保护，当安全阀打开后，电池即失效。

(四)锂离子电池的工作原理

无论何种类型的锂离子电池,其基本工作原理是一样的,如图 3-36 所示。

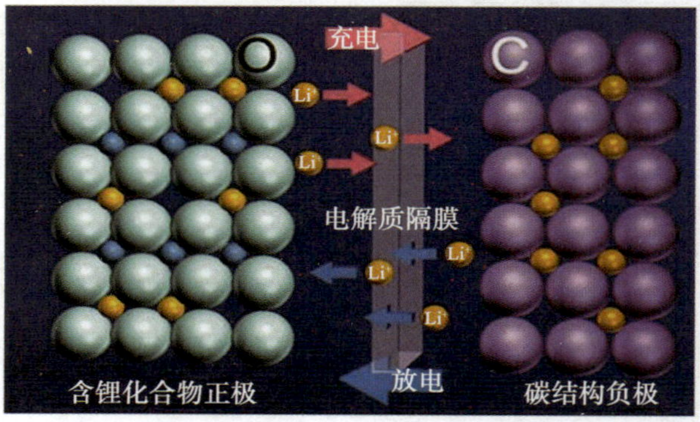

图 3-36　锂离子电池工作原理

锂离子电池实际上是一种浓差电池。充电时,Li^+ 从正极材料晶格中脱出,经过电解质溶液和隔膜,嵌入负极中,负极处于富锂态,正极处于贫锂态,同时电子的补偿电荷从外电路供给到碳负极,保持负极的电平衡。放电时则相反,Li^+ 从负极脱嵌,经过电解质嵌入正极,正极处于富锂态。

典型的钴酸锂电池充放电如图 3-37 所示。在充电过程中,正极中的锂离子从钴酸锂等过渡金属氧化物的晶格中脱出,经过电解液这一桥梁嵌入负极的层状结构中。在这一过程中,过渡金属被氧化,释放出电子。正极材料的体积因锂离子的移出而发生变化,但本身的骨架结构维持不变,负极材料与锂离子发生嵌入反应或合金化反应。在放电过程中,锂离子从负极的碳素材料层间脱出,经过电解液到达正极并嵌入正极材料的晶格中,电极材料的结构得以复原。在这一过程中,负极中的锂被氧化,释放出电子。

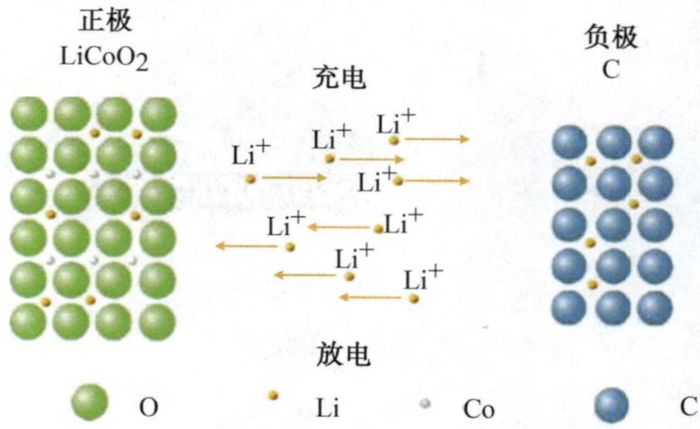

图 3-37　典型的锂离子电池充放电示意图

在循环过程中,正极是提供锂离子的源泉。下列反应式描述了充电过程中锂离子从 $LiCoO_2$ 脱出、嵌入石墨层间的反应过程,放电时则与之相反。

正极反应的化学方程式为

$$LiCoO_2 \xrightleftharpoons[\text{放电}]{\text{充电}} Li_{1-x}CoO_2 + xLi^+ + xe^- \quad (3\text{-}12)$$

负极反应的化学方程式为

$$6C + xLi^+ + xe^- \xrightleftharpoons[\text{放电}]{\text{充电}} Li_xC_6 \quad (3\text{-}13)$$

电池反应的化学方程式为

$$6C + LiCoO_2 \xrightleftharpoons[\text{放电}]{\text{充电}} Li_{1-x}CoO_2 + Li_xC_6 \quad (3\text{-}14)$$

在整个充放电过程中，锂离子往返于正负极之间。

在正常充放电情况下，锂离子在层状结构的碳材料与金属氧化物之间嵌入与脱出，一般只引起层间距的变化，像摇椅一样，但不会破坏晶体结构，正负极材料的化学结构基本保持不变，故锂离子电池也常称为摇椅式电池。

电池反应过程中无电解液的消耗，也无气体产生，仅为锂离子在正负极之间移动，所以电池可以做成完全密封电池。另外，在正常条件下，电池充放电过程中无副反应发生，所以锂离子电池的充电效率很高，甚至可以达到 100%。

在充电时，锂离子电池负极材料的晶体结构在锂离子迁移过程中会出现变化，过充会导致负极晶格堵塞，过放会导致负极晶格塌落，因此锂电芯不能单独使用，需要有可靠的充放电保护电路才能安全使用。对于电动汽车的动力蓄电池，由许多单体电池经过并联、串联构成，电压高达数百伏，电流高达数十到数百安培，而且使用环境负载恶劣，控制保护措施就需要更全面、更严格。

(五)锂离子电池的失效形式

1.内部因素导致失效

电池在多次充放电后电极会出现极化现象，导致内阻增加，容量减小。在使用过程中，正极活性材料溶解，造成容量损失。另外，电池因过充电造成电池内部锂枝晶短路，或过放电导致内部铜枝晶短路，造成热失控，从而引起起火、爆炸等安全问题。

2.外部因素导致失效

外部短路、受到挤压、刺穿等都能够造成正极、负极端被短接，导致保险被烧断。为保证锂离子电池在外力因素作用下的安全性，锂离子电池在出厂前必须进行火烧、短路、针刺、撞击、高温、挤压、过充等极端测试，如图 3-38 所示。

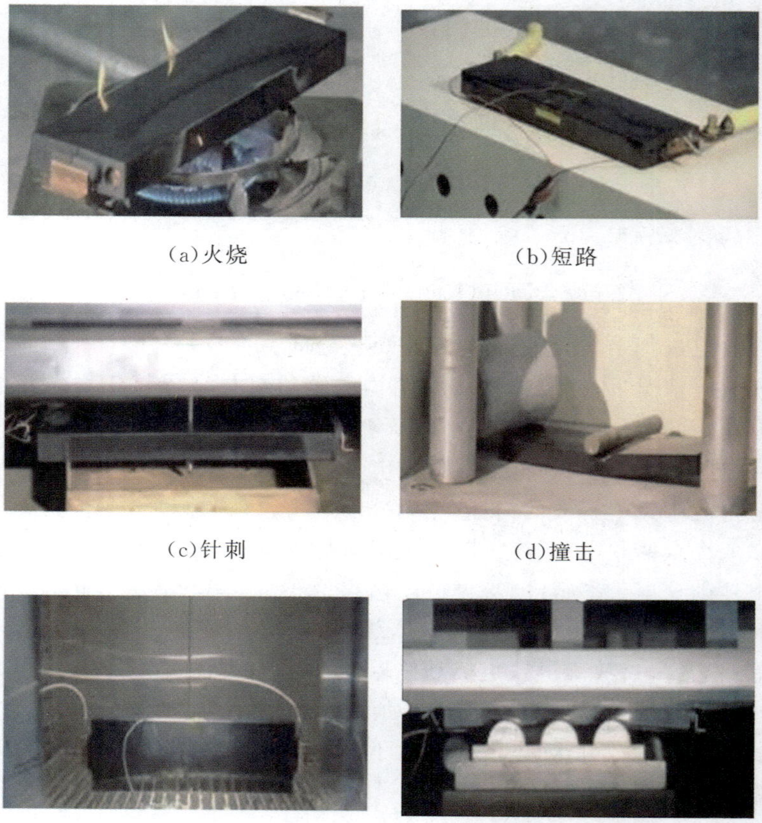

(a)火烧　(b)短路　(c)针刺　(d)撞击　(e)高温　(f)挤压

图 3-38　动力蓄电池的安全性测试

二、锂离子电池的工作特性

(一)锂离子电池的工作特性

1.充电特性

锂离子电池充电通常采用恒流恒压法。在温度为 25 ℃、充电电流为 0.5C 的恒流恒压情况下,磷酸铁锂电池的充电曲线如图 3-39 所示。在恒流充电开始时,随着电池充入的电量增加,电压从 3 V 快速上升到 3.2 V,然后电压随充入的电量增多而缓慢上升;当电池电压上升到 3.5 V 左右时,电池充入的电量接近 90%,这时充电改为恒压充电,充电电流逐渐下降,充入的电量减少。随着后期继续恒压充电,电池电压上升到磷酸铁锂电池充电截止电压——3.8 V,充电电流下降到 0.1C,充电结束。

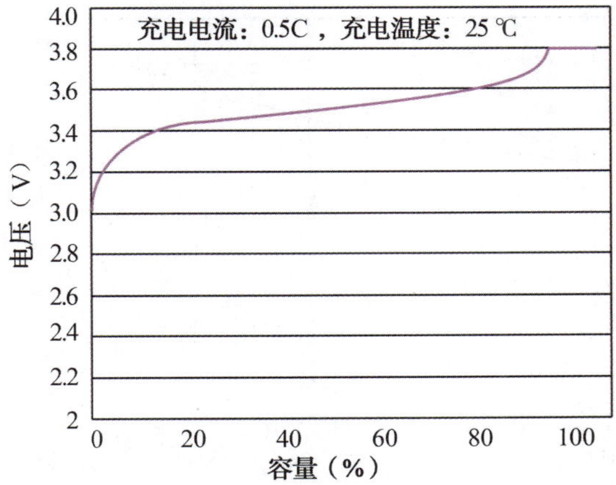

图 3-39　磷酸铁锂电池充电曲线

在温度为 25 ℃、充电电流为 0.5C 的情况下，三元锂电池的充电曲线如图 3-40 所示。其充电过程与磷酸铁锂电池的充电过程类似，三元锂电池的充电截止电压为 4.2 V。

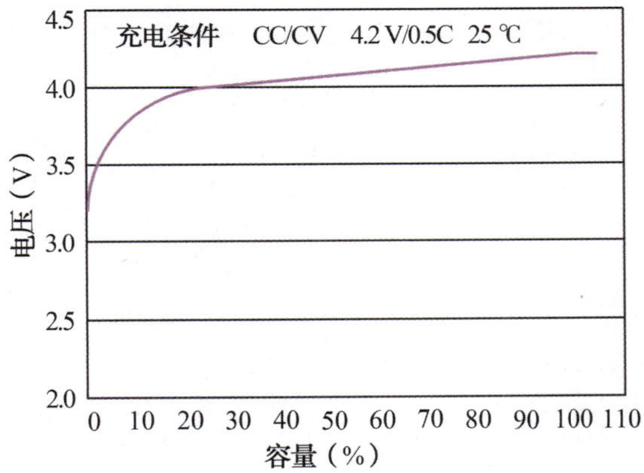

图 3-40　三元锂电池充电曲线

影响充电特性的主要因素有充电电流、放电深度和环境温度等。充电电流越大，充电速度越快，但内阻能耗大，充电效率低。在实际应用中，应综合考虑充电时间和效率，选择合适的充电电流。环境温度降低，电池可充入容量明显降低，而充电时间也明显增加。

在不同的充电电流下，三元锂电池的充电容量和电压的关系如图 3-41 所示。可以看出，充电电流越大，电池电压上升越快，电池容量越小。

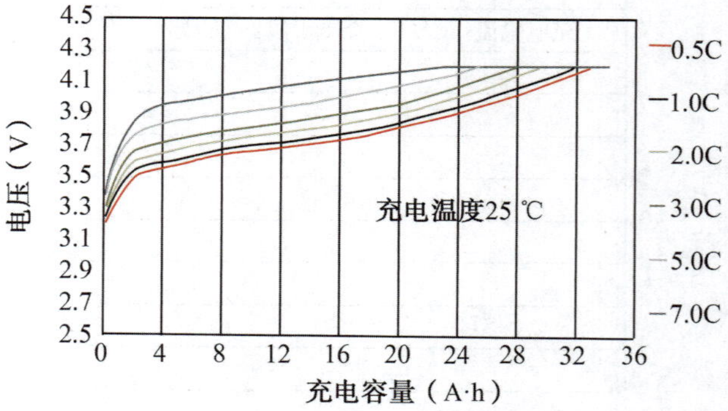

图 3-41 充电容量和电压的关系

另外，锂离子电池的充电还与温度有关。低温充电时，电压上升快，易产生极化，电池充入的容量会降低充电温度对充电容量的影响，如图 3-42 所示。

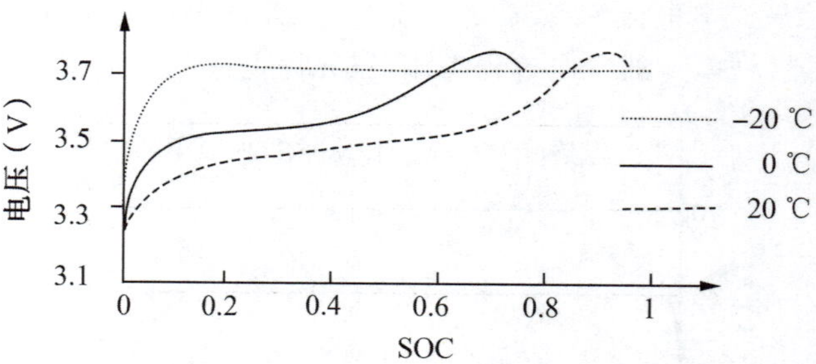

图 3-42 充电温度对充电容量的影响

2.放电特性

三元锂电池在不同放电倍率下的放电曲线如图 3-43 所示。在放电初始阶段，电压下降较快，随着电池的容量逐渐减少，电池的电压曲线有一个很小的斜率，即电压降低变慢，因此可以通过测量电压判断电池的荷电状态。到达放电截止电压后，如果继续放电，电压会迅速下降，容易造成电池损坏。磷酸铁锂电池放电截止电压为 2.65 V，三元锂电池放电截止电压为 3 V。从图 3-43 中可以看出，放电倍率越大，电池电压下降越快，能够放出的电池容量越小。

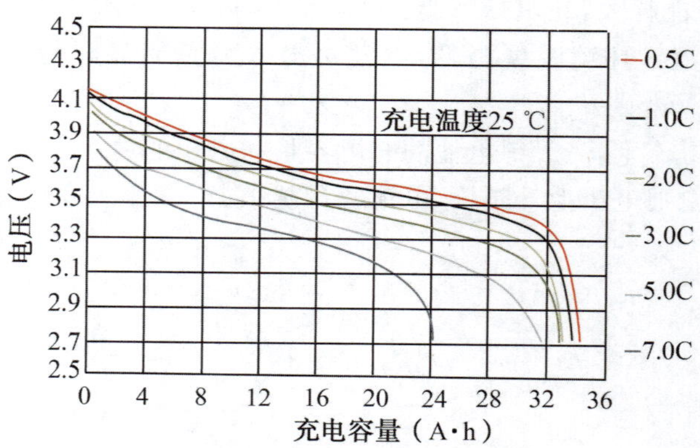

图 3-43 不同放电电流的放电曲线

锂离子电池的放电还与温度有关。同样放电至 3.0 V，环境温度越高，电池放出的电量越多。在不同温度下放电，三元锂电池放出的容量与电压的关系如图 3-44 所示。

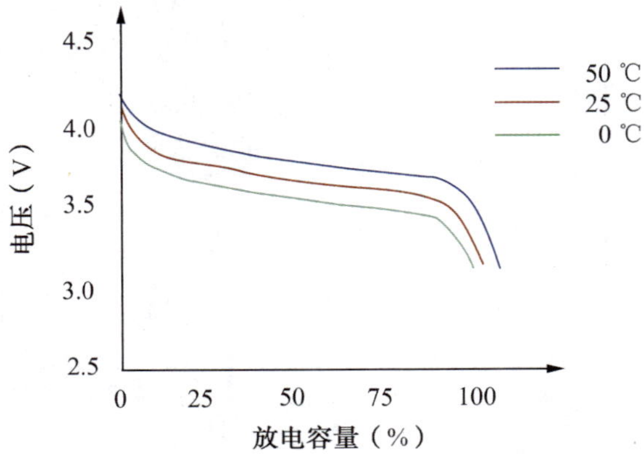

图 3-44　放电容量与电压的关系

锂离子电池在放置一段时间后，会因自放电导致电池容量降低，且温度越高自放电越严重。在不同温度下，锂离子电池的自放电曲线如图 3-45 所示。

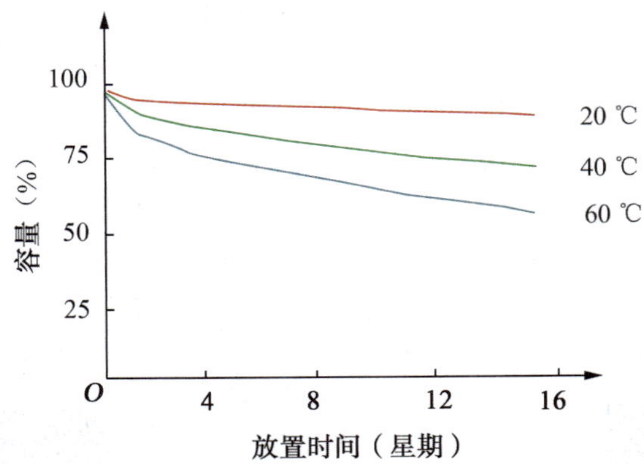

图 3-45　锂离子电池不同温度下的自放电曲线

基于锂离子电池的充放电特性，所以在使用过程中，应尽量在较低的倍率状态下进行充放电。例如，优选慢充电，少用快充电；行车时少用急加速，减少大功率放电等。锂离子电池在温度 0～50 ℃的环境中使用，其充放电性能表现比较好。如果外界温度低于 −10 ℃，停车后可借助车辆余温尽快对车辆充电。在冬季，电动汽车应选择较暖的地方停放。纯电动汽车用锂动力蓄电池，必须按照充放电规定使用，在仪表提示电量不足时应尽快充电，不要放电到仪表电量显示为“零”时，还强行行驶，这会导致电池电极塌落，造成不可修复的损坏。

（二）锂离子电池的特点

（1）比能量高。锂离子电池比能量已达到 150 W·h/kg，是镍镉电池的 3 倍、镍氢电池的 1.5 倍。各类动力蓄电池的体积比能量和质量比能量如图 3-46 所示。

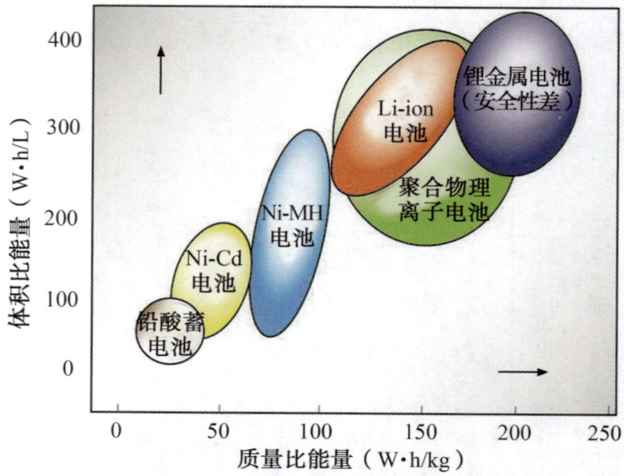

图 3-46　各类动力蓄电池的体积比能量和质量比能量

（2）输出电压高。锂离子电池额定电压为 3.65 V，是镍氢电池的 3 倍。

（3）循环寿命长。锂离子电池循环寿命已达到 1000 次以上，在低放电深度下可达几万次，超过了其他二次电池。

（4）安全性能好。存在“记忆效应”，可以根据要求随时充电，而不会降低电池性能。

（5）自放电小。锂离子电池月自放电率仅为 6%～8%，远低于镍氢电池 20%～35%。

（6）环保性能好。生产和使用过程中均无污染。

（7）充电效率高。充电效率接近 100%。

（8）可实现快速充电。

（9）工作温度范围宽。工作温度范围为－25～45 ℃。

相比于铅酸和镍氢电池，锂离子电池也有缺点，即须要特殊的保护电路，需设置对电池过充电和过放电的保护线路控制。

视频 3-2　锂离子电池的容量检测

视频 3-3　锂离子单体电池电压内阻测试

三、锂离子电池的应用

在新能源汽车行业，锂离子动力蓄电池已经成为主流。在国内，80%以上的新能源汽车都采用了锂离子电池，并有逐步扩大的趋势，其主要使用的动力蓄电池是磷酸铁锂和三元锂电池（镍钴锰酸锂）。上汽荣威 E50 采用 LG 公司生产的三元锂电池，知豆 D2 采用多氟多生产的三元锂电池，特斯拉 Model S 也采用了三元锂离子电池（见图 3-47）。比亚迪 e5、e6、秦 EV300、腾势 EV，北汽 EV160，插电式混合动力汽车比亚迪秦、唐，金龙海格公交车，宇通公交车等都采用磷酸铁锂电池。

从电池性能来说，三元锂电池具有能量密度高、续驶里程相对较长的优势。国内外车企生产的乘用车纷纷转向使用三元锂电池，包括北汽、比亚迪、江淮和奇瑞等公司，但三元锂电池也存在安全性差、耐高温性差和寿命短等缺点。相比三元锂电池，磷酸铁锂电池具有安全性能稳定、高温性能好和质量轻等优势，主要活跃在电动客车市场，但也存在低温性能差、能量密度低等缺陷，在乘用车等动力蓄电池方面不具有优势。

图 3-47　特斯拉 Model S

【知识拓展】

动力蓄电池新技术

一、比亚迪“刀片电池”

2020 年 3 月 29 日，比亚迪正式发布“刀片电池”，该电池采用磷酸铁锂技术。第一款搭载“刀片电池”的比亚迪汉纯电动汽车综合工况续航 605 km。

此前磷酸铁锂电池在与三元锂电池的竞争中落于下风，一方面有政策的原因；另一方面，能量密度低、低温稳定性不高也确实是劣势。但是其成本低、稳定性可靠的优点同样不容忽视。比亚迪的“刀片电池”正是在磷酸铁锂电池基础上进行了优化改良。通过结构创新，“刀片电池”在成组时可以跳过“模组”，把电芯做得更薄、更长、更扁平，这样体积能量密度得到大幅提升(从 251 W·h/L 提升至 332 W·h/L)，提高了体积利用率，最终实现在同样的空间内装入更多电芯的设计目标。相较传统电池包，“刀片电池”的体积利用率提升了 50%以上，也就是说续航里程可提升 50%以上，达到了高能量密度三元锂电池的同等水平。

二、无钴电池

无钴电池技术的发展来自汽车企业降低成本的需要。无钴电池指的是去掉了钴之后的三元锂电池。当前，新能源汽车市场常用电池是以镍钴锰(NCM)为主要材料的三元锂电池。作为动力蓄电池正极材料中的重要元素之一，钴不但可以稳定材料的层状结构，而且可以提高材料的循环性能和倍率性能。但是钴在地壳中的含量较低，如果不考虑回收，未来钴或将供不应求。而随着新能源汽车保有量的迅速增长，钴的价格也使得电池成本居高不下。有分析指出，尽管目前一些电池的“高镍低钴”趋势满足了企业的降本需求，但“高镍低钴”可能会导致电池过热，容易引起电池燃烧，安全性会受到影响。所以，要做到真正的“无钴化”，必须要有一定的技术突破。

蜂巢研发的NMX无钴电池属于镍锰体系无钴电池的一种。去掉了钴之后提高镍比例，再掺杂其他元素，从而改善热稳定性；再通过包覆物质提升工作电压，进而提升能量密度。事实上，这种镍锰体系无钴电池许多企业都在做，宁德时代、特斯拉也在自行研发，它们研发的电池的区别在于元素和配比不同。长城集团旗下的蜂巢科技最早宣布了这项技术的量产化。据悉，最终的成果——L6薄片无钴长电芯的寿命可达到15年，可行驶 1.2×10^6 km，综合续航880 km。

三、燃料电池

(一)燃料电池概述

燃料电池是一种化学电池，可以直接把物质发生化学反应(不是燃烧)时释放出的能量转换为电能，但工作时需要连续地向其供给活性物质——燃料和氧化剂。燃料电池具有能量转换效率高、可实现零排放、寿命长、运行平稳的优点。由于氢气来源广泛，被业界公认为是未来汽车的最佳能源。氢燃料电池具有以下几个优点：

(1)无污染。氢燃料电池只会产生水和热能。如果氢是通过可再生能源产生的(光伏电池板、风能发电等)，那么整个循环过程就是彻底地不产生有害物质的过程。

(2)无噪声。燃料电池运行安静，噪声大约只有55 dB，相当于人们正常交谈的水平。

(3)高效率。燃料电池比能量可达350 W·h/kg，发电效率达到50%以上。燃料电池的发电效率是由燃料电池的转换性质决定的。燃料电池可直接将化学能转换为电能，不需要经过热能和机械能(发电机)的中间变换。

(二)燃料电池的分类

根据电解质不同，燃料电池分为质子交换膜燃料电池(PEMFC)、固体氧化物燃料电池(SOFC)、熔融碳酸盐燃料电池(MCFC)、磷酸燃料电池(PAFC)和碱性燃料电池(AFC)等，其中质子交换膜燃料电池具有操作温度低、启动速度快的优点，是车用燃料电池的首选。

(三)燃料电池的结构和工作原理

1.燃料电池的结构

单节燃料电池的电压为0.7 V左右。在实际应用时，为了满足一定的功率需求，通常由数百节单电池组成燃料电池电堆或电池模块。因此，与其他化学电源一样，燃料电池电堆的单体电池间的均一性非常重要。

与原电池和二次电池不同的是，燃料电池发电需要一个相对复杂的系统。典型的燃料电池发电系统组成如图3-48所示。除了燃料电池电堆外，还包括燃料供应系统、氧化剂供应系统、热管理系统及电控系统等，其主要系统部件包括空压机、增湿器、氢气循环泵、高压氢瓶等，这些子系统与燃料电池电堆共同组成了燃料电池发电系统。燃料电池系统的复杂性给运行的可靠性带来了挑战。

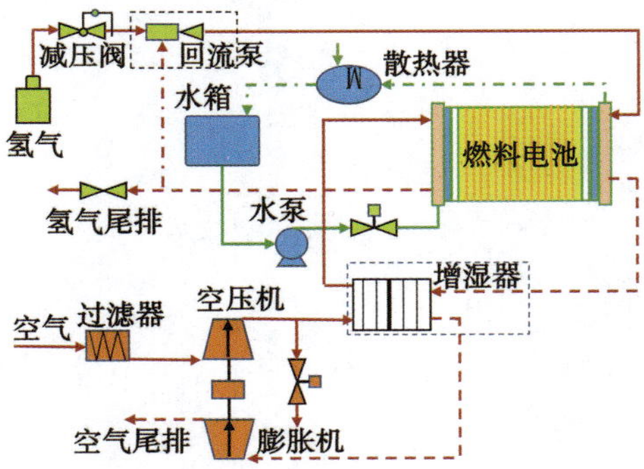

图 3-48　燃料电池系统的组成

燃料电池汽车动力链如图 3-49 所示，其主流技术为燃料电池与二次电池的电-电混合模式。平稳运行时，依靠燃料电池提供动力；需要高功率输出时，燃料电池与二次电池共同供电；在低载或怠速的情况下，燃料电池提供驱动动力的同时，还给二次电池充电。这种电-电混合模式，可使燃料电池输出功率相对稳定，有利于燃料电池寿命的提升。另外，燃料电池输出电压要通过 DC/DC 变换器使之与电机匹配。

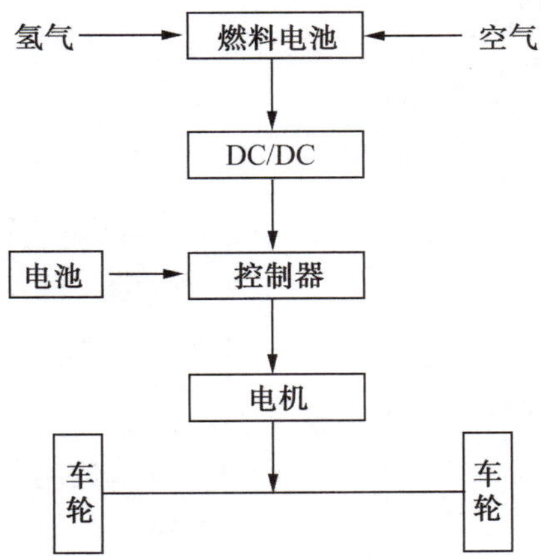

图 3-49　燃料电池汽车动力链

2.燃料电池的工作原理

单体燃料电池主要由正极、负极、电解质和辅助设备组成。燃料电池的结构如图3-50所示，燃料电池的工作原理如图 3-51 所示。

(1)导入的氢气通过正极集流板(双极板)经由正极气体扩散层到达正极催化剂层。在正极催化剂作用下，氢分子分解为带正电的氢离子并释放出带负电的电子，完成正极反应。

(2)氢离子穿过隔膜到达负极，电子在外电路形成电流，通过适当连接可向负载输出电能。

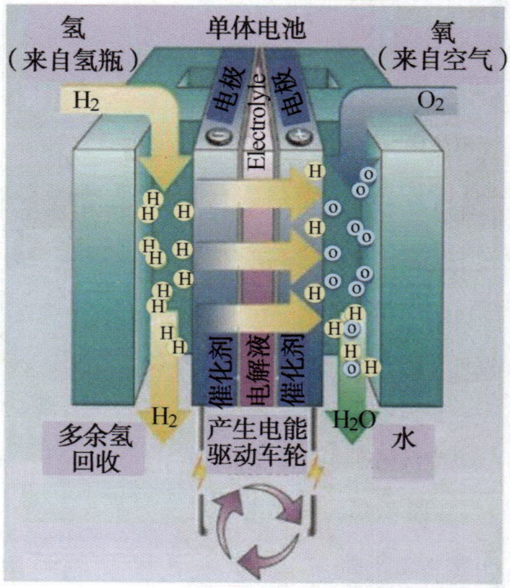

图 3-50　燃料电池的结构示意图

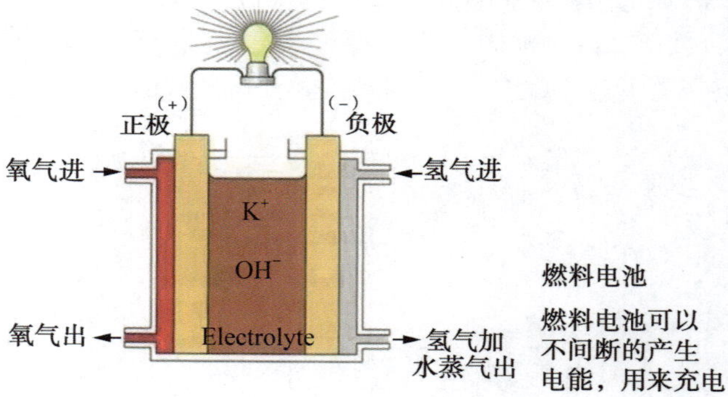

图 3-51　燃料电池的工作原理

(3)在电池另一端，氧气通过负极集流板经由负极气体扩散层到催化剂层。在负极催化剂的作用下，氧与氢离子及来自外电路的电子发生反应生成水，完成负极反应。

(4)电极反应生成的水大部分由尾气排出，小部分在压力差作用下通过隔膜向正极扩散。

视频 3-4　氢燃料电池的工作原理

(四)燃料电池的应用

近年来，国家大力支持氢燃料电池汽车的发展。2020 年，《节能与新能源汽车技术路线图 2.0》指出，到 2035 年燃料电池汽车保有量将达 100 万辆。

2020 年 11 月，金龙客车联合武汉雄韬氢雄燃料电池科技有限公司向京山市公共交通有限公司交付 30 辆氢燃料城市公交车，如图 3-52 所示。它是金龙第三代燃料电池客车，采用武汉雄韬大功率的燃料电池系统，等速工况最长续航里程可达到 450 km，加氢时间仅需 10～15 min。

图 3-52　金龙第三代燃料电池公交车

2021 年，丰田汽车正式对外发布了 2022 款 Mirai 车型的官图，如图 3-53 所示。该车基于 TNGA 架构的 GA-L 平台打造，搭载全新氢燃料电池动力（FCEV），其续航里程可达 650 km，相比上一代增加了 30%。

图 3-53　丰田 Mirai 燃料电池车

新一代 Mirai 定位为燃料电池电动汽车，搭载的是由储氢罐、燃料电池、蓄电池以及驱动电机组成的 FCEV 动力系统。其中，三个高压储氢罐位于底盘下方，可以容纳5.6 kg的氢气，高压储氢罐如图 3-54 所示。氢燃料电池堆位于前舱，同时水泵、中冷器、空调、空气压缩机以及氢气再循环泵也整合在前舱内，主要负责让氢气与氧气反应，从而产生电能，给外围设备供电。新的电池堆最大输出功率增加到了 128 kW，并且可以在 -30°的低温环境中正常运行。

燃料电池汽车具有续航里程长、动力性能高、燃料加注时间短的优点。目前，制约燃料电池发展最主要的因素就是造价和安全性问题。氢气的来源有三种途径：化石燃料制氢、工业副产制氢以及可再生能源制氢，未来主要采用可再生能源制氢，如太阳能发电、水电、风电产生的电能电解水制氢和生物质制氢等。

图 3-54 高压储氢罐

2020 年 10 月，国务院印发了《新能源汽车产业发展规划(2021—2035 年)》，规划中指出：①要提高氢燃料制储运经济性，探索建设氢燃料运输管道，逐步降低氢燃料储运成本。健全氢燃料制储运、加注等标准体系。加强氢燃料安全研究，强化全链条安全监管。②要推进加氢基础设施建设，建立完善加氢基础设施的管理规范。引导企业根据氢燃料供给、消费需求等合理布局加氢基础设施，提升安全运行水平。支持利用现有场地和设施开展油、气、氢、电综合供给服务。

值得一提的是，燃料电池电动汽车将是未来新能源汽车发展的一条重要的技术路线。

【任务实施】

锂离子电池电压内阻测试

一、接受工作任务

新能源维修店里有一个待维修的动力蓄电池，对其拆解后，需要区分出性能良好的单体电池和性能较差的单体电池。请按操作规范对锂离子单体电池的电压和内阻进行测试，并按实训工单完成学习任务。

二、信息收集

1.磷酸铁锂单体电池的标称电压为______V，充电截止电压为______V，放电截止电压为______V。

2.三元锂单体电池的标称电压为______V，充电截止电压为______V，放电截止电压为______V。

3.锂离子电池型号为 ICR 18650，表示直径为________mm、高度为________mm、形状为________的锂离子电池。

4.锂离子电池型号为 ICP 383450，表示厚为________mm、宽为________mm、长为________mm、形状为________的锂离子电池。

三、制订计划

1.根据实训任务要求制订作业计划。

作业计划

序号	作业项目	操作要点

2.根据作业计划完成小组成员任务分工。

操作人		记录员	
监护人		展示员	

作业注意事项

(1)实训开始前应摘掉首饰,换上实训服,长发挽起并固定于脑后。
(2)实训中需依次开启设备电源开关,以免损坏仪器设备。
(3)电池测试过程中务必连接适当负载,过高或过低均可能会导致电池爆炸起火或损坏仪器设备。
(4)电池充放电时务必确保其终止电压符合要求,避免发生过充电、过放电现象。
(5)实训设备额定工作电压为 220 V 交流电源,严禁用手直接触摸导线或裸漏部分
(6)若实训过程中出现故障,务必第一时间中止实训,并报备实训指导教师。

检测设备/工具/材料

序号	名称	数量	清点
			□已清点
			□已清点
			□已清点
			□已清点
			□已清点
			□已清点

四、计划实施

1.检查校准电池综合测试仪、线束等设备。

设备外观检查:□良好　　□损坏
设备校准:□良好　　□损坏
设备连接线束检查:□良好　　□损坏

2.记录电池参数。

电池型号:________,
电池类型:________,
电池额定电压:________,
电池额定容量:________。

3.打开电池内阻测试仪;选择测量设置,设置电池参数;选择电压内阻测量,输入电池的标称内阻和标称电压,下限均设为−10%,上限均设为10%。

<table>
<tr><td>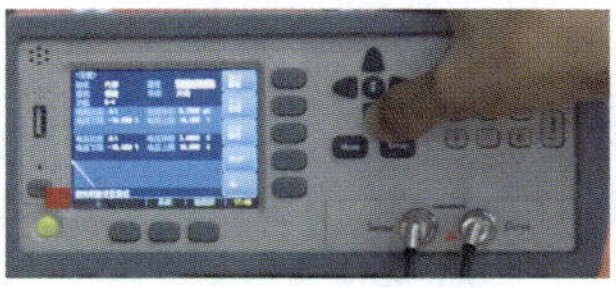</td><td>锂离子电池的标称电压为________V，
锂离子电池的标称内阻为________mΩ。</td></tr>
<tr><td colspan="2">4.将内阻测试仪的红黑表笔短接，按下短路清零按钮，对电池内阻测试仪进行较零。</td></tr>
<tr><td>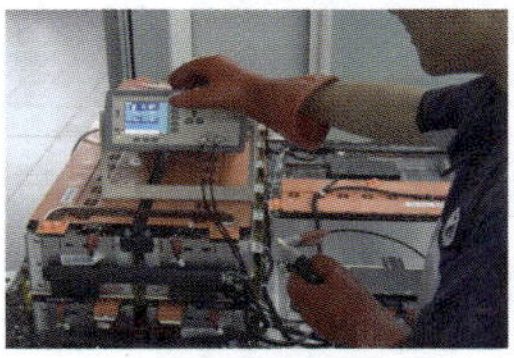</td><td>测得锂离子电池的电压为________V，
电池的内阻为________mΩ。</td></tr>
<tr><td colspan="2">5.将内阻测试仪红表笔接 1 号单体电池正极，黑表笔接 1 号单体电池负极，测量 1 号单体电池的电压和内阻。若显示器上显示绿色“OK”符号，则表示测量参数合格。</td></tr>
<tr><td>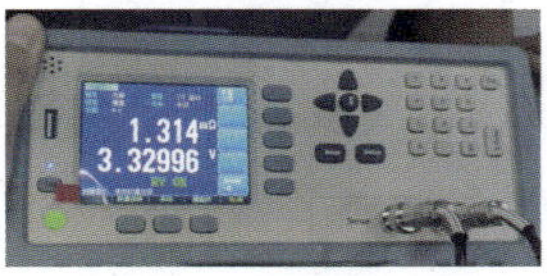</td><td>1 号单体电池的电压为______V，
1 号单体电池的内阻为______mΩ，
1 号单体电池的电压是否合格：□是　　□否
1 号单体电池的内阻是否合格：□是　　□否</td></tr>
<tr><td colspan="2">6.将内阻测试仪红表笔接 2 号单体电池正极，黑表笔接 2 号单体电池负极，测量 2 号单体电池的电压和内阻。若显示器上显示红色“NG”符号，则表示测量参数不合格。</td></tr>
<tr><td>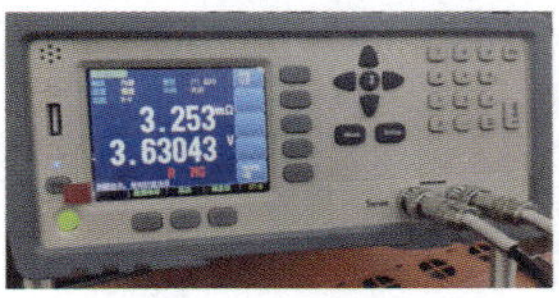</td><td>2 号单体电池的电压为______V，
2 号单体电池内阻为______mΩ，
2 号单体电池的电压：□是　　□否
2 号单体电池的内阻：□是　　□否</td></tr>
<tr><td colspan="2">7.依次测量其他单体电池的电压和内阻，并记录数据。</td></tr>
<tr><td>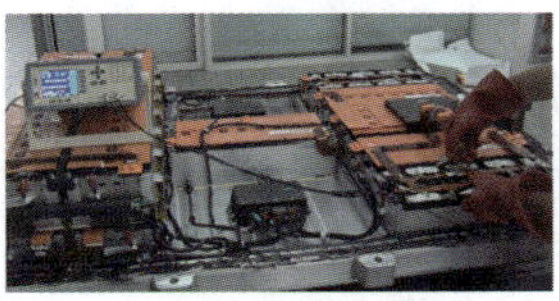</td><td>电压不合格的单体电池为______，
内阻不合格的单体电池为______。</td></tr>
</table>

五、质量检查

请实训指导教师检查本组作业结果，并针对实训过程出现的问题提出改进措施及建议。

序号	评价标准	评价结果
1	规范使用设备仪器，恢复场地	

2	作业计划完善且保证安全实施	
3	准确测量、记录数据,分析合理	
4	正确展示团队实训成果	
综合评价	☆☆☆☆☆	
综合评语(作业问题及改进建议)		

六、评价反馈

请根据自己在课堂中的实际表现进行自我评价和小组评价。

自我评价:____。

小组评价:____。

实训成绩单

项目	评分标准	分值	得分
接受工作任务	明确工作任务及结果要求	5	
信息收集	掌握工作相关知识及操作要点	15	
制订计划	按照计划顺利且高效地完成工作任务	10	
计划实施	正确测量、检查、校准电池内阻测试仪	10	
	正确测量单体电池的电压	20	
	正确测量单体电池的内阻	15	
	正确判断单体电池是否合格	15	
质量检查	按照要求完成相应任务	5	
评价反馈	经验总结到位,评价合理	5	
得分(满分 100)			

项目四
更换动力蓄电池

任务一　认知动力蓄电池成组设计

【工作情景】

小张有一辆吉利帝豪 EV450 纯电动汽车，在高速上行驶时动力蓄电池电量耗尽。小张找到充电桩进行充电，充电桩的充电费用为 1.2 元/(kW · h)，但他的充电卡仅剩 40 元。你能帮小张分析一下他能否将自己的电动汽车的动力蓄电池充满电？

【学习目标】

素质目标

1.养成良好的职业道德和职业素养；

2.能够进行有效的沟通和交流，具备团队合作意识；

3.培养安全第一的操作意识、爱岗敬业的工作态度和精益求精的工匠精神。

知识目标

1.了解动力蓄电池成组的方式；

2.熟悉动力蓄电池串联、并联的特性；

3.掌握动力蓄电池电量的计算方法；

4.掌握动力蓄电池的密封检测方法和绝缘检测方法。

能力目标

1.能够正确评价电池的一致性；

2.能够正确使用绝缘测试仪等检测设备；

3.能够按照维修标准正确进行动力蓄电池的密封检测；

4.能够按照维修标准正确进行动力蓄电池高压线束的绝缘检测。

【知识准备】

一、动力蓄电池的成组方式

（一）动力蓄电池成组

无论哪种电池类型，其单体电池的电压和容量都无法满足电动汽车的需求。为了达到一定的电压、功率和能量等级，常常通过串并联的方式将单体电池组成电池组，从而实现为电动汽车提供充足能量的目标。

1.单体电池

单体电池又称电芯，是构成动力蓄电池包的最小单元，可实现电能与化学能之间的直接转换。对于不同种类的锂离子电池，其单体电池额定电压不同。以常见的三元锂电池和磷酸铁锂电池为例，三元锂电池的额定电压为 3.65 V，磷酸铁锂电池的额定电压为 3.2 V。

2.电池模块

电池模块单体电池经过串联或并联组成动力蓄电池模块，动力蓄电池模块可以作为一个模块单元单独更换。锂离子电池模块如图 4-1 所示。

图 4-1　锂离子电池模块

3.动力蓄电池组

动力蓄电池组又称动力蓄电池包，是由多个电池模块串联或并联构成的一个组合体。电芯组合成动力蓄电池包的过程如图 4-2 所示。

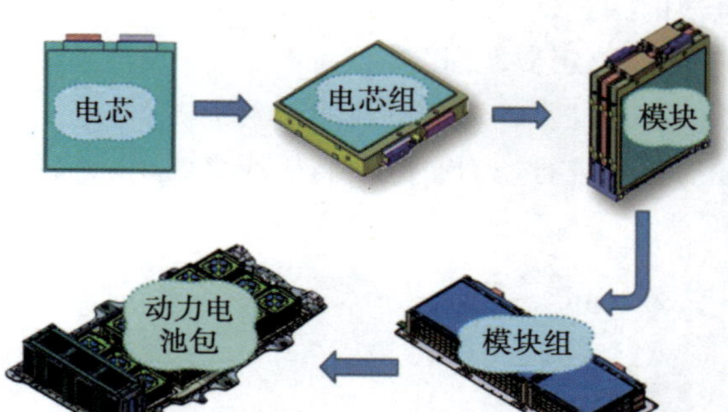

图 4-2　动力蓄电池包的组成过程

(二)动力蓄电池组的成组方式

在动力蓄电池成组过程中,单体电池串联可以提高电池组电压,而并联能够增大电池组容量。动力蓄电池组常用的连接方式有直接串联、先并联后串联、先串联后并联、混联等方式,如图 4-3 所示。

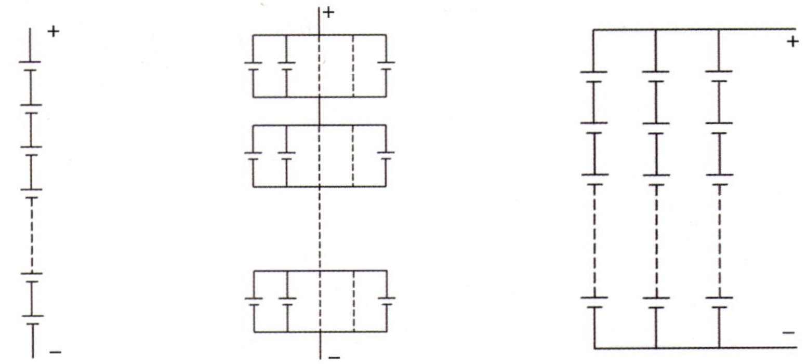

(a)直接串联拓扑结构　(b)先并联后串联的拓扑结构　(c)先串联后并联的拓扑结构

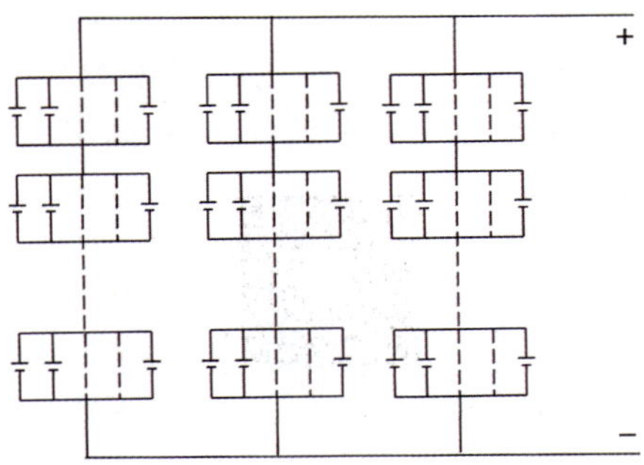

(d)先并联后串联的再并联的拓扑结构

图 4-3　动力蓄电池组连接方式

1.直接串联

由单体电池经过串联构成动力蓄电池包,直接串联方式需要单体电池具有较大的容量。直接串联的优点:电池连接线路简单,方便安装、拆卸及电源管理。直接串联的缺点:单体电池容量大,安全性较低,体积大,单一电池损坏将直接影响系统的正常使用,对单体电池的安全要求较高。

2.先并联后串联

先由单体电池并联构成电池模块,再由电池模块串联构成动力蓄电池包。先并联后串联的优点:模块中的单体电池失效后仅使降低容量,并不会影响并联后使用。先并联后串联的缺点:模块中的某个单体电池短路时将会造成并联电路电流异常增大,通常需要熔断保护技术来避免。另外,单体电池的内阻差异、散热不均等因素都会影响并联后锂动力蓄电池模组的循环寿命。

3.先串联后并联

先由单体电池串联构成电池模组，再由电池模组并联构成动力蓄电池包。先串联后并联的优点：根据单体容量先进行串联，如整组容量的$\frac{1}{3}$，最后进行并联，降低了大容量动力蓄电池模组的故障概率；对于动力蓄电池模组一致性有很好的帮助。先串联后并联的缺点：为确保动力蓄电池使用安全，必须确保每个单体电池使用电池管理系统，因此其成本相对较高。

综合来看，从动力蓄电池包连接的可靠性以及电压不一致性的发展趋势和性能影响的角度分析，先并联后串联的连接方式优于先串联后并联的连接方式，而先串联后并联的连接方式有利于对系统中的各个电池单体进行检测和管理。

(三)动力蓄电池模组的设计与选用

电池模组的设计和选用：首先，要分析车辆设计的性能要求；其次，根据最高车速、最高车速持续时间、百公里加速时间、整备质量、满载质量、最大爬坡度、迎风面积、设计续驶里程等设计参数，计算车辆行驶时风的阻力、轮胎变形阻力、坡道阻力、加速时驱动力等，并计算出电机驱动力矩、额定功率与最大功率；再次，从电机功率需求推算出动力蓄电池的最大功率以及容量，进而选择电池材料、规格、并联电池数和串联的电池组数；最后，根据车辆的结构尺寸，确定电池的安装位置、定位及固定方案。

视频 4-1　动力蓄电池的模组装配

二、动力蓄电池的串、并联特性

(一)动力蓄电池的串、并联表示

在动力蓄电池包的成组过程中，单体电池或电池模块的并联和串联分别用 P 和 S 来表示。例如，吉利帝豪 EV450 电动汽车的动力蓄电池包由 95 个容量为 150 A·h 的方壳电芯串联构成，其连接方式表示为 1P95S。吉利帝豪 EV450 动力蓄电池参数如表 4-1 所示。

表 4-1　吉利帝豪 EV450 动力蓄电池参数

项目	参数	单位
电池材料	三元锂电池	—
电芯容量	150	A·h
电池包容量	(1p) 150	A·h

续表

项目	参数	单位
电芯的额定电压	3.65	V
电芯工作电压范围	2.8～4.3	V
电池包额定电压	346(3.65×95)	V
电池包电压范围	266～408.5	V
额定功率	50	kW
峰值功率	150 kW,持续 10 s	—
总电量	51.9	kW·h
总重量	384	kg
电池系统循环寿命(90%DOD)	≥3000	次
工况续航里程(NEDC)	450	km
百公里耗电量(kW·h/100 km)	11.5	kW·h

(二)动力蓄电池的串联特性

假设单体电池的标称电压为 V,单体电池容量为 Q,单体电池电量为 W,单体电池内阻为 R。

若 N 个单体电池串联,则总电压 $V_{总}$ 为 N 个电池的电压之和,即

$$V_{总}=N \cdot V \tag{4-1}$$

总容量保持不变,为单体电池容量,即

$$Q_{总}=Q \tag{4-2}$$

总电量为 N 个单体电池电量之和,即

$$W_{总}=N \cdot W \tag{4-3}$$

总内阻为 N 个电池内阻之和,即

$$R_{总}=N \cdot R \tag{4-4}$$

(三)动力蓄电池的并联特性

假设单体单体的标称电压为 V,单体电池容量为 Q,单体电池电量为 W,单体电池内阻为 R。

若 N 个单体电池并联,则总电压 $V_{总}$ 为单个电池的电压,即

$$V_{总}=V \tag{4-5}$$

总容量为 N 个电池的容量之和,即

$$Q_{总}=N \cdot Q \tag{4-6}$$

总电量为 N 个单体电池电量之和，即

$$W_{总}=N\cdot W \tag{4-7}$$

总内阻的倒数为各单体电池内阻的倒数之和。当单体电池内阻一致时，有

$$R_{总}=\frac{R}{N} \tag{4-8}$$

(四)动力蓄电池的电量计算

1.动力蓄电池电量计算

假设动力蓄电池组由单体电池串并联所构成，其性能特性为

动力蓄电池组总电压=单体电池额定电压×单体电池串联数

动力蓄电池组总容量=单体电池额定容量×单体电池并联数

动力蓄电池组总电量=动力蓄电池组总电压×动力蓄电池组总容量

其中，总电量单位为 W·h，总电压单位为 V，总容量单位为 A·h。

2.吉利帝豪 EV450 动力蓄电池组电量计算

吉利帝豪 EV450 使用的动力蓄电池为三元锂电池，单体电池额定电压为 3.65 V，单体电池的额定容量为 150 A·h，动力蓄电池组连接方式为 1P95S，则可以根据动力蓄电池的串、并联特性计算出动力蓄电池组总电量。

(1)根据动力蓄电池的串联特性计算动力蓄电池组的总电压：因为单体电池串联数为 95S，所以总电压为

$$V_{总}=3.65\ \text{V}\times 95=346\ \text{V}$$

(2)根据动力蓄电池的并联特性计算动力蓄电池组的总容量：因为单体电池并联数为 1P，所以总容量为

$$Q_{总}=150\ \text{A}\cdot\text{h}\times 1=150\ \text{A}\cdot\text{h}$$

(3)根据动力蓄电池的总电压和总容量计算动力蓄电池的总电量：

$$W_{总}=332\ \text{V}\times 91.5\ \text{A}\cdot\text{h}=30\ 400\text{W}\cdot\text{h}=30.4\ \text{kW}\cdot\text{h}。$$

三、动力蓄电池的一致性评价

(一)动力蓄电池一致性的表现形式

尽管在动力蓄电池成组过程中对单体电池进行了严格的筛选，但在实际使用过程中，各单体电池在内阻、电压、容量利用、安全性及使用寿命等方面依然存在着一定差异，即存在不一致性。由于存在不一致性，使得动力蓄电池总体性能遵循木桶效应，对可用容量、安全性、可靠性等存在重要影响。动力蓄电池的一致性可分为电压一致性、容量一致性和内阻一致性。

1.电压一致性

电压不一致性的影响主要体现在由单体电池并联构成的电池模块中。由于单体电池的电压有高有低，所以在相互并联的单体电池之间会产生电流，电压高的单体电池放电，电压低的单体电池充电，如图 4-4 所示。因此，电压不一致会导致相互并联的电池内部产生能量损耗，从而达不到预期的对外输出效果。

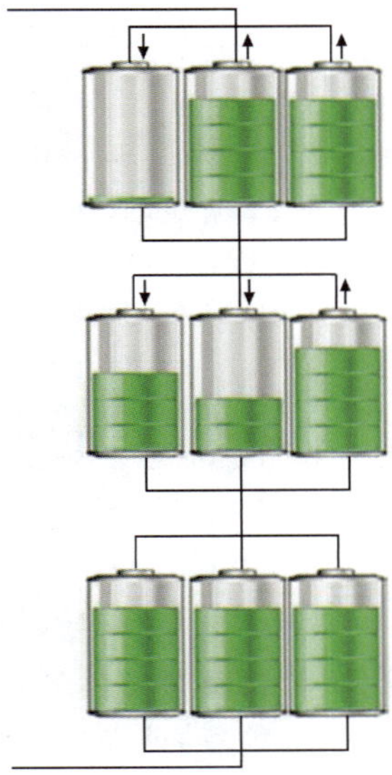

图 4-4　电压不一致性

2.容量一致性

在动力蓄电池成组过程中，需要对单体电池进行分选试验，从而保证各单体电池的初始容量一致性较好。若初始容量存在细微差异，随着循环使用次数的增加，差异会更显著。

例如，对于额定容量为 100 A·h 的两个单体电池，初始容量误差分别为 0.1%、0.05%，经过 100 次、200 次和 300 次充电循环后，其容量变化情况如表 4-2 所示。

表 4-2　多次循环使用后单体电池的容量变化情况

电池	初始容量（A·h）	容量误差（%）	100 次循环	200 次循环	300 次循环
			实际容量（A·h）	实际容量（A·h）	实际容量（A·h）
A	100	0.1	90.5	81.8	74.1
B	100	0.05	95.1	90.5	86.1

可见，即使是很小的容量误差，经过一定的循环次数后，也会造成不可忽视的差异。因此，在使用过程中，电池管理系统应设计有均衡功能，用于均衡单体电池容量，减小彼此之间的容量误差。

3.内阻一致性

单体电池内阻不一致使得动力蓄电池包中各单体电池在充放电过程中产生的热量不同，最终影响动力蓄电池包的能量状态。对于内阻不一致，分为串联和并联两种情况。

对于串联电池模块，充放电过程中的电流相同，但内阻不一致使得内阻的分压情况有所不同。内阻越大，分压越大，产生的能量消耗和热量也越大，温度升高越快。内阻会随着温度的升高而增大，电池温度持续升高会导致电池变形甚至爆炸。在充电过程中，内阻大的单体电池电压首先到达充电的最高电压极限，为保证车辆安全，充电系统将停止充电，而其他电池还未充满。

对于并联电池模块，放电过程中的各单体电池电压相同，但内阻较大的放电电流较小，内阻较小的放电电流较大。各单体电池在不同放电倍率下工作，导致各个单体电池的放电深度不同，对单体电池的健康状况造成不良影响。在充电过程中，由于内阻不一致，各个并联单体电池的充电电流不同，所以相同的充电时间却得不到相同的充电效果。

(二)产生不一致的原因

电池组产生不一致性的原因有电池的初始状态不一致、电池性能衰退速度不一致两个方面。由于生产和使用过程中不可能做到完全一致，所以一致性是相对的，不一致是绝对的。

1.生产过程中的不一致

在生产过程中，制造工艺水平、涂覆、配料及杂质含量的不均匀都会造成电池初始性能(初始容量、直流内阻、充电效率及自放电等)的差异性。当一致性要求太高时，电池的成品率将大大下降，价格也将大幅上升。

2.使用过程中的不一致

在使用过程中，各单体电池的温度、通风条件、充放电程度等均有所不同。

(1)电池初始性能的差异会在使用过程中逐渐反映到电池实际容量、内阻和 SOC 上，如生产时内部杂质含量、内阻及充电效率等差异会反映到电池的自放电特性、荷电状态、内部发热热量及性能衰退速度上。

(2)动力蓄电池包中的热场分布和热管理的有效性将直接影响安装在不同位置上的电池温度差异。在使用过程中，动力蓄电池不同温度采样点最高温度和最低温度可相差约 10 ℃，这最终会导致电池的性能以不同速度衰退，从而加剧电池组的不一致性。

(3)由于容量小、内阻大、自放电率高的电池在充放电过程中更容易发生过充电、过放电和过热，导致电池性能下降速度加快，出现正反馈，最终使电池组不一致性更严重。如初始容量存在差异时，容量小的单体电池电流接受能力较差，在充放电电流相同的情况下，该电池的衰减速度势必将大于容量大的电池，如此恶性循环，将导致电池组不一致性更严重。

(4)由于电池初始性能差异的累积和电池组工作环境的差异，电池间极化现象和极化深度的差异会被逐渐放大。一方面，电池生产工艺无法保证电池内部活性物质和配料的完全一致，会形成初始性能的差异；另一方面，使用过程中电池初始性能差异被不断地累积和放大，导致各单体电池的老化程度不同，最终体现为内阻、容量、电压、温度等方面的差异。

总之，体现电池不一致性的参数之间不是相互独立的，而是互相耦合、互相影响的。电池初始容量的不一致及衰退速度的不一致是造成 SOC 不一致的主要原因。

(三)不一致性对动力蓄电池性能的影响

1.容量和能量利用方面

动力蓄电池在使用过程中遵守木桶效应,即总容量取决于容量最小的单体电池,如图 4-5 所示。在充电过程中,先于其他单体电池充满电的部分决定了动力蓄电池总的充电电量;同样,在放电过程中,先于其他单体电池放完电的部分决定了动力蓄电池能够释放的总电量,即 SOC。

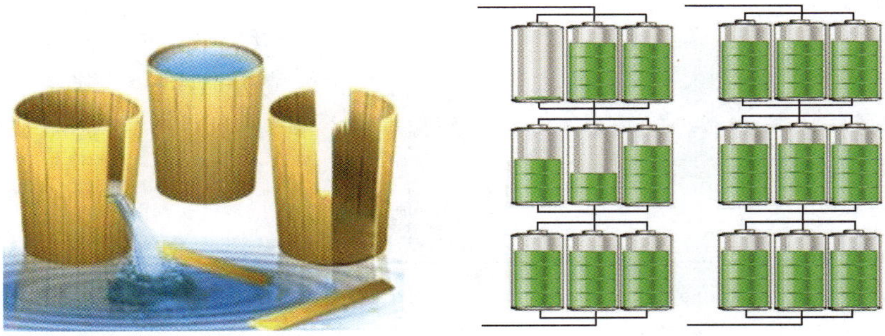

(a)木桶效应　　(b)电池木桶效应

图 4-5　动力蓄电池的木桶效应

2.功率输出方面

当电池接近充满电或者放完电时,电池的最大允许充放电电流会有所下降。在充电过程中,SOC 偏高的电池会限制整组电池的充电电流,使得充电时间增加;同理,在放电过程中,SOC 偏低的电池会限制整组电池的功率输出,降低车辆的动力性能。

3.电池组状态估算方面

单体电池之间的容量和荷电状态差异为动力蓄电池包的状态准确估算和能量优化使用带来了很大的困难。

综上所述,一致性使得电池成组后的使用更加复杂,只有对电池的一致性建立评价体系,并据此对电池组进行有效均衡,才能有效地提高电池组的容量和能量利用效率,保证电池使用的高效性。

视频 4-2　锂离子电池生产过程

视频 4-3　锂离子电池一致性的检测

四、动力蓄电池的密封与绝缘

为确保动力蓄电池成组过程足够安全、可靠，并能适应新能源汽车的使用需求，必须遵循一定的密封、绝缘要求。除了电池包必要的防水、防尘要求外，根据《电动汽车用动力蓄电池安全要求及试验方法》(GB/T 31485—2015)，电池包还必须通过海水浸泡、火烧、盐雾等试验，并要求电池包或电池系统不发生泄漏、外壳破裂、着火或爆炸等现象。

(一)动力蓄电池的密封等级

动力蓄电池的密封等级使用 IP 等级来表示。IP 等级(Ingress Protection，IP)用于表达电器设备外壳对异物侵入的防护等级，其表达的格式为“IPXY”，其中 X、Y 用阿拉伯数字表示，X 表示防尘等级，Y 表示防水等级。防尘等级如表 4-3 所示，防水等级如表 4-4所示。

表 4-3　防尘等级

X	防护范围	说明
0	无防护	对外界的人或物无特殊的防护
1	防止直径大于 50 mm 的固体外物侵入	防止人体(如手掌)因意外而接触到电器内部的零件，防止较大尺寸(直径大于 50 mm)的外物侵入
2	防止直径大于 12.5 mm 的固体外物侵入	防止人的手指接触到电器内部的零件，防止中等尺寸(直径大于 12.5 mm)的外物侵入
3	防止直径大于 2.5 mm 的固体外物侵入	防止直径或厚度大于 2.5 mm 的工具、电线及类似的小型外物侵入而接触到电器内部的零件
4	防止直径大于 1.0 mm 的固体外物侵入	防止直径或厚度大于 1.0 mm 的工具、电线及类似的小型外物侵入而接触到电器内部的零件
5	防止外物及灰尘侵入	完全防止外物侵入，虽不能完全防止灰尘侵入，但灰尘的侵入量不会影响电器的正常运作
6	防止外物及灰尘侵入	完全防止外物及灰尘侵入

表 4-4　防水等级

Y	防护范围	说明
0	无防护	对水或湿气无特殊的防护
1	防止水滴浸入	垂直落下的水滴(如凝结水)不会对电器造成损坏
2	倾斜 15°时，仍可防止水滴浸入	当电器由垂直倾斜至 15°时，水滴不会对电器造成损坏

续表

Y	防护范围	说明
3	防止喷洒的水浸入	防雨或防止与垂直的夹角小于60°的方向所喷洒的水浸入电器而造成损坏
4	防止飞溅的水浸入	防止各个方向飞溅而来的水浸入电器而造成损坏
5	防止喷射的水浸入	防止来自各个方向由喷嘴射出的水浸入电器而造成损坏
6	防止大浪浸入	可防止装设于甲板上的电器因大浪的侵袭而造成损坏
7	防止浸水时水的浸入	电器浸在水中一定时间或一定水压下，可确保不因浸水而造成损坏
8	防止沉没时水的浸入	电器无限期浸没在指定的水压下，可确保不因浸水而造成损坏

根据《电动汽车用动力蓄电池箱通用要求》(QC/T 989—2014)的规定，动力蓄电池组的防护等级不应低于IP55。IP55要求：至少能够满足完全防止外物侵入；虽然不能完全防止灰尘侵入，但灰尘的侵入量不会影响电器的正常运作；能防止由喷嘴射出的各个方向的水浸入电器。

(1)电池包进行防尘试验：将电池包放在密闭的防尘试验箱中，在防尘试验箱下方配置滑石粉，利用压差把箱内空气抽入被测电池包，要求电池能完全防止粉末侵入。

(2)电池包进行防水试验：采用内径大于6.3 mm的喷嘴在所有可能的方向向被试电池包或样品外壳喷水(其中水流量为11.875～13.125 L/min)，要求电池包或者样品的各个系统都不会浸水。

(二)动力蓄电池的绝缘要求

动力蓄电池是高电压部件，在设计和制作过程中必须考虑其绝缘要求。

1.箱绝缘设计

动力蓄电池的壳体采用绝缘材料或者涂布耐磨绝缘材料。根据国家标准《电动汽车安全要求》(GB 18384—2020)的规定，在最大工作电压下，直流电路绝缘电阻不应小于100 Ω/V，交流电路绝缘电阻应不小于500 Ω/V。因此，动力蓄电池箱体的绝缘电阻必须大于100 Ω/V。如果动力蓄电池系统有交流电路且没有附加防护，则绝缘电阻必须大于500 Ω/V。

2.爬电距离的要求

若导体周围的绝缘材料被电极化，则绝缘材料会出现带电的现象，称为爬电。爬电距离为两个相邻导体或一个导体与相邻电极壳表面的沿绝缘表面测量的最短距离。电池组内任何带电接口之间的距离必须满足大于爬电距离的要求。假设电池组额定电压

为 U，根据国家标准要求，电池组高压端子之间的距离满足 $d \geqslant (0.25U+5)$ mm，带电部件与电池底盘之间的距离满足 $l \geqslant (0.125U+5)$ mm。

3.线束防护

线束必须用绝缘阻燃波纹管进行保护。高压线束采用橙色波纹管，如图 4-6(a)所示；低压线束采用黑色波纹管，如图 4-6(b)所示。

(a)高压线束波纹管

(b)低压线束波纹管

图 4-6　波纹管类型

4.线束绝缘保护

电池箱体内部电池之间相互连接的线束(无论高压或低压)必须用绝缘材料包裹，进行绝缘阻燃保护，如图 4-7 所示。部分电池包内部还会采用 Stycast 2850CT 柔性导热环氧胶灌注填充，以保证电池组在受到冲击时仍有绝缘保护。

图 4-7　线束采用绝缘材料进行包裹

5.高压连接器绝缘保护

电池系统相关高压连接件必须具有绝缘层。对于所有导电的连接件，除了保证其具备一定的导电性外，还必须确保不漏电。因此，在导体周围应该设置绝缘保护套。

综上所述，要实现动力蓄电池组的绝缘设计，必须考虑电池组外壳的绝缘处理、电池组内部之间连接的绝缘保护、电源插接件的绝缘保护、动力蓄电池组连线的绝缘保护、箱体及电连接器之间对于绝缘电阻及爬电距离的要求。

【任务实施】

动力蓄电池电量计算

一、接受工作任务			
小张有一辆吉利帝豪EV450纯电动汽车，在高速上行驶时动力蓄电池电量耗尽，小张找到充电桩进行充电，充电桩的充电费用为1.2元/(kW·h)，但他的充电卡仅剩40元，请帮小张分析一下他能否将自己的电动汽车动力蓄电池充满电，按实训工单完成学习任务。			
二、信息收集			
1.动力蓄电池组的成组方式包括________、________、________。 2.动力蓄电池成组方式中P表示的是________，S表示的是________。 3.3P91S表示的是________个单体电池串联、________个模块并联。 4.动力蓄电池组总电压＝单体电池额定电压×单体电池________联数。 动力蓄电池组总容量＝单体电池额定容量×单体电池________联数。 动力蓄电池组总电量＝动力蓄电池组×动力蓄电池组________。 5.动力蓄电池的一致性可分为________一致性、________一致性和________一致性。 6.在动力蓄电池的密封等级IP67中，6表示的是________，7表示的是________。			
三、制订计划			
1.根据实训任务要求制订作业计划。			
作业计划			
序号	作业项目	操作要点	
2.根据作业计划完成小组成员任务分工。			
操作人		记录员	
监护人		展示员	

作业注意事项

(1)收集计算所需的车辆信息和充电信息,并进行小组讨论。
(2)讨论时注意进行有效的沟通和交流。
(3)若实训过程中出现问题,务必第一时间中止实训,并报备实训指导教师。

检测设备/工具/材料

序号	名称	数量	清点
			□已清点
			□已清点
			□已清点
			□已清点
			□已清点
			□已清点

四、计划实施

1.将车辆安全停放。

检查P挡位置:□已拉起　　　□未拉起

2.信息收集。
(1)查找充电桩充电价格。

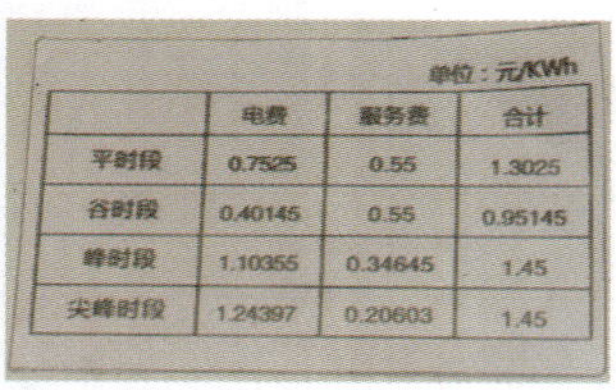

单位:元/KWh

	电费	服务费	合计
平时段	0.7525	0.55	1.3025
谷时段	0.40145	0.55	0.95145
峰时段	1.10355	0.34645	1.45
尖峰时段	1.24397	0.20603	1.45

充电桩充电价格为________元/(kW・h)。

(2)查找车辆铭牌信息,记录车辆动力蓄电池额定电压和额定容量。

动力蓄电池额定电压为________V,
动力蓄电池额定容量为________A・h。

3.计算车辆充满电所需电量。

充满电所需电量为________kW·h。

4.计算充满电所需费用。

充满电所需费用为________元。

5.判断车主的充电卡能否将车辆充满电。

能否将车辆充满电:□是　　　□否

五、质量检查

请实训指导教师检查本组作业结果,并针对实训过程出现的问题提出改进措施及建议。

序号	评价标准	评价结果
1	规范使用设备仪器,恢复场地	
2	作业计划完善且保证安全实施	
3	准确测量、记录数据,分析合理	
4	正确展示团队实训成果	
综合评价	☆☆☆☆☆	
综合评语(作业问题及改进建议)		

<table>
<tr><td colspan="4">六、评价反馈</td></tr>
<tr><td colspan="4">请根据自己在课堂中的实际表现进行自我评价和小组评价。</td></tr>
<tr><td colspan="4">自我评价：________________________________。
小组评价：________________________________。</td></tr>
<tr><td colspan="4">实训成绩单</td></tr>
<tr><td>项目</td><td>评分标准</td><td>分值</td><td>得分</td></tr>
<tr><td>接受工作任务</td><td>明确工作任务及结果要求</td><td>5</td><td></td></tr>
<tr><td>信息收集</td><td>掌握工作相关知识及操作要点</td><td>15</td><td></td></tr>
<tr><td>制订计划</td><td>按照计划顺利且高效地完成工作任务</td><td>10</td><td></td></tr>
<tr><td rowspan="4">计划实施</td><td>正确读取车辆动力蓄电池额定电压和容量</td><td>15</td><td></td></tr>
<tr><td>正确收集充电桩的充电价格等信息</td><td>10</td><td></td></tr>
<tr><td>正确测量计算车辆充满电所需电量</td><td>20</td><td></td></tr>
<tr><td>正确测量计算车辆充满电所需费用</td><td>15</td><td></td></tr>
<tr><td>质量检查</td><td>按照要求完成相应任务</td><td>5</td><td></td></tr>
<tr><td>评价反馈</td><td>经验总结到位，评价合理</td><td>5</td><td></td></tr>
<tr><td colspan="3">得分(满分 100)</td><td></td></tr>
</table>

任务二　更换动力蓄电池

【工作情景】

小李在新能源汽车 4S 店工作，今天店里有一辆北汽 EV160 纯电动汽车要维修，客户反映该车的动力蓄电池存在故障。你能按照操作规范对车辆的动力蓄电池进行更换，并维修好车辆吗？

【学习目标】

素质目标

1.养成良好的职业道德和职业素养；

2.能够进行有效的沟通和交流，具备团队合作意识；

3.培养安全第一的操作意识、爱岗敬业的工作态度和精益求精的工匠精神。

知识目标

1.掌握动力蓄电池的拆装方法；

2.了解动力蓄电池的回收利用方法。

能力目标

1.能够按照操作规范正确实施断电和防止重新接通操作；

2.规范实施车辆、作业场地的安全防护；

3.正确检查、使用绝缘手套等安全防护工具；

4.能够正确使用举升设备；

5.能够根据操作规范完成动力蓄电池拆装；

6.能够按照 7S 标准规范进行场地整理。

【知识准备】

一、拆装前的准备工作

动力蓄电池属于高压部件，输出电压远高于国家标准中规定的 36 V 安全电压。对动力蓄电池进行维护、检修作业时，检修人员处于危险的高电压工作环境中，存在发生电击事故的可能。因此，在动力蓄电池进行维护、检修作业时，应严格遵守高压电安全操作规范。

对动力蓄电池进行拆装、维护及故障检修时，维修人员应具有相应资质，持证上岗，摘除身上一切金属物品，检查并穿戴绝缘安全防护用品，准备并检查绝缘工具及测量仪表，放置警示标牌，整理维修场地。

（一）绝缘安全防护工具

维修人员在维修动力蓄电池时，要注意摘除手表、戒指、钢笔和手机等金属物品，穿戴非合成纤维的服装（如棉布），并注意遵循安全警示标签提示的内容。此外，还要穿戴绝缘帽、绝缘手套、绝缘鞋、安全防护眼镜等安全防护工具，绝缘安全防护工具如图 4-8 所示。

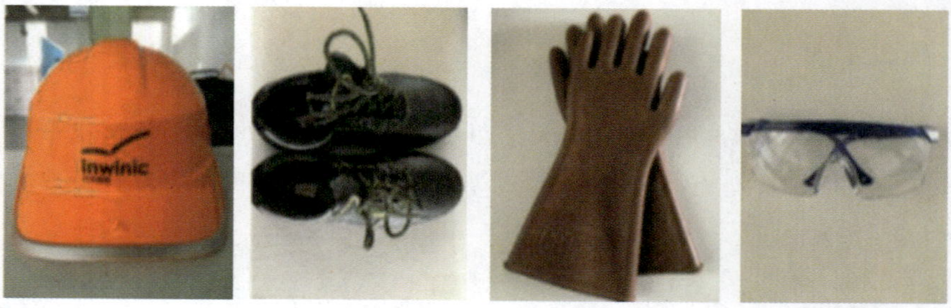

图 4-8　绝缘安全防护工具

注意：在穿戴绝缘安全防护工具前要对防护工具进行目视检查，并注意产品是否有合格标志。绝缘帽要检查外观上有没有裂纹、佩戴后位置是否正确、帽带松紧是否合适。安全防护眼镜要检查是否完好、佩戴后是否影响观看。绝缘手套使用前应进行外观检查，若发现有发黏、裂纹、漏气、发脆等损坏，则禁止使用。此外，还要对绝缘手套进行漏气检查，具体方法是：将手套从口部向上卷，稍用力将空气压至手掌及手指头部分，检查上述部位有无漏气，如有漏气则不能使用。拆装接地线等工作时必须佩戴绝缘手套，使用绝缘手套时应将上衣袖口套入手套筒口内。

（二）绝缘地垫

绝缘地垫是由特种橡胶制成，具有较大体积电阻率和耐电击穿性能的胶垫，用于配电等工作场合的台面或地面。在低压配电室地面上铺绝缘胶垫，可代替绝缘鞋起到绝缘作用。在 1 kV 及以下的环境中，绝缘地垫可作为基本安全用具；而在 1 kV 以上的环境中，绝缘地垫仅可作为辅助安全工具，因此在维修电动汽车时必须使用绝缘地垫。

为了保证绝缘地垫的正常使用，在使用前需对安装好的绝缘地垫进行绝缘性能检测，且需多点检测。绝缘检测如图 4-9 所示。

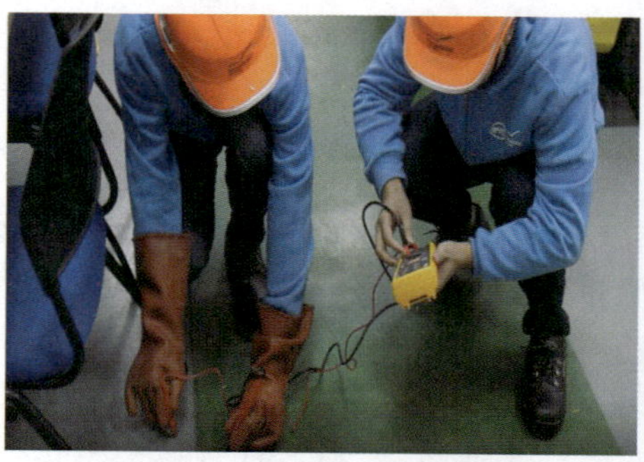

图 4-9　绝缘地垫的绝缘检测

(三)安全标志及标识

新能源汽车维修时，应设置功能区标识、设备标识、安全向导标志、安全警告标识、消防安全标示等，如图 4-10 所示。在维修操作时应设置操作警示牌，新能源汽车维修区域和故障车辆停放区域应设置警示线以及隔离栏。

图 4-10　安全标识

(四)隔离栏

隔离栏主要用来防止非工作人员接近带电体，也可用作检修安全距离不够时的安全隔离装置，如图 4-11 所示。隔离栏用干燥的木材或其他绝缘材料制成。隔离栏必须安装牢固，不得影响工作。隔离栏高度及其与带电体的距离应符合屏护的安全要求。

图 4-11　隔离栏

(五)绝缘工具

新能源汽车维修使用的工具必须为耐高压的绝缘工具。套装绝缘工具如图 4-12 所示。

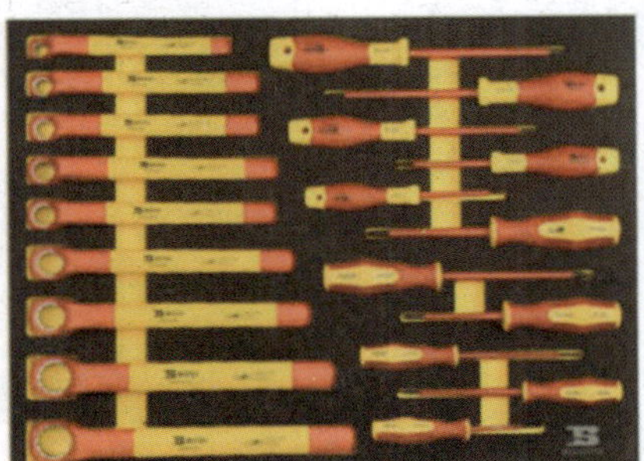

图 4-12　绝缘工具

二、拆装动力蓄电池

对于不同的新能源汽车车型，其动力蓄电池的安装位置和拆卸方法有所不同。这里以北汽 EV160 车型为例，说明动力蓄电池的拆装方法。

(1)设置维修场地。场地外围应设警示线、警示牌，维修人员应穿戴绝缘防护工具，并检查绝缘垫绝缘性能，如图 4-13 所示。

图 4-13　设置维修场地

(2)将车辆放于举升机位置，关闭点火开关。首先，通过仪表板左下方的前舱盖开启手柄，将前机舱盖打开；然后，使用 10 mm 六角套筒断开低压蓄电池负极、维修开关，维修开关位置如图 4-14 所示。若车型无维修开关，则断开低压控制插头，并套上护套，如图 4-15 所示。

图 4-14　维修开关位置

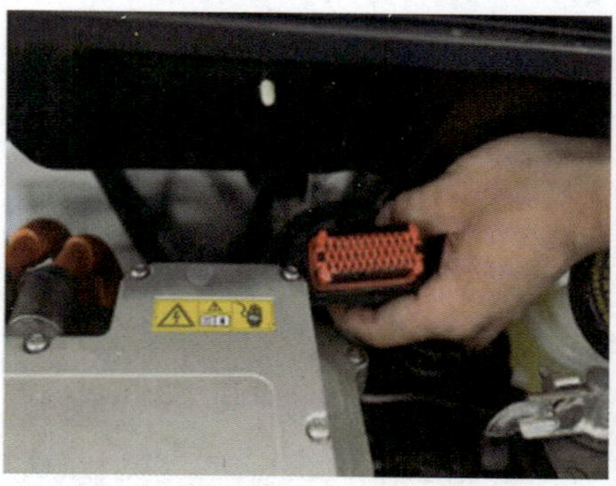

图 4-15　断开低压控制插头

(3)举升车辆到合适高度,如图 4-16 所示。锁止举升机,检查动力蓄电池底板;拆下动力蓄电池线束护板,检查动力蓄电池线束插件外观,如图 4-17 所示。注意:先拆卸动力蓄电池低压控制线束插头,再拆卸动力蓄电池高压线束。

图 4-16　举升车辆

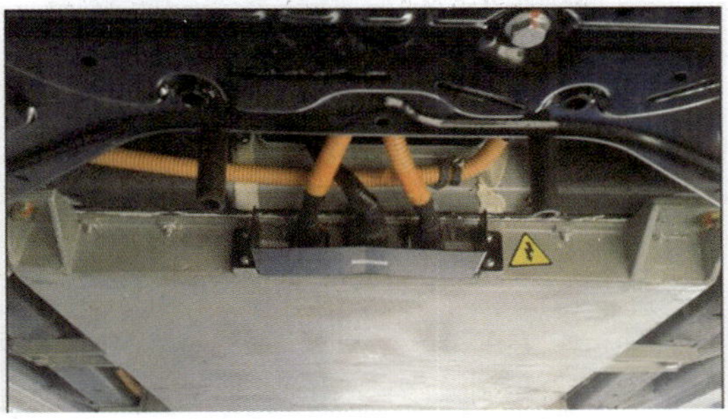

图 4-17　检查动力蓄电池线束

(4)测量动力蓄电池端插座正负极母线输出电压,使用放电工装对高压负载端进行放电。

(5)将动力蓄电池举升车移动到动力蓄电池下方,调整好举升车位置并进行锁止,如图 4-18 所示。升高动力蓄电池举升车使其上平面与动力蓄电池底部接触,如图 4-19 所示。先用指针式扭力扳手按先两边后中间的对角顺序拧松 10 个固定螺栓,后用棘轮扳手拆下螺栓。

图 4-18　将动力电池举升车移动至动力电池下方并调整位置

图 4-19　举升动力蓄电池举升车与动力蓄电池地面接触

(6)缓慢降下动力蓄电池举升车，查看动力蓄电池与车身脱离状况，根据实际情况进行微调。将动力蓄电池降到合适高度后，将举升车移出，如图 4-20 所示。

图 4-20　拆下动力蓄电池

(7)动力蓄电池的安装流程与拆卸动力蓄电池的顺序相反。注意：动力蓄电池 10 个固定螺栓的拧紧力矩为(95±5)N·m。

视频 4-4　动力蓄电池的拆装

【知识拓展】

废旧动力蓄电池的回收与利用

新能源汽车的动力蓄电池性能会随着使用次数的增加而衰减。按工业蓄电池标准：当电池的性能下降到初始性能的 80%时，意味着其在新能源汽车上的使用寿命终止。随着中国新能源汽车数量的增加，更换下来的废旧动力蓄电池组越来越多。预计到2023年，动力蓄电池的报废量将达到 1.16×10^6 t。

一、废旧动力蓄电池对环境的危害性

如果废旧动力蓄电池不能得到有效处理，将会影响到我国新能源汽车产业的发展，引起资源和环境之间的矛盾。动力蓄电池能否有效回收利用将直接影响新能源汽车产业的可持续发展和国家节能减排战略的实施。现有的废旧电池处理方式主要有固化深埋、存放于废矿井和资源化回收等，但目前我国电池资源化回收的能力有限，大部分废旧电池没有得到有效的处置，这将会给自然环境和人类健康带来潜在的威胁。

虽然锂离子动力蓄电池不包含汞、镉、铅等毒害性较大的重金属元素，但也会带来环境污染。例如，电极材料一旦进入环境，电池正极的金属离子、负极的碳粉尘、电解质中的强碱和重金属离子可能会严重污染环境，包括提升土壤的pH，处理不当甚至可能产生有毒气体。此外，动力蓄电池中含有的金属和电解液会危害人体健康，例如钴元素可能会引起肠道紊乱、耳聋、心肌缺血等症状。

动力蓄电池回收问题影响到社会经济的可持续发展。尽管电动汽车有应对环境污染和能源短缺的优势，但在其报废之后若不能得到有效回收，仍然会造成环境污染和资源浪费，有违发展电动汽车的初衷。对企业来说，动力蓄电池的回收蕴藏着巨大的商机，经过回收处理，可为电池生产商节约原材料成本。此外，动力蓄电池回收还关系到政府建设低碳经济和环境友好型社会。

2018年，工业和信息化部制定了《新能源汽车动力蓄电池回收利用管理暂行办法》，鼓励开展动力蓄电池梯次利用和再生利用，推动动力蓄电池回收利用模式创新。废旧动力蓄电池的回收再利用包括再生利用和梯次利用。再生利用是对废旧动力蓄电池进行拆解、破碎、分离、提纯、冶炼等处理，进行资源化利用的过程。梯次利用是指将废旧动力蓄电池应用到其他领域的过程，可以一级利用，也可以多级利用。

二、动力蓄电池的再生利用

对于容量小于20%的重度报废电池，可采用再生利用的方式，提取、回收其中的电极材料，尤其是钴、镍、锂等贵金属。锂离子电池的正极、负极、隔膜、电解质等材料中含有大量的有价金属。不同动力锂电池正极材料中所含的有价金属成分不同，其中潜在价值最高的金属包括钴、锂、镍等。例如，三元锂电池中锂的含量为1.9%、镍的含量为12.1%、钴的含量为2.3%；此外，铜、铝等占比也达到了13.3%和12.7%。如果废旧动力蓄电池能得到合理地回收利用，将成为创造收入和降低成本的一个主要来源。

钴是一种银灰色、有光泽的金属，有延展性和铁磁性。因为钴具有很好的耐高温、耐腐蚀和磁性性能，因此被广泛用于航空航天、机械制造、电气电子、化学、陶瓷等工业领域，是制造高温合金、硬质合金、陶瓷颜料、催化剂、电池的重要原料之一。由于动力锂电池市场的快速发展，带动了市场对于钴的需求提升。从全球市场来看，42%的需求集中在锂电池领域，其次是高温合金(16%)和硬质合金(10%)；从中国市场来看，电池材料对钴的需求占比高达69%。随着新能源汽车的下游需求逐步明确，国内动力蓄电池厂商纷纷扩大产能，对于钴的需求进一步提升。因此，从废旧电池中回收再利用钴也越来越具有经济性。

锂元素作为广泛用于动力锂电池中的元素，其用途非常广泛，且目前市场上碳酸锂的价格不断走高，尤其是新能源汽车驱动的需求扩大以及供给端产能释放困难共同作用，促使越来越多的企业开始关注锂电池回收的经济效益。

三、动力蓄电池的梯次利用

对于容量在20％～80％的退役电池，可进行梯次利用，即应用在储能系统、低速电动车等领域。梯次利用是指将废旧动力蓄电池应用到其他领域的过程，可以一级利用，也可以多级利用。对于一块使用了5年的电池，它的有效容量降至80％左右，电池的自然衰减进入平稳期，完全可以按照小容量电池使用。通过一定数量电池的并联使用，容量可获得数倍的提高，完全满足储能和动力需要。这与电动汽车为了增加续航里程，采用大量并联电池增加电池容量的道理是相同的。

在使用数年后，电池组可用容量和续航里程明显缩短，维修厂通常整体更换动力蓄电池。然而并不是一个电池组内的所有电池都需要更换，只是其中的一块或几块电池容量严重衰减，影响了整个电池组。如果有多个这样的电池组，检测、剔除严重衰减的电池，其他电池通过分容和内阻检测，完全可以重新梯次利用。动力蓄电池梯次利用是动力蓄电池产业链形成闭环的关键环节，在环境保护、资源回收和提高动力蓄电池全寿命周期价值等方面都具有重要价值。废旧的动力蓄电池经过测试、筛选、重组等环节，仍然可用于低速电动车、备用电源、电力储能等运行工况相对良好、对电池性能要求较低的领域。动力蓄电池的梯次利用可以明显延长电池的使用效率和生命周期，减少电池所带来的环境污染，是目前和今后的重点发展对象。

（一）可梯次利用的电池种类

梯次利用的电池应尽可能采用单体电池，如2 V单体铅酸蓄电池、各种锂电池（包括磷酸铁锂电池、钛酸锂电池、三元锂电池、钴酸锂电池、锰酸锂电池等）。多个单元串联后封装一体的电池，如12 V铅酸蓄电池（6个2 V单体电池），不太适合梯次利用。这主要是因为这些电池的内部为多个串联的单体电池，自身存在不均衡的问题，无法通过外部解决。

（二）梯次利用电池成组原则

一是同类型电池成组原则。梯次利用电池成组必须是相同类型的电池，即电池的工作电压区间必须相同。工作电压区间不同的电池不能出现在同一电池组中，即使容量相同也不能混用。二是一致性原则。在有条件的情况下，成组电池组装前要进行容量、电压和内阻测量，尽可能选择容量和内阻接近的电池，减少复用期间一致性差异的扩大。由于梯次利用的电池的容量普遍低于标称容量，为获得足够的容量，需要使用数量更多的电池通过合适的串并联方式来达到设计容量，因此需要根据技术条件来装配。

装配方式一：先并联后串联，电动汽车用电池组常采用此方式。

装配方式二：先串联后并联，常用于数据中心或机房。

两种装配方式各有优缺点，适合不同环境。

先并联后串联的优点是易于管理，如果增加电池均衡器只需要一套即可。先并联后串联的缺点：单元电池连接线和汇流排的选择非常重要，否则会造成电池充放电的差异；个别电池漏电流（或故障）会影响一个并联单元，对容量的影响比较大，直接影响续航里程。

先串联后并联的优点：连接方便、检修方便，能够快速检测和处理故障电池；易于维护，每一串中的单体电池容量均可不同，电池利用率高，容量（功率）可以任意扩充，增加后备时间，提高可靠性，特别适合数据中心。先串联后并联的缺点是如果增加电池均衡器，需要多套。

（三）梯次利用动力蓄电池的主要流程

废旧动力蓄电池梯次利用的主要流程通常包括以下几步：

（1）废旧的动力蓄电池回收。

（2）对动力蓄电池组进行拆解，获得电池单体。

（3）根据电池的特性，筛选出可使用的电池单体。

（4）根据需求对电池单体进行配对，然后重组成电池组。

（5）后期的系统集成与运行维护等。

（四）梯次利用动力蓄电池的主要应用

虽然废旧动力蓄电池的容量有所下降，但是仍然具备利用价值。将废旧动力蓄电池进行储能再利用将会使得新能源汽车制造的成本有所下降。比如，可用作储存可再生能源电力的备用电池，对电网供电的巨大峰谷差起到一定的稳定作用，消除电力供需波动，也可以用于储能、供电基站、路灯、电动工具及低速电动车、风能或太阳能发电储能等领域。

【任务实施】

更换动力蓄电池

<table>
<tr><td colspan="4">一、接受工作任务</td></tr>
<tr><td colspan="4">新能源汽车维修服务站接收了一辆事故车辆，其动力蓄电池受损，需要对动力蓄电池进行更换。请按照正确的操作规范对动力蓄电池进行更换，并按实训工单完成学习任务。</td></tr>
<tr><td colspan="4">二、信息收集</td></tr>
<tr><td colspan="4">1.动力蓄电池组典型的连接方式有________、________、________、________。
2.在动力蓄电池的串、并联中，串联用________表示，并联用________表示。
3.动力蓄电池组的一致性主要表现为________、________、________。
4.绝缘安全防护工具包括________、________和________等。
5.拆装动力蓄电池的第一步要正确________。
6.北汽 EV160 动力蓄电池固定螺栓的拧紧力矩为________N·m。</td></tr>
<tr><td colspan="4">三、制订计划</td></tr>
<tr><td colspan="4">1.根据实训任务要求制订作业计划。</td></tr>
</table>

作业计划		
序号	作业项目	操作要点

2.根据作业计划完成小组成员任务分工。

操作人		记录员	
监护人		展示员	

作业注意事项

(1)举升车辆时严格遵守举升机使用方法,禁止在车底嬉戏打闹。
(2)台架内含 300 V 以上高压电,严禁用手直接触摸高压回路导体部分。
(3)实训过程中严禁私自拆解任何动力蓄电池系统内零部件。
(4)实训过程中出现故障时,务必第一时间中止实训,报备实训指导教师。

检测设备/工具/材料

序号	名称	数量	清点
			□已清点
			□已清点
			□已清点
			□已清点
			□已清点
			□已清点

四、计划实施

1.拆装准备。
(1)设置安全隔离,并放置安全警示牌;检查并穿戴个人安全防护用品。

个人安全防护措施有__________、__________、__________、__________。

(2)检查并调校设备仪器。

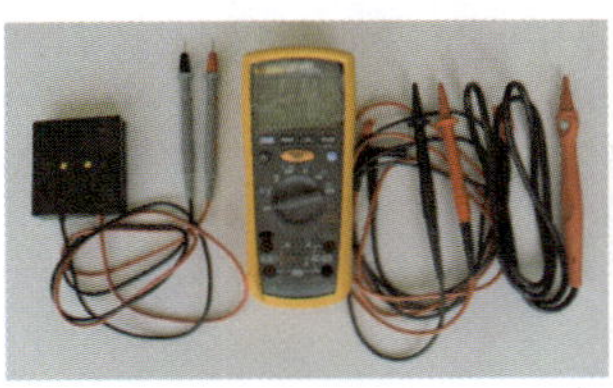

万用表校零:□正常　　□不正常
放电工装状态:□正常　　□不正常
绝缘测试仪状态:□正常　　□不正常

(3)铺设车辆三件套,并检测绝缘地垫的绝缘性能。

测量绝缘地的垫绝缘性能,绝缘测试仪应采用__________V 的挡位。

<table>
<tr><td colspan="2">2.按照操作规范正确断电。
(1)关闭点火开关,断开低压蓄电池负极。</td></tr>
<tr><td>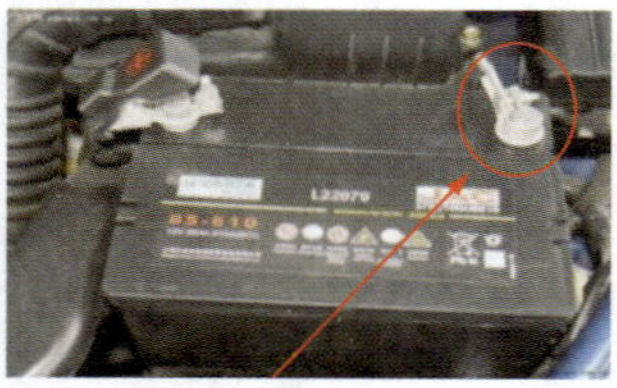</td><td>注意:低压蓄电池负极断开后应做好绝缘防护。</td></tr>
<tr><td colspan="2">(2)举升车辆,查看电池外观是否正常,读取动力蓄电池铭牌。先断开动力蓄电池低压线束,再断开高压线束。</td></tr>
<tr><td>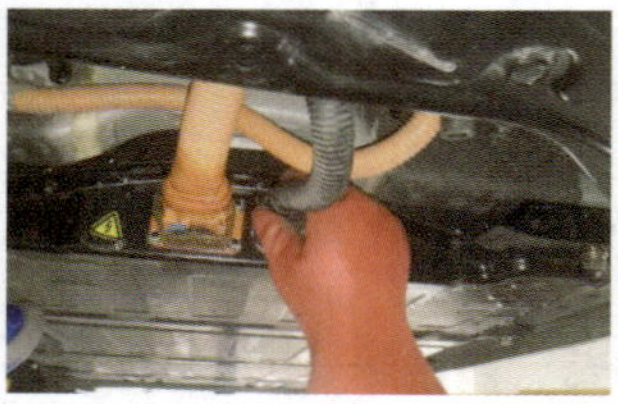</td><td>电池外观状态:□完好整洁　　□明显残缺
额定电压:________V　　额定容量:________A・h
能量密度:________W・h/kg　　容量密度:________A・h/kg
电池类型:□三元锂离子电池　　□磷酸铁锂电池
□钴酸锂电池　　□钛酸锂电池</td></tr>
<tr><td colspan="2">(3)测量动力蓄电池插座正负极母线输出电压,并用放电工装对高压负载端进行放电。</td></tr>
<tr><td>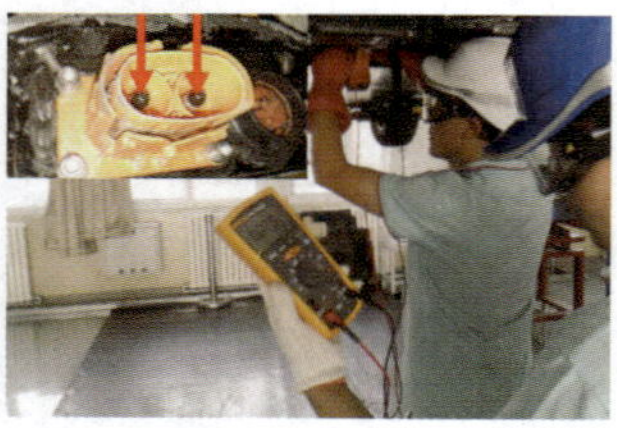</td><td>正负极母线输出电压为________V。</td></tr>
<tr><td colspan="2">3.拆卸动力蓄电池。
将动力蓄电池举升车移动到动力蓄电池下方,锁止动力蓄电池举升车,升高动力蓄电池举升车使其上平面与动力蓄电池底部接触。先用指针式扭力扳手按先两边后中间的对角顺序拧松固定螺栓,后用棘轮扳手拆下螺栓,降下动力蓄电池。</td></tr>
<tr><td></td><td>动力蓄电池固定螺栓个数为________个。</td></tr>
<tr><td colspan="2">4.安装新的动力蓄电池。
(1)更换新的动力蓄电池后,按照拆卸的相反顺序,装配动力蓄电池。</td></tr>
</table>

	动力蓄电池螺栓的标准扭矩为________N·m。 注:动力蓄电池螺栓在装配时需对角安装。
(2)按照断电的相反顺序恢复上电,并进行上电验证。	
	低压蓄电池的扭矩为________N·m。 仪表盘中“READY”指示灯________(亮/不亮)。

五、质量检查

请实训指导教师检查本组作业结果,并针对实训过程出现的问题提出改进措施及建议。

序号	评价标准	评价结果
1	正确全面地进行信息查询	
2	作业计划完善且保证安全实施	
3	准确查询、记录结果且分析合理	
4	正确展示团队实训成果	

综合评价	☆☆☆☆☆
综合评语(作业问题及改进建议)	

六、评价反馈

请根据自己在课堂中的实际表现进行自我评价和小组评价。

自我评价：________________________________。
小组评价：________________________________。

实训成绩单

项目	评分标准	分值	得分
接受工作任务	明确工作任务及结果要求	5	
信息收集	掌握工作相关知识及操作要点	15	
制订计划	按照计划顺利且高效地完成工作任务	10	
计划实施	做好拆装前的准备工作	10	
	能够按照操作规范对整车进行高压断电	10	
	能够按照操作规范对动力蓄电池进行拆装	25	
	能够正确对更换后的整车进行上电验证	15	
质量检查	按照要求完成相应任务	5	
评价反馈	经验总结到位，评价合理	5	
得分(满分 100)			

项目五

动力蓄电池的充电

任务一　单体电池充电

【工作情景】

新能源汽车的动力蓄电池由许多单体电池构成。智能手机中的电池也属于单体电池，但手机充电远比新能源汽车使用交流充电桩充电的速度快，一般需要 2 h 左右就能充满。单体电池充电方法的研究是开发和优化新能源汽车动力蓄电池充电方法的基础。同时，在动力蓄电池的回收和梯次利用过程中，人们需要对拆解下来的单体电池进行充放电性能测试。作为新能源汽车从业人员，你了解单体电池的充电方法吗？

【学习目标】

素质目标

1.养成良好的行为习惯和自我管理能力；

2.能够进行有效的沟通和交流，具备团队合作意识；

3.具有质量意识、环保意识、安全意识。

知识目标

1.掌握单体电池常规充电方法；

2.了解单体电池快速充电方法。

能力目标

1.能够对单体电池进行常规充电；

2.能说出单体电池快速充电的方法。

【知识准备】

一、锂离子电池的充电特性

1972 年，美国科学家马斯(J. A. Mas)通过若干次实验，得出蓄电池在充电过程中存在最佳充电曲线：$I=I_0e^{-\alpha t}$，式中，I_0 为电池初始充电电流，α 为充电接受率，t 为充电时间。其中，I_0 和 α 的值与电池类型、结构和新旧程度有关。

根据马斯的理论，当动力蓄电池的充电电流无限接近这条理想曲线时，充电速度最快、效率最高；超过这条曲线时，电池将会受到损害。锂离子电池充电特性如图 5-1 所示。如果充电电流超过这条最佳充电曲线，不但不能提高充电速率，而且会增加电池的析气量；如果小于此最佳充电曲线，虽然不会对电池造成伤害，但是会延长充电时间，降低充电效率。

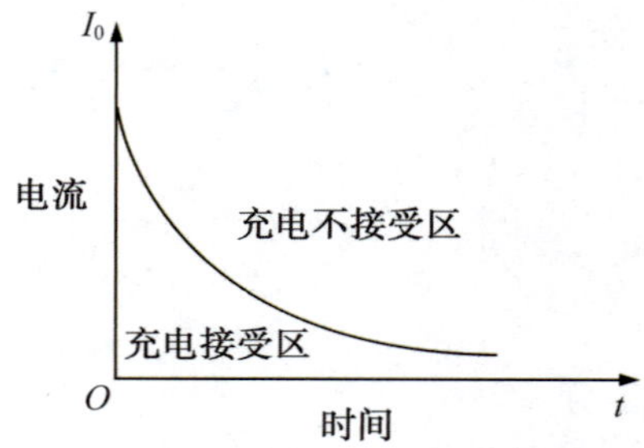

图 5-1　锂离子电池充电特性

对于锂离子电池来说，充电方法对其性能影响很大，合理的充电方法可延长锂离子电池的寿命，提高充电效率。单体锂离子电池充电方法分为常规充电和快速充电。另外，目前还出现了一种智能充电法。

二、常规充电方法

(一)恒流充电

1.恒流充电的工作原理

充电过程中以恒定不变的电流对电池进行充电的方式叫作恒流充电。在整个充电过程中，一般采用调整电源充电电压或改变与电池串联的电阻值的方式，来维持电池的充电电流大小不变。按充电电流的大小，恒流充电又可分为快速充电、标准充电和涓流充电。

在充电过程中，随着电池荷电量的变化，充电设备不断进行调整，以此来维持充电电流不变。当充电电流增大时，充电设备自动降低输出电压使电流减小，从而保持充电电流不变；随着电池荷电量的增大，电池两端电压会不断上升，为防止充电电流变小，开关电源的输出端电压应随着充电过程而逐渐上升。恒流充电曲线如图 5-2 所示。

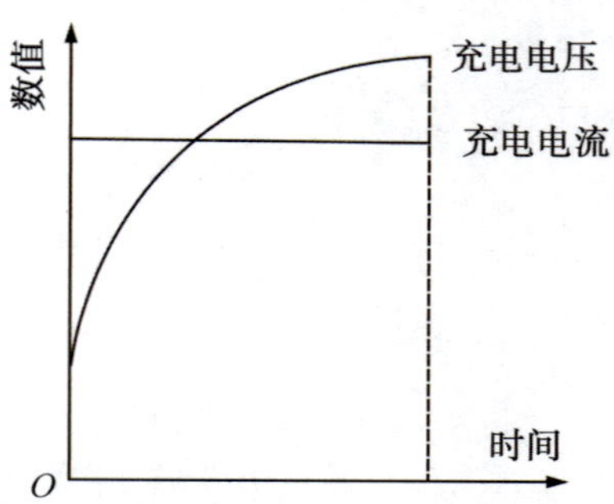

图 5-2　恒流充电曲线

2.恒流充电的优缺点

恒流充电的优点：控制简单，前期充电电流大，充电速度快，适用于多个单体电池串联的电池组。恒流充电的缺点：电池可接受充电的能力会随着电池荷电量的增大而降低。因此，充电后期过大的充电电流容易造成电池极化现象。

(二)恒压充电

1.恒压充电的工作原理

充电过程中维持充电电压恒定不变的充电方式叫作恒压充电。采用恒压充电的方式充电时，充电电流会随着电池荷电量的变化而变化。在充电初期，电池的荷电量较低，接收充电电流的能力比较强，因此充电的电流较大；在充电后期，电池荷电量增大，接收充电电流的能力下降，充电电流逐渐减小。恒压充电曲线如图 5-3 所示。

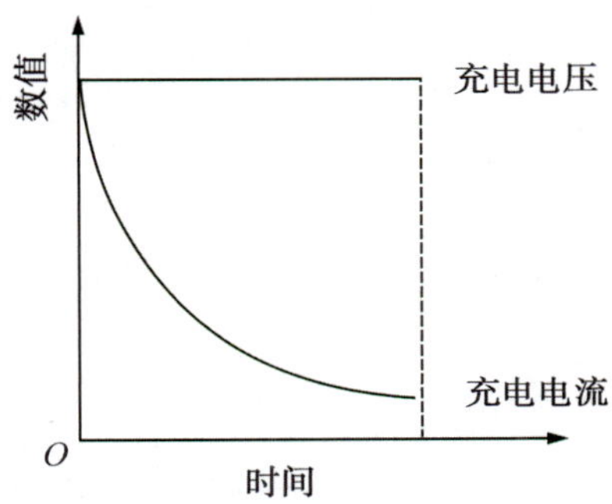

图 5-3　恒压充电曲线

2.恒压充电的优缺点

恒压充电的优点：控制简单，成本低；充电后期的充电电流随着电池荷电量的增大而逐渐减小，可以避免充电后期因电流太大造成的极化现象。恒压充电的缺点：在充电初期，如果电池放电深度过深，充电电流会很大，不仅危及充电器的安全，电池也可能因过流而受损伤，直接影响锂电池的寿命。

(三)恒流恒压充电

1.恒流恒压充电的工作原理

恒流恒压充电是分别选取了恒流充电、恒压充电在不同充电阶段的优点而设计的充电方法，即充电初期利用电池接收充电电流能力比较强的特点，采用较大且恒定的电流充电，提高充电速度；当电池电压达到预定值后转入恒压充电，此时的充电电流逐渐减小，可以避免后期充电电流太大造成的极化现象。恒流恒压充电是锂离子电池最常用的充电方法，充电曲线如图 5-4 所示。

在充电初始阶段，用充电设备对电池电压进行检测。若电压低于设定的门限电压，则以 0.1C 的小电流对电池进行涓充充电，使电池电压缓慢上升；当电池电压达到门限电压后，再以较大电流(0.5～1C)对电池进行快速充电，此时的电池电压上升较快；在电池电压上升到上限电压(4.2 V)后，改为恒压充电模式，充电电压维持在 4.2 V，这时电池容量达到其额定值的 85%左右。在恒压充电阶段，电流逐渐减小，当充电电流降到 0.1C 或

0.05C 时，即判定电池充满。

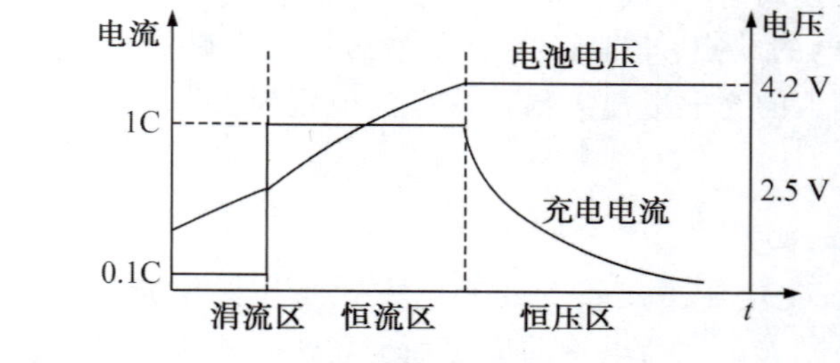

图 5-4　恒流恒压充电曲线

2.恒流恒压充电的优缺点

恒流恒压充电既避免了恒压充电开始时充电电流过大的问题，又克服了恒流充电后期容易出现过充的现象，结构简单，成本较低。但它不能消除电池充电时的极化现象，影响充电效果。

三、快速充电方法

常用的快速充电的方法有脉冲充电、Reflex 充电和智能充电法。

(一)脉冲充电

1.脉冲充电的工作原理

脉冲充电前期与恒流恒压充电相同，包括涓流区和恒流区。当电池电压上升到上限电压(4.2 V)时，进入脉冲充电模式。单体三元锂离子电池的脉冲充电曲线如图 5-5 所示。

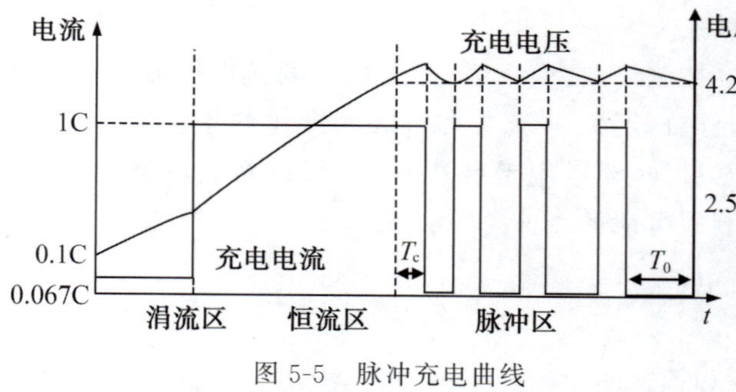

图 5-5　脉冲充电曲线

进入脉冲充电模式后，继续用 1C 的电流为电池充电，使电池端电压继续上升。当电压上升到截止电压(>4.2 V)后，充电电流下降为 0.067C 或者 0 A，为已经到达电池负极表面的锂离子继续向负极扩散提供时间，这时电池端电压逐渐下降。当电池电压下降到设定的 4.2 V 后，充电设备恢复充电，开始下一个充电周期。在脉冲充电过程中，随着电池荷电量的增大，停充时间 T_0 逐渐变长，充电脉冲的占空比逐渐减小。当充电脉冲的占空比低至 5%～10%时，认为电池已经充满，终止充电。

2.脉冲充电的优缺点

与常规充电方法相比，脉冲充电能以较大的电流充电，可以利用停充期消除电池的浓差极化和欧姆极化，使下一轮的充电更加顺利。除此之外，脉冲充电还具有充电速度快、温度变化小、对电池寿命影响小等优点，因而目前被广泛使用。脉冲充电的缺点是对电压检测精度、控制精度要求较高，增加了充电成本。

(二)Reflex 充电

1. Reflex 充电的工作原理

Reflex 快速充电方法又被称为反射充电方法或“打嗝”充电方法。该充电方法是在每个充电工作周期对电池施加正向充电、反向瞬间放电和停充三个过程。Reflex 充电曲线如图 5-6 所示。

在每个充电周期中，先采用 2C 电流充电，充电时长为 T_c，然后进入停充阶段，在停充期间设计一个时长为 T_d 的反向充电脉冲（$T_c > T_d$）。实验证明，这种充电方法可以使单体锂离子电池的充电时间提升到 40 min，电池温度仅仅升高 1.1 ℃，充电效率达到 87.51%。

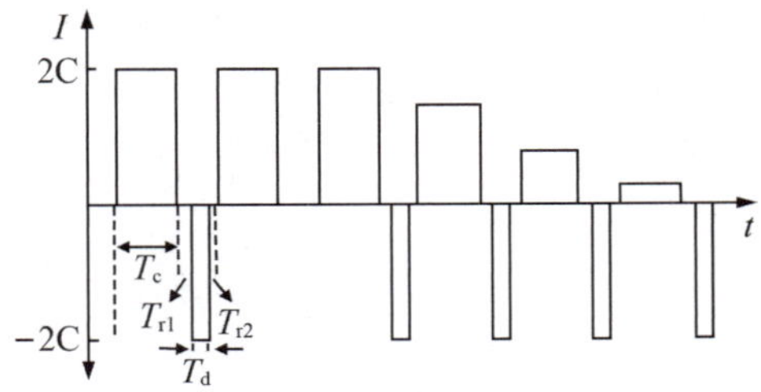

图 5-6 Reflex 充电曲线

2. Reflex 充电的优缺点

Reflex 快速充电在很大程度上解决了电池极化现象，加快了充电速度，但充电脉冲的幅值、宽度、频率以及反向充电脉冲的幅值、宽度的优化策略尚不成熟。

(三)智能充电法

智能充电是目前较先进的充电方法，其原理如图 5-7 所示。智能充电的主要原理是应用智能控制技术，通过检查电池电压和电流的增量来判断电池充电状态，动态跟踪电池可接受的充电电流，使充电电流自始至终在电池可接受的最大充电曲线附近。

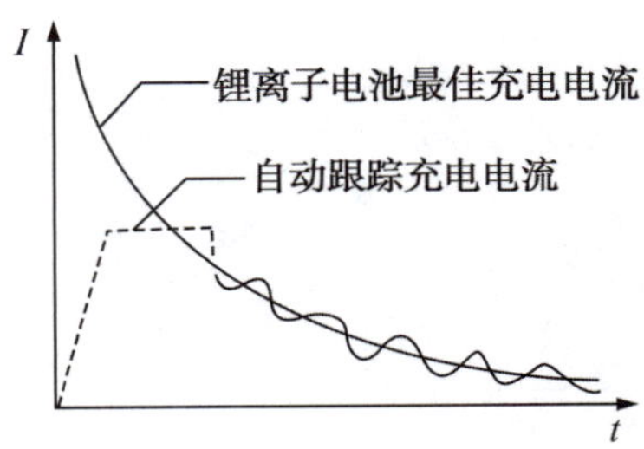

图 5-7 智能充电原理图

智能充电控制系统结合了神经网络与模糊控制等技术，既具有模糊控制器善于表达人类的经验知识、推理能力强等特点，又具有神经网络控制器直接从控制数据中学习知识、学习能力强等特点。实验证明，智能充电法在充电过程中电压变化平稳，充电时间短，因此作为模糊自适应控制方案中的一种，在未来将受到越来越多的重视。

视频 5-1 单体电池充电四阶段

【任务实施】

动力蓄电池充电性能测试

<table>
<tr><td colspan="3">一、接受工作任务</td></tr>
<tr><td colspan="3">新能源汽车售后服务部维修师李工在对各地4S店新进员工进行充电系统技术培训，为让新员工更好地理解锂离子动力蓄电池的恒流恒压充电方法，李工让小王使用慢充充电设备为动力蓄电池充电，绘制充电曲线，并按实训工单完成学习任务。</td></tr>
<tr><td colspan="3">二、信息收集</td></tr>
<tr><td colspan="3">1.恒流充电的优点是______________，缺点是________________。
2.恒压充电的优点是______________，缺点是________________。
3.恒流恒压充电包括__________、__________、__________三个阶段。
4.恒流恒压充电结束的条件是__________________________________。
5.对于三元锂电池的单体电池，在恒流恒压充电方法中恒流充电阶段的电流一般为________，恒压充电阶段的电压一般限制在______。
6.脉冲充电方法包括__________、__________、__________三个阶段。</td></tr>
<tr><td colspan="3">三、制订计划</td></tr>
<tr><td colspan="3">1.根据实训任务要求制订作业计划。</td></tr>
<tr><td colspan="3" align="center">作业计划</td></tr>
<tr><td>序号</td><td>作业项目</td><td>操作要点</td></tr>
<tr><td></td><td></td><td></td></tr>
<tr><td></td><td></td><td></td></tr>
<tr><td></td><td></td><td></td></tr>
<tr><td></td><td></td><td></td></tr>
<tr><td></td><td></td><td></td></tr>
<tr><td></td><td></td><td></td></tr>
<tr><td></td><td></td><td></td></tr>
</table>

2.根据作业计划完成小组成员任务分工。

操作人		记录员	
监护人		展示员	

作业注意事项

(1)严格遵守操作规范,禁止在车间嬉戏打闹。
(2)严禁用手直接触摸高压回路导体部分。
(3)测试过程中严禁给车辆上高压电。
(4)若在测试过程中出现故障,务必第一时间中止实训。

检测设备/工具/材料

序号	名称	数量	清点
			□已清点
			□已清点
			□已清点
			□已清点
			□已清点
			□已清点

四、计划实施

1.设备准备。
(1)设置安全隔离,并放置安全警示牌;检查并穿戴个人安全防护用品。

个人安全防护措施有________、________、________、________。

(2)检查并开启诊断仪。

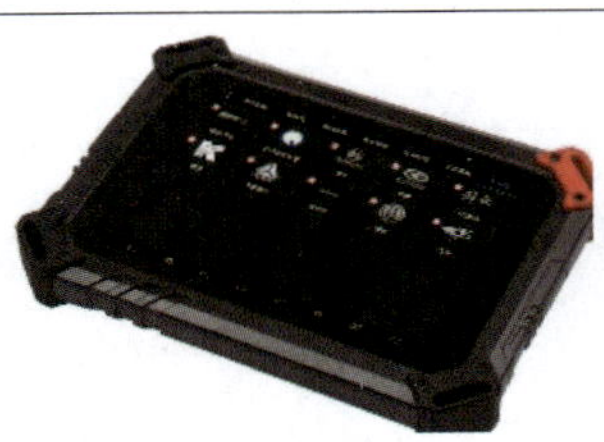

诊断仪电源:□正常　　　□不正常
诊断仪线束:□正常　　　□不正常

<table>
<tr><td colspan="2">(3)准备随车充电器。</td></tr>
<tr><td>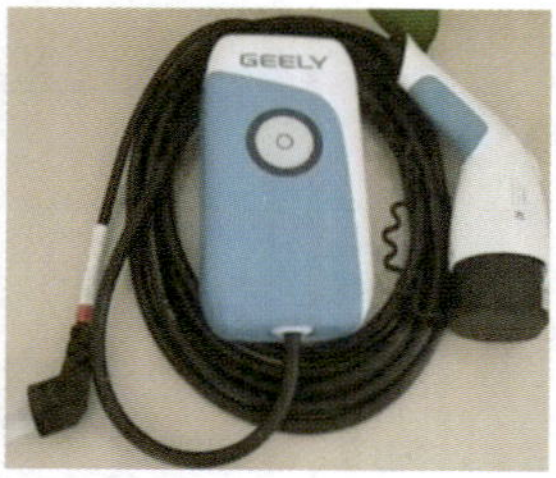
</td><td>随车充电器外观:□正常　　□不正常
随车充电器状态:□正常　　□不正常</td></tr>
<tr><td colspan="2">(4)检查电动汽车的车辆状态。</td></tr>
<tr><td></td><td>车辆状态:□正常　　□不正常</td></tr>
<tr><td colspan="2">2.参数测试。
(1)连接诊断仪,进入 BMS 模块,读取数据流。</td></tr>
<tr><td></td><td>注意:在充电过程中要正确记录充电电流、充电电压。</td></tr>
<tr><td colspan="2">(2)连接随车充电器。</td></tr>
<tr><td></td><td>连接随车充电器,使车辆处于充电状态。</td></tr>
<tr><td colspan="2">(3)通过诊断仪数据流观察电流电压变化。</td></tr>
<tr><td>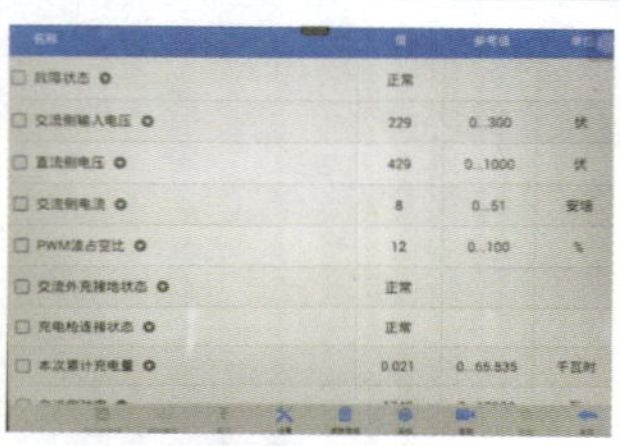</td><td>连续记录诊断仪中充电电流和电压数据。</td></tr>
</table>

(4)绘制充电曲线。

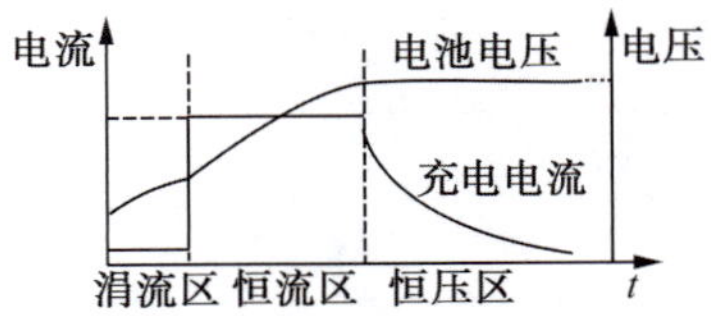

根据记录数据大致绘制充电曲线。

3.问题分析。

(1)电动汽车慢充充电的方法是恒流、恒压,还是恒流恒压?

(2)充电倍率是多少?

(3)为什么电动汽车的充电倍率远低于单体电池的充电倍率?

五、质量检查

请实训指导教师检查本组作业结果,并针对实训过程出现的问题提出改进措施及建议。

序号	评价标准	评价结果
1	规范使用设备仪器,恢复场地	
2	作业计划完善且保证安全实施	
3	准确测量、记录数据,分析合理	
4	正确展示团队实训成果	
综合评价	☆☆☆☆☆	
综合评语(作业问题及改进建议)		

六、评价反馈

请根据自己在课堂中的实际表现进行自我评价和小组评价。

自我评价:____。

小组评价:____。

实训成绩单			
项目	评分标准	分值	得分
接受工作任务	明确工作任务及结果要求	5	
信息收集	掌握工作相关知识及操作要点	15	
制订计划	按照计划顺利且高效地完成工作任务	10	
计划实施	做好测试前的准备工作	10	
	能够按照使用规范连接诊断仪	10	
	能够按照操作规范对电动汽车进行充电	25	
	能够正确绘制充电曲线	15	
质量检查	按照要求完成相应任务	5	
评价反馈	经验总结到位，评价合理	5	
得分（满分 100）			

任务二　动力蓄电池充电

【工作情景】

一辆吉利帝豪 EV450 新能源汽车的剩余电量为 20%，请按操作规范使用慢充充电桩对车辆进行充电。

【学习目标】

素质目标

1.严格执行 7S 现场管理；

2.能够进行有效的沟通和交流，具备团队合作意识；

3.严格执行汽车检修规范，养成严谨科学的工作态度。

知识目标

1.掌握动力蓄电池慢充充电方法；

2.掌握动力蓄电池快充充电方法；

3.掌握动力蓄电池充电故障检测方法。

能力目标

1.能够正确使用诊断仪等检测工具；

2.能够按照操作规范正确实施断电；

3.正确查阅维修资料，分析线路原理图；

4.按照维修规范正确完成常见故障的诊断与排除；

5.规范使用车辆防护、绝缘防护、隔离警示等设备。

【知识准备】

一、新能源汽车充电系统

（一）新能源汽车充电系统

新能源汽车高压部件主要包括动力蓄电池、驱动电动机、电机控制器、空调压缩机、PTC 本体、DC/DC 转换器、车载充电机等，各高压部件均经过高压分线盒与动力蓄电池连接。高压分线盒又称高压控制盒或高压配电盒，主要功能是控制高压、保护高压供电系统，主要包括整车主接触器、高压各分系统保险。高压电气系统连接框图如图 5-8 所示。

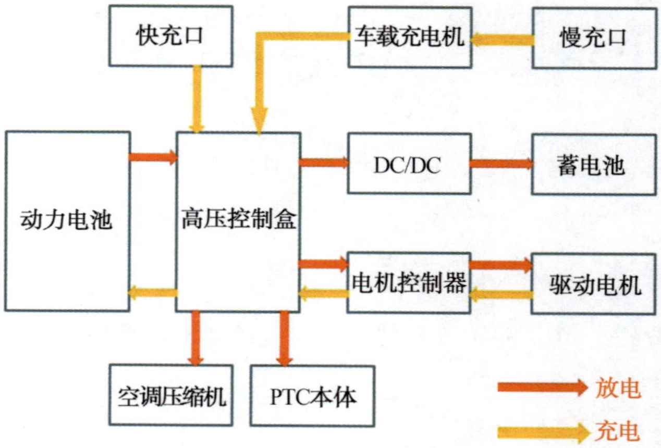

图 5-8　高压电气系统连接框图

在新能源汽车上为动力蓄电池充电的方式主要有两种——交流慢充和直流快充。新能源汽车充电系统如图 5-9 所示。

1.交流慢充

车载充电机(On-board Charger，OBC)通过交流充电桩连接工业或家庭用的 220 V 交流电，将 220 V 交流电压转换为高压直流电，为动力蓄电池充电。

2.直流快充

直流充电桩输出的高压直流电经过电动汽车直流充电端口与高压配电盒连接，然后通过高压配电盒给动力蓄电池充电。

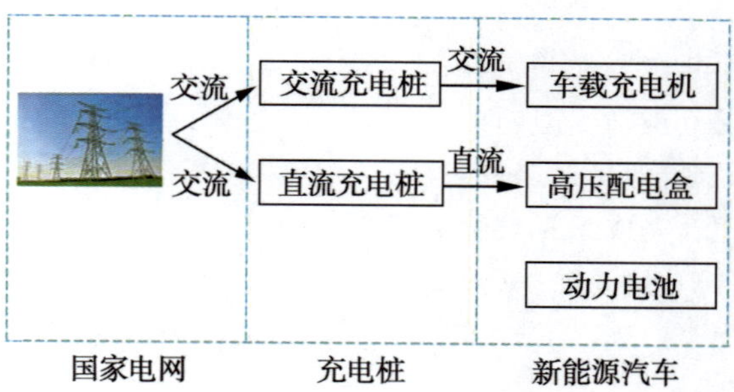

图 5-9　新能源汽车充电系统

(二)车载充电系统关键部件

1.车载充电机

车载充电机是新能源汽车实现能量补充的重要组成部件，可将 220 V 交流电转换成高压直流电，为动力蓄电池提供合适的充电电压和充电电流，实现动力蓄电池的电量补给。车载充电机能够依据电池管理系统(BMS)提供的动力蓄电池运行数据，动态调节充电电流或电压参数，执行相应的动作，完成充电过程。

车载充电机一般安装在车辆的前舱，吉利帝豪 EV450 的车载充电机安装位置及其连接端口分别如图 5-10、图 5-11 所示，车载充电机参数规格如表 5-1 所示。

①车载充电机(OBC)；②交流充电接口；③交流充电接口应急解锁；④直流充电接口

图 5-10　吉利帝豪 EV450 充电系统安装位置

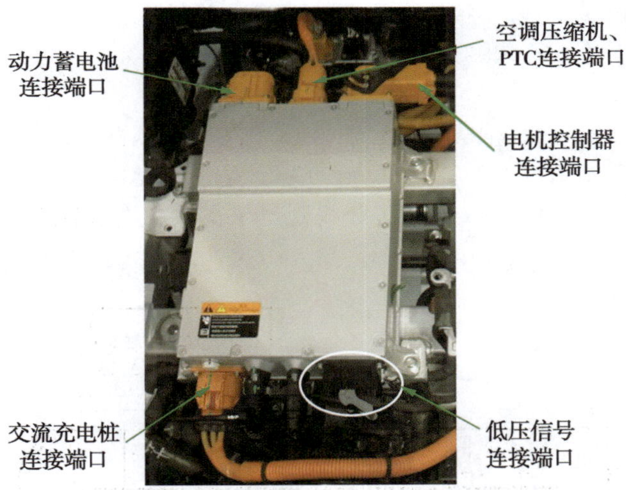

图 5-11　吉利帝豪 EV450 车载充电机连接端口

表 5-1　吉利帝豪 EV450 车载充电机参数

项目	参数
输入电压(V)	90～264
输入频率(Hz)	50±2%
输入最大电流(A)	16
输出电压(V)	直流 200～450
输出最大功率(kW)	6.6
输出最大电流(A)	32
效率(%)	≥93
重量(kg)	10.5

续表

项目	参数
工作温度(℃)	−40～80
冷却液流量	50%水+50%乙二醇
冷却液流量(L/min)	2～6

车载充电机的功能如下：

(1)通过整流、升压，将外部提供的交流电转换成动力蓄电池充电所需的稳定高压直流电，为动力蓄电池充电。

(2)具有过压、过流、过温、欠压等多种保护功能。

(3)通过 CAN 网络实现与电池管理系统(BMS)、整车控制器(VCU)、仪表等部件的通信；获取动力蓄电池系统相关参数，判断电池连接状态是否正确；上传充电机的工作状态、工作参数和故障警告信息，接收启动充电或停止充电控制命令。

(4)根据动力蓄电池需求调节输出功率。

2.高压控制盒

高压控制盒(Power Distribution Unit，PDU)又称高压配电盒、高压分线盒，是纯电动汽车、插电式混合动力汽车的高压电分配单元，是动力蓄电池与各高压设备进行电力传递的桥梁。吉利帝豪 EV450 的高压分线盒位于车载充电机(OBC)内部，电路连接如图 5-12 所示。

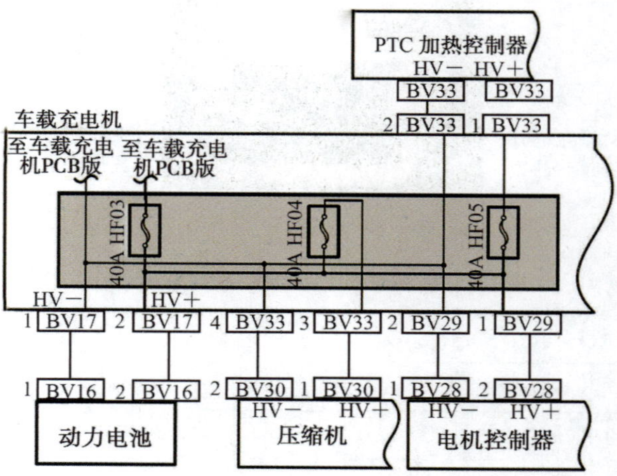

图 5-12　吉利帝豪 EV450 高压分线盒电路连接

3.DC/DC 转换器

DC/DC 转换器能实现直流高压(动力蓄电池电压)向直流低压(13～14 V)的能量传递。一方面为低压蓄电池(12 V)充电；另一方面为整车低压电气设备提供电源，如灯光、仪表、雨刮、音响等。

DC/DC 电压变换工作原理如图 5-13 所示。DC/DC 转换器由开关 S、续流二极管

VD、储能电感 L 及滤波电容 C 等构成，其工作原理是通过调整开关 S 闭合与断开时间（即 PWM 脉冲占空比）控制输出电压的大小。

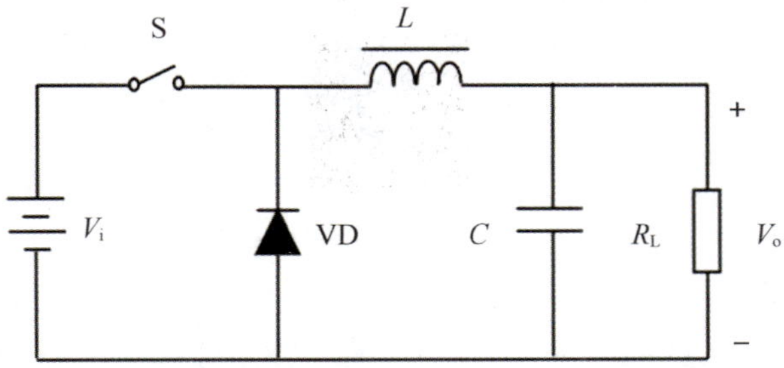

图 5-13　DC/DC 电压变换工作原理

当开关闭合时，电源通过开关 S、电感 L 给负载供电，并将电能储存在电感 L 和电容 C 中，此时续流二极管 D 截止，电流方向如图 5-14 所示。由于电感 L 的电流不能突变，在开关接通后电流逐渐增大，输出电压不能立刻达到电源电压值，电感 L 两端的电压为 $(V_i - V_o)$，此时电感 L 由电压 $(V_i - V_o)$ 励磁，电感增加的磁通为 $(V_i - V_o)T_{on}$，其中 T_{on} 为开关 S 闭合时间。

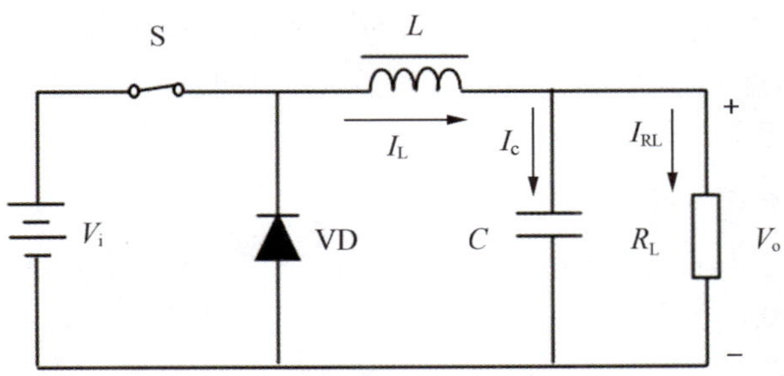

图 5-14　开关 S 闭合时的电流方向

当开关断开时，由于电感 L 的电流不能突变，电感电流方向保持不变，这时电容处于放电状态，电流方向与开关闭合时相反，负载中的电流也将保持不变。续流二极管 D 正向导通，从而形成闭合回路，电流方向如图 5-15 所示。开关断开时，电感削磁，电感减少的磁通量为 V_oT_{off}，其中 T_{off} 为开关 S 断开时间。

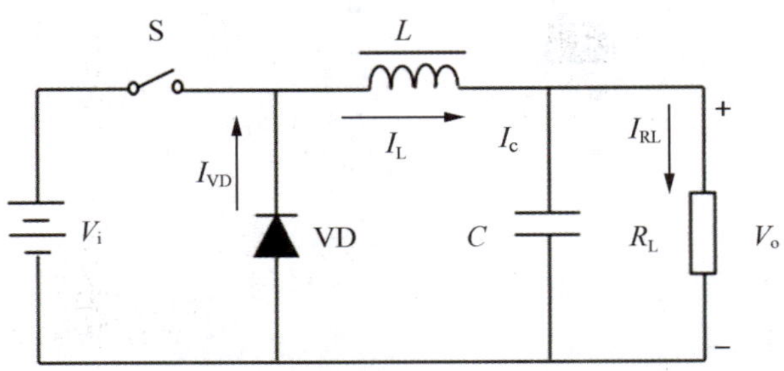

图 5-15　开关 S 断开时的电流方向

DC/DC 正常工作时，根据能量守恒原则，开关闭合状态下线圈增加的磁通量与开关断开状态下减少的磁通量相等，则 $(V_i-V_o)T_{on}=V_oT_{off}$，即 $V_o=\frac{T_{on}V_i}{T_{on}+T_{off}}=\sigma V_i$，其中，$\sigma\leqslant 1$，称为开关 S 的占空比，实现了从高压直流电向低压直流电的转换。

视频 5-2 认识动力蓄电池充电系统

二、整车动力蓄电池慢充充电

（一）慢充充电定义和特点

慢速充电系统通过慢速充电线束（充电桩慢速充电线束或家用慢速充电线束）与交流充电桩或 220 V 家用交流插座相连，将 220 V 交流电转化为直流电，实现电动汽车动力蓄电池的电能补给。慢速充电系统采用小电流的恒压或恒流充电，一般充电时间为5～8 h。

慢充充电的优点：充电机低格低廉，安装成本比较低；可充分利用电力低谷时段进行充电，降低充电成本；可提高充电效率，延长电池的使用寿命。慢充充电的缺点：充电时间过长，因此当车辆需要紧急出行时难以满足要求；充电时占用停车场时间过长，对停车位的数量和环境的要求比较高。

（二）慢速充电系统组成

慢速充电系统主要是由供电设备（交流充电桩或家用交流电源）、慢充充电口、车载充电机、高压线束、低压控制线束、高压控制盒、动力蓄电池和整车控制器（VCU）等部件组成。慢速充电系统如图 5-16 所示。

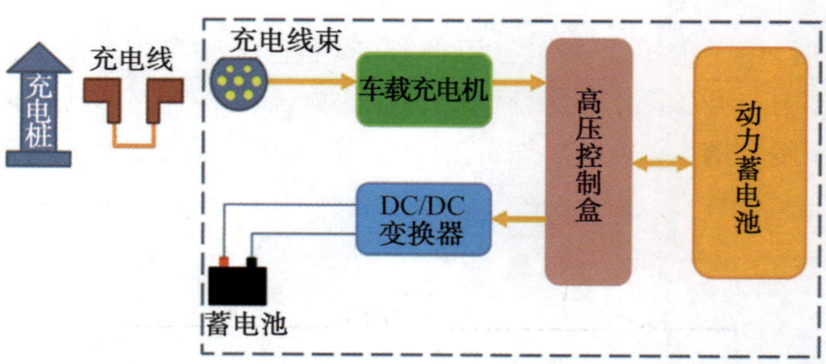

图 5-16 慢速充电系统组成

1.供电设备

交流充电桩采用传导方式为具有车载充电机的新能源汽车充电并能提供人机操作界面和交流充电接口，具备相应保护功能的专用装置，如图 5-17 所示。交流充电桩可应用在各种大、中、小型电动汽车充电站中。其特点是充电功率较小，电池充电时间较长，可充分利用低谷时段充电。

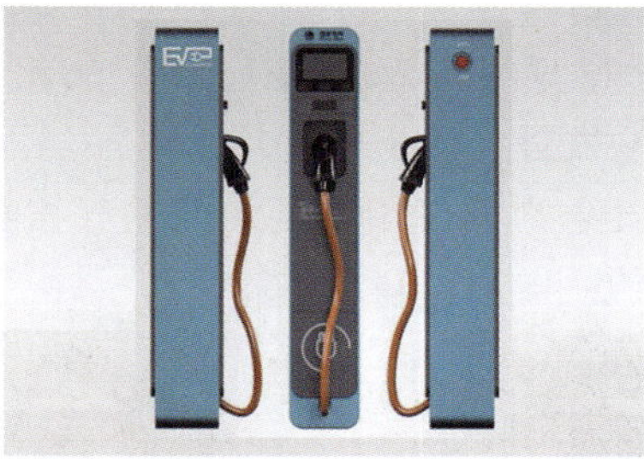

图 5-17　交流充电桩

2.车辆慢速充电接口

慢速充电接口适用于新能源汽车传导充电，其接口功能定义执行《电动汽车传导充电用连接装置　第 2 部分：交流充电接口》(GB/T 20234.2—2015)的规定，北汽 EV200 的慢充充电口位于传统汽车的油箱口部位，打开充电盖后可以看到充电插头为 7 孔式，其供电触头布置方式如图 5-18 所示。另外，需要注意是不充电时禁止打开充电盖。

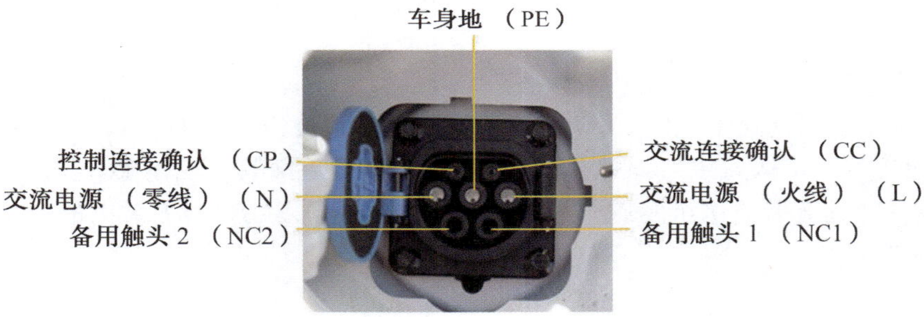

图 5-18　慢充充电口针脚标识

慢充充电接口电气参数和功能定义如表 5-2 所示。

表 5-2　慢充充电接口各触头功能定义

触头标识	功能定义
L	交流电源
NC1	备用触头 1
NC2	备用触头 2
N	交流电源(零线)
PE	保护接地(PE)，连接供电设备地线和车辆底盘地线
CC	充电连接确认
CP	控制连接确认

其中，通过对接入电路(接地)的检测来判断充电连接确认信号 CC 是否连接，如果检测到接地则认为 CC 已经连接。不同的电阻值对应不同的充电电流值，CC 信号用来判断

充电枪电缆规格、允许充电电流。

当充电枪连接后通过 CP 检测线传入 PWM 信号，从而可以得出该充电机允许的最大输入电流，CP 信号判断充电桩最大输出电流。

比亚迪 E5 的快充、慢充充电口均位于车辆前部进气格栅位置，如图 5-19 所示，左侧为交流充电口，右侧为直流充电口。

(a)充电口在整车前部　　(b)充电口

图 5-19　比亚迪 E5 充电口位置

(三)慢充系统控制原理

当车辆处于交流充电模式时，车载充电机检测交流充电接口的 CC、CP 信号(充电枪插入、导通信号)，确认连接无误后通过 CAN 通信网络通知整车控制器(VCU)，VCU 唤醒 BMS，BMS 向车载充电机发送充电指令，同时闭合主接触器，动力蓄电池开始充电，如图 5-20 所示。

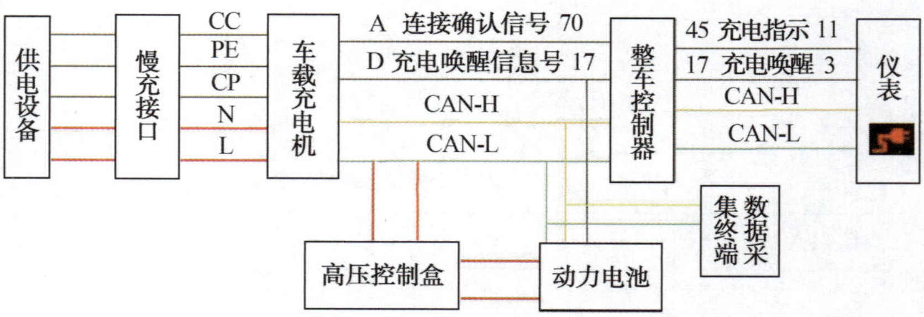

图 5-20　慢速充电系统原理图

(四)慢充系统的工作过程

慢充系统控制电路如图 5-21 所示。车辆控制装置通过测量检测点 3(CC 引线端)与 PE 之间的电阻值来确认当前充电设备的最大充电电流；通过判断检测点 2 的 PWM 信号占空比来计算充电电流大小。

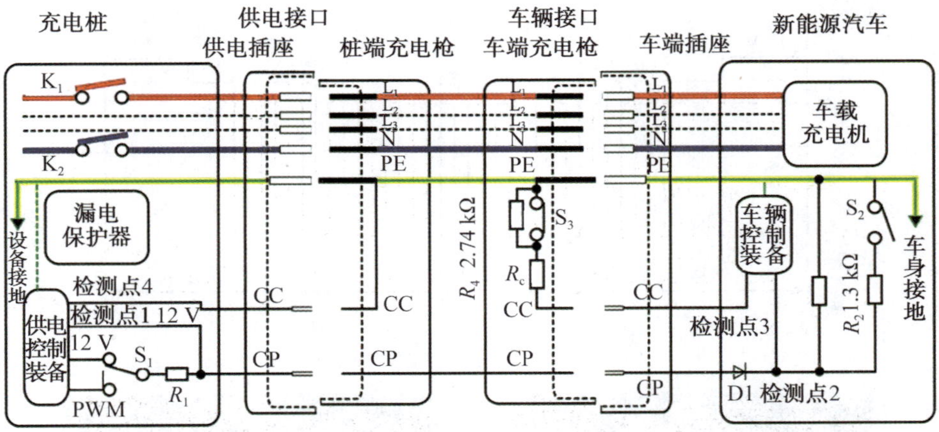

图 5-21　慢充系统控制电路图

1.充电连接确认

连接桩端充电枪后，充电桩通过测量检测点 4 与 PE 之间的阻值来判断桩端充电枪与充电桩插座是否完全连接。

连接车端充电枪后，车载充电机通过测量检测点 3 与 PE 之间的阻值来判断车端充电枪与充电插座是否完全连接，并判断供电设备的额定充电电流。

2.车辆准备就绪

车辆控制装置通过测量检测点 3 的 CC 与 PE 之间的电阻 R_C 来判断车辆是否准备就绪。当按下充电枪机械锁止按钮时，开关 S_3 断开(开关 S_3 为充电枪开关，为常闭型开关)；释放充电枪机械锁止按钮时，闭合开关 S_3，车辆控制装置通过检测点 3 的电压判断充电枪开关是否被按下。在充电枪开关没有被按下，车载充电机自检完成，且没有故障的情况下，车载充电机通过 CAN 向整车控制器和电池管理系统发出充电请求，当电池管理系统检查电池组处于可充电状态时，闭合控制开关 S_2，车辆处于“充电请求”或“可充电”状态。

3.供电设备(慢充充电桩)准备就绪

在充电过程中 CP 的波形变化如图 5-22 所示。两侧充电枪连接完毕后，充电桩检测点 1 的电压由 12 V 变为 9 V。充电桩检测到检测点 1 的电压变化后，充电桩的 S_1 开关切换到12 V PWM信号端，检测点 1 的信号由 9 V 直流电压信号变为 −12～9 V 的双极性 PWM 脉冲信号，充电设备进入“准备就绪”状态，即图 5-22 中的“确认连接/准备就绪”阶段。

4.开始充电

S_2 闭合后，充电桩端检测点 1 会由 −12～9 V 的双极性 PWM 脉冲信号变为 −12～6 V的双极性 PWM 波信号。此时充电桩控制器通过闭合接触器 K_1 和 K_2 使交流供电回路导通，如图 5-22 中“充电阶段”所示。吉利帝豪 EV450 充电前与充电中的 CP 波形如图 5-23 所示。

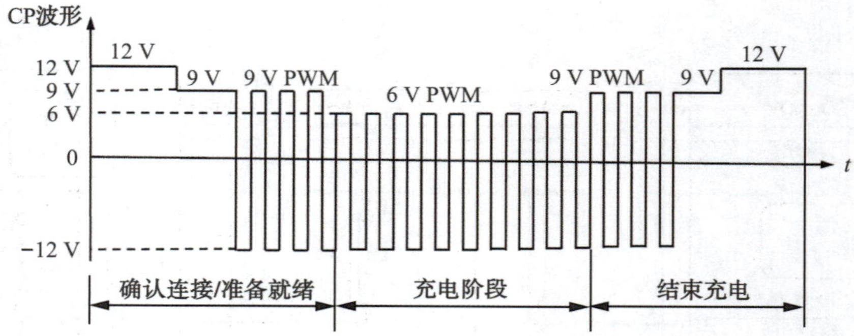

图 5-22　慢充充电过程中 CP 波形

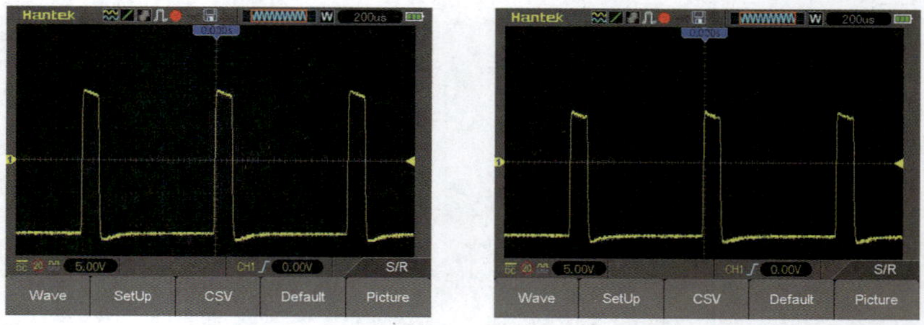

(a)充电前　　(b)充电中

5-23　吉利帝豪 EV450 的 CP 波形

在充电过程中，供电控制装置和车辆控制装置能实时监测各个检测点信号。车辆控制装置通过监测检测点 2 的脉冲电压信号，调节车载充电机输出功率。在充电过程中，为了节省充电时间和保护电池，一般先采用恒流充电；当电池电压达到一定值或者达到单体电压额定值和限定温度时，再采用恒压充电，以较小电流对电池充电直至充满。

5.充电结束或停止控制

在充电过程中，当达到车辆设置的结束条件或者驾驶员对车辆实施了停止充电的操作时，车辆控制装置(OBC)断开开关 S_2，并使车载充电机处于停止充电状态。当交流充电桩检测到 S_2 开关断开时，在 100 ms 内通过断开接触器 K_1 和 K_2，切断交流供电回路；超过 3 s 未检测到 S_2 断开，则可以强制带载断开接触器 K_1 和 K_2，切断交流供电回路。

6.非正常条件下充电结束或停止控制

在充电过程中，通过检测 PE 与检测点 3 之间的电阻来判断充电枪与慢充插座的连接状况。

(五)慢速充电系统充电条件

(1)CC、CP 信号连接正常；

(2)车载充电器的 220 V 交流供电电源正常，OBC 低压电源正常，OBC 工作正常；

(3)OBC 唤醒信号正常；

(4)车辆端 VCU 与 OBC、BMS 通信正常；

(5)动力蓄电池包温度范围 0～45 ℃；

(6)动力蓄电池包最高单体电池电压与最低单体电池电压的压差小于 300 mV；

(7)动力蓄电池包最高温度点与最低温度点的温差小于 15 ℃；

(8)实际单体电池的最高电压不大于额定单体电压 0.4 V；

(9)车辆绝缘电阻的阻值大于 500 Ω/V。

三、整车动力蓄电池快充充电

(一)快充充电定义和特点

快速充电系统是通过直流充电桩(快速)采用大电流直接为动力蓄电池进行快速充电的系统，可实现对动力蓄电池快速、高效、安全、合理的电量补给。

快充充电系统能在短时间内将动力蓄电池的电量充到 80%左右，其充电电流一般为 150～400 A。

快充充电的优点：充电时间短，方便车辆的出行。快充电系统并不需要车载充电机，一辆纯电动汽车完全放电后通过交流充电桩充满电需要 8 h 以上，而通过直流快速充电 40 min 就能将动力蓄电池充电至 80%左右。快速充电的缺点：增加了电网的载荷和冲击，同时也降低了电池的使用寿命。快充设备功率比较大，控制比较复杂，成本高，安装时对接入电网的容量要求比较高。

(二)快充充电系统组成

快速充电系统主要由直流充电桩、快充接口、高压控制盒、动力蓄电池、整车控制器、高压线束和低压控制线束等组成。

1.直流充电桩

直流充电桩是非车载充电设备，其作用相当于车载充电机，能将交流电进行整流、升压变换为高压直流电。直流充电桩的输入电压为 380 V±15%、频率为 50 Hz 的工业交流电压；输出为可调直流电，输出的电压和电流调整范围大，可以满足快充的要求。直流充电桩(见图 5-24)主要集中在城市公共快充站、高速公路服务站和出租车专营场站，直流充电站如图 5-25 所示。

图 5-24　直流充电桩

图 5-25　直流充电站

2.快充接口

直流充电桩与电动汽车的充电接口功能定义执行《电动汽车传导充电用连接装置 第3部分:直流充电接口》(GB/T 20234.3—2015)的规定,打开车辆快充端口的口盖后可以看到9孔式接口,其连线触头布置形式如图5-26所示。

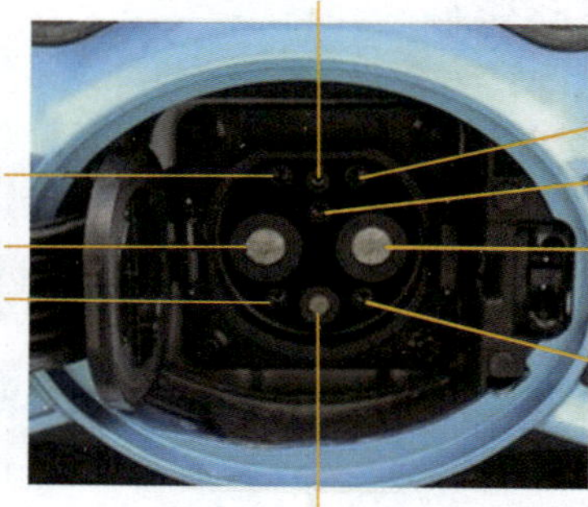

图5-26 快充充电口针脚名称

快充充电接口各触头功能定义如表5-3所示。

表5-3 快充充电接口各触头功能定义

触头标识	功能定义	额定电压和额定电流
DC+	直流电源正极,连接直流电源正与电池正极	750 V/1000 V, 80 A/125 A/200 A/250 A
DC−	直流电源负极,连接直流电源负与电池负极	750 V/1000 V 80 A/125 A/200 A/250 A
PE	保护接地,连接供电设备地线和车辆底盘地线	0~30 V,2 A
S+	充电通信CAN_H,连接非车载充电机与电动汽车的通信线	0~30 V,2 A
S−	充电通信CAN_L,连接非车载充电机与电动汽车的通信线	0~30 V,2 A
CC1	充电连接确认1(供电连接)	0~30 V,2 A
CC2	充电连接确认2(车辆连接)	0~30 V,2 A
A+	低压辅助电源正极,连接非车载充电机为电动汽车提供的低压辅助电源	0~30 V,20 A
A−	低压辅助电源负极,连接非车载充电机为电动汽车提供的低压辅助电源	0~30 V,20 A

(三)快充充电系统工作过程

快充充电原理图如图5-27所示。其中U_1是充电桩提供的12 V检测电压;U_2为车辆提供的 12 V 检测电压；R_1、R_2、R_3、R_4、R_5 是充电连接确认检测电阻，检测电阻在工作电路中等效电阻值均为 1 kΩ；K_1、K_2 是直流充电桩的高压直流线路上的两个接触器；K_3、K_4 是直流充电桩提供的低压辅助电源的正极和负极上的接触器；K_5、K_6 为动力蓄电池的正极和负极接触器。直流快充充电包括车辆接口连接确认阶段、直流充电桩自检阶段、充电准备就绪阶段、充电阶段、充电结束阶段等五个阶段。

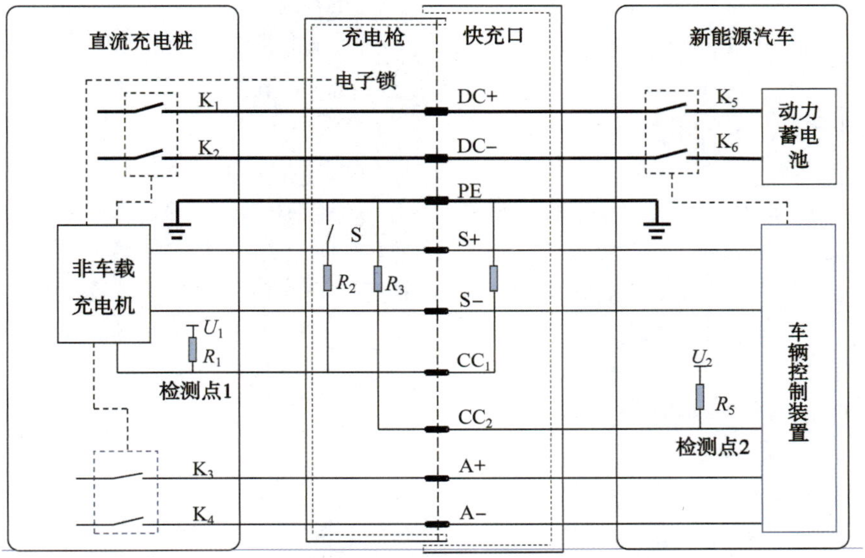

图 5-27　慢充系统控制电路图

1.车辆接口连接确认阶段

当对车辆进行充电时，按下充电枪的机械按键，将充电枪插入车辆快充端口，再松开枪头按键。这时，充电桩的检测点 1 将检测到 6 V—12 V—6 V—4 V 的电平变化。当检测点 1 的电压值为 4 V 时，充电桩将判断充电枪插入成功，车辆接口完全连接，将充电枪中的电子锁锁定，防止充电枪脱落。

2.直流充电桩自检阶段

车辆接口完全连接后，充电桩将闭合 K_3、K_4，使低压辅助供电回路导通，为汽车控制装置供电。汽车控制装置将根据检测点 2 的电压判断车辆接口是否完全连接，如果检测点 2 的电压值为 6 V，则车辆控制装置开始周期性发送通信握手报文。直流充电桩接收到报文后闭合 K_1、K_2，并进行绝缘检测。绝缘检测即检测充电桩端 DC 线路的绝缘性能，保证充电过程的安全性。绝缘检测所用电压值为车辆通信握手报文内的最高允许电压和充电桩额定电压二者中的较小值。绝缘检测结束后，将绝缘检测(IMD)以物理的方式从强电回路中分离，并投入泄放回路的泄放能量，泄放结束后断开 K_1、K_2，同时开始周期性发送通信握手报文。

3.充电准备就绪阶段

电动汽车与直流充电桩相互配置，车辆控制 K_5、K_6 闭合，使充电回路导通。充电桩检测到车辆端电池电压正常(充电桩接触器 K_1、K_2 外端电压与通信报文描述的电池电压误差不超过±5%，且高于充电桩最低输出电压、低于充电桩最高输出电压，即该电压值在充电桩工作电压范围内）后，闭合 K_1、K_2，使直流充电回路导通，则电动汽车即准备好开始充电。

4.充电阶段

在充电阶段，车辆向充电桩实时发送电池充电需求的参数，充电桩将根据需求参数实时调整充电电压和充电电流，同时相互发送各自的状态信息（充电桩输出电压、电流，车辆电池电压、电流、SOC、温度等）。在充电过程中，充电桩应能检测 PE 针断线，并负责充电过程中整个系统的绝缘检测。

5.充电结束阶段

车辆会根据是否达到充满状态或是否收到充电桩发来的"充电机中止充电报文"来判断是否结束充电。满足以上充电结束条件时，车辆开始周期性发送"车辆控制装置中止充电报文"，在确认充电电流小于 5 A 后断开 K_5、K_6。当充电桩达到操作人员设定的充电结束条件或者收到汽车发来的"车辆控制装置中止充电报文"后，车辆会周期性发送"充电机中止充电报文"，并控制充电桩停止充电，以不小于 100 A/s 的速率减小充电电流。当充电电流小于等于 5 A 时，断开 K_1、K_2（同时车辆端断开 K_5、K_6），并再次投入泄放电路，然后再断开 K_3、K_4，解锁电子锁。

【案例拓展】

案例一　CC 信号异常导致车辆无法充电故障

客户描述：踩制动踏板并保持，打开点火开关上电启动车辆时，吉利帝豪 EV450 仪表无故障现象，"READY"指示灯正常点亮，并能够正常行驶。但用交流充电桩为车辆充电时，连接充电枪后仪表盘没有显示充电枪连接符号，剩余电量的 SOC 显示条不断闪烁，车辆无法正常充电，如图 5-28 所示。

图 5-28　故障现象

1.现象分析

整车能够正常上高压电行驶且仪表无故障信息显示，说明整车控制器、动力蓄电池及电池管理系统、驱动电机及电机控制器、车载充电机、组合仪表等部件及其通信都正常。

连接充电桩为车辆充电，若仪表盘上没有显示充电枪连接指示灯，说明在充电过程中，车载充电机没有检测到充电设备连接车辆充电接口。据此可判断，车载充电机没有接收到正确的CC信号或者对CC信号没有做出正常的反应。导致该故障的原因可能有以下几点：

(1)充电枪CC线路故障；

(2)充电枪锁止开关故障；

(3)车载充电机至车辆充电接口之间的CC线路故障。

2.原理简介

充电枪连接导引结构如图5-29所示。在充电枪连接车辆交流充电口的过程中，车辆接口端的CC信号会发生如下变化：

(1)未插入充电枪时，CC信号为充电机充电导引装置的输出电压，一般为10.71 V。

(2)按下S_3开关(断开)，插上充电枪，CC信号通过充电枪内部的R_C和R_4与搭铁接通，导致线路(检测点3)电压下降，其电平信号约为1.71 V。

(3)接着松开S_3开关(闭合)，CC信号通过充电枪内部的R_C和S_3与搭铁接通，导致线路(检测点3)电压进一步下降，其电平信号约为0.77 V。充电导引装置接收到0.77 V左右的电压时，即确认电缆和车辆已连接。

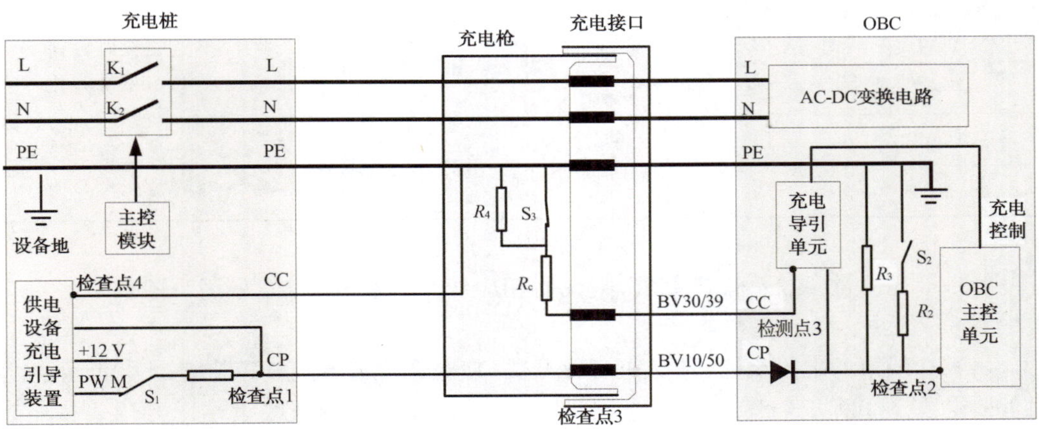

图5-29　充电枪连接导引结构图

3.故障诊断过程

(1)故障代码：将诊断仪连接到OBD接口，踩制动踏板并保持，打开点火开关，读取车载充电机内故障代码和数据流。可能读不到相关故障代码，也可能读取一个或多个故障代码。应结合故障现象，进一步验证故障代码与故障现象的关联性，然后断开车辆充电连接，执行读码、清码、再读码等操作。本故障案例中没有相关故障码，直接读取车载充电机数据流。

(2)数据流分析：读取车载充电机数据流，确认表5-4中车载充电机的充电枪CC状态。

表 5-4　车载充电机的主要数据流

名称	状态
充电枪 CC 状态	未连接
充电机 CP 连接状态	未连接

据此，进一步确认充电导引线路的 CC 信号有误，下一步需对车辆 CC 引线进行检查。

(3)CC 电压测量：①操作启动开关，使电源模式至“OFF”状态。②测量状态分为不连接充电枪、连接充电枪并按下枪端开关和释放枪端开关三种情况。③用万用表按照表 5-5 测量相关线束电压。

表 5-5　CC 线束电压测量

测量位置 A	测量位置 B	物理量	标准值	检测条件
BV10/39	PE	电压	标准电压：11.7 V	不连接充电枪
BV24/6	PE			
交流端口 CC 端	PE			
BV10/39	PE	电压	标准电压：1.7 V	连接充电枪并按下枪端开关
BV24/6	PE			
BV10/39	PE	电压	标准电压：0.77 V	连接充电枪并释放枪端开关
BV24/6	PE			

如果上述测量参数不符合要求，则说明相应线路存在故障，需采用电阻测量法进一步检测 CC 线束。

(4)CC 线束的电阻检测：①操作启动开关，使电源模式至“OFF”状态。②断开蓄电池负极电缆。③断开车载充电机的 BV10、BV24 接插件。④从线束端用万用表按照表 5-6测量相关线束阻值。

表 5-6　CC 线束阻值测量

测量位置 A	测量位置 B	物理量	标准值	检测条件
BV10/39	PE	电阻	标准电阻：∞	断开 BV10
BV10/39	BV24/6	电阻	标准电阻：<1 Ω	断开 BV10、BV24
BV24/6	充电端口 CC			
BV24/6	PE	电阻	标准电阻：∞	
充电端口 CC	PE			

如果上述测量参数不符合要求，则更换线束。如果上述测量参数符合要求，则进一步排查充电设备的 CC 线束及车载充电机。

4.故障机理

若车辆车载充电机至充电口座 CC 引线处出现断路故障，会造成车载充电机无法接收 CC 充电连接信号，无法确认充电枪连接状态，致使车载充电机无法启动，最终导致车辆无法充电。

视频 5-3　吉利 EV300 CC 信号断路故障诊断

案例二　CP 信号异常导致车辆无法充电故障

客户描述：踩制动踏板并保持，打开点火开关上电启动车辆时，吉利帝豪 EV450 的仪表盘无故障现象，“READY”指示灯正常点亮，并能够正常行驶。但用交流充电桩为车辆充电时，充电枪连接指示灯正常点亮，但充电指示灯未点亮，充电端口绿色指示灯未点亮，充电枪无法锁止，车辆无法正常充电，如图 5-30 所示。

图 5-30　故障现象

1.现象分析

整车能够正常上高压电行驶且仪表无故障信息显示，说明整车控制器、动力蓄电池及管理系统、驱动电机、电机控制器、车载充电机、组合仪表等部件及其通信都正常。

仪表盘上充电枪连接指示灯正常点亮，但充电指示灯未点亮，说明车辆充电系统检测出充电枪连接到车载充电机，但未确认进入充电状态，此时可能是充电导引程序未握手成功、充电系统有其他严重故障或蓄电池电量已达到设定的 SOC 值而停止充电功能。另外，充电口绿色充电状态指示灯未正常点亮、交流充电插座电子锁无动作说明整车未进入充电状态。由此可确定，故障只发生在慢充系统工作过程中。

2.原理简介

充电枪连接导引结构如图 5-31 所示。从图中可以看出，车载充电机通过 BV10/50 端子与交流充电插座 CP 端子之间的线路来进行充电设备与车载充电机之间的 CP 信号传递。

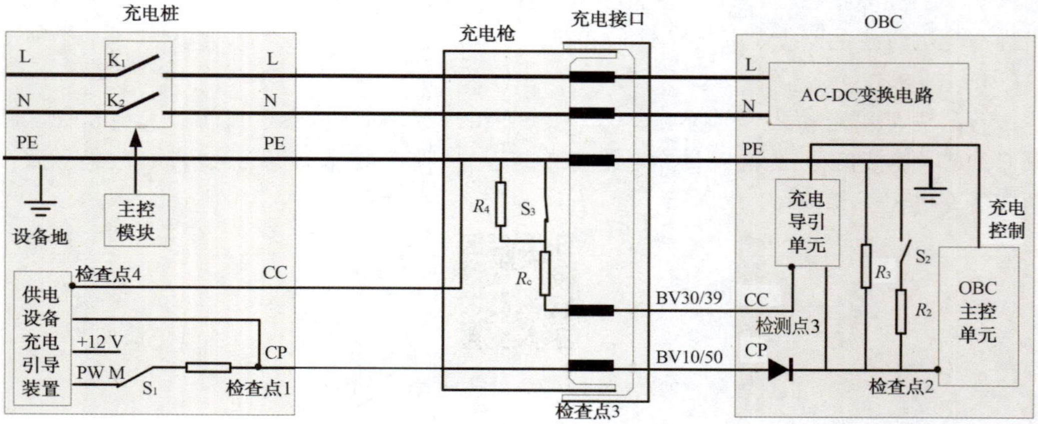

图 5-31　充电枪连接导引结构图

(1)充电枪连接后,充电设备输出 12 V 电压至 CP 线路上,被车载充电机内部电阻 R_3 拉低至 9 V 并保持,因此 CP 线路上电压应为 9 V。车载充电机内部检测检测点 2 的电压,如果检测到检测点 2 的电压为 9 V,则车载充电机判定充电设备与车辆已连接,车载充电机进入准备阶段。

(2)当供电设备判断自身无故障时,充电设备内部的开关 S_1 切换至 PWM 端,充电设备输出幅值约为 12 V 的双极性且占空比可调的 PWM 信号,占空比与供电设备可提供的最大连续电流值具有相关性。PWM 信号被车载充电机内部的二极管和电阻 R_3 拉低至幅值约为 9 V 的单极性 PWM 信号并保持。

(3)当车载充电机通过检测点 2 的波形信号判断出供电设备的自检通过后,会进行自身的自检,自检通过后控制 S_2 开关闭合。此时,由于 R_2 和 R_3 并联,导致线路搭铁电阻减小,因此 9 V 的单极性 PWM 信号被拉低至幅值约为+6 V 的单极性 PWM 信号,车载充电机将这时检测点 2 的信号与内部所存储的信号幅值进行比对,同时再次自检系统内 BMS、DC/DC 变换器/MCU、VCU、BCM 等状态。如果状态正常,车载充电机发送充电功能启动信号,BMS 接通主负、主正接触器,同时 BMS 根据动力蓄电池温度信号发送动力蓄电池热管理信号(预热、预热/充电、充电)需求至空调控制器。

(4)然后供电设备控制接触器 K_1 和 K_2 闭合,接通交流供电回路。如果该信号出现异常则会造成慢充系统无法正常充电。

3.故障诊断过程

(1)读取故障代码:连接诊断仪到 OBD 接口,踩制动踏板并保持,打开点火开关,读取车载充电机内故障代码和数据流。可能读不到相关故障代码,也可能读取一个或多个相关故障代码。应结合故障现象,进一步验证故障代码与故障现象的关联性,然后断开车辆充电连接,执行读码、清码、再读码操作。本故障案例中没有相关故障码,直接读取车载充电机 OBC 数据流。

(2)数据流分析:读取车载充电机中数据流信息,确认表 5-7 中所示的充电机 CP 连接状态。若出现异常,则显示“未连接”,此时可进一步确定故障部位为 CP 引线故障。

表 5-7 车载充电机 OBC 主要数据流列表

名称	状态
充电枪 CC 状态	已连接
充电机 CP 连接状态	未连接
充电允许指令	允许充电

(3)CP 信号测量:①操作启动开关使电源模式转换至“OFF”状态。②连接充电枪到车辆交流充电端口,测量状态有按下枪端开关和释放枪端开关两种情况。③用双踪示波器按照表 5-8 测量 CP 信号。

表 5-8 CP 信号测量

<table>
<tr><th>测量位置 A</th><th>测量位置 B</th><th>物理量</th><th>标准值</th><th>检测条件</th></tr>
<tr><td>BV10/50</td><td>PE</td><td rowspan="2">波形</td><td rowspan="2">标准波形:幅值为−12～10 V 的矩形脉冲</td><td rowspan="2">按下枪端开关</td></tr>
<tr><td>BV24/7</td><td>PE</td></tr>
<tr><td>BV10/50</td><td>PE</td><td rowspan="2">波形</td><td rowspan="2">标准波形:幅值为−12～6 V 的矩形脉冲</td><td rowspan="2">释放枪端开关</td></tr>
<tr><td>BV24/7</td><td>PE</td></tr>
</table>

(4)CP 线路电阻测量:①操作启动开关使电源模式转换至“OFF”状态。②断开蓄电池负极电缆。③断开车载充电机的 BV10、BV24 接插件。④从线束端用万用表按照表 5-9测量相关线束阻值。

表 5-9 CP 线束阻值测量

<table>
<tr><th>测量位置 A</th><th>测量位置 B</th><th>物理量</th><th>标准值</th><th>检测条件</th></tr>
<tr><td>BV10/50</td><td>PE</td><td>电阻</td><td>标准电阻:∞</td><td>断开 BV10</td></tr>
<tr><td>BV10/50</td><td>BV24/7</td><td rowspan="2">电阻</td><td rowspan="2">标准电阻:<1 Ω</td><td rowspan="4">断开 BV10、BV24</td></tr>
<tr><td>BV24/7</td><td>充电端口 CP</td></tr>
<tr><td>BV24/7</td><td>PE</td><td rowspan="2">电阻</td><td rowspan="2">标准电阻:∞</td></tr>
<tr><td>充电端口 CP</td><td>PE</td></tr>
</table>

如果上述测量参数不符合要求,则更换或维修相关线束。如果上述测量参数符合要求,则进一步排查充电设备的 CP 线束。

4.故障机理

若车辆交流充电口至车载充电机之间的 CP 引线故障,将会导致无法完成充电引导程序,造成车载充电机无法正常工作,充电口指示灯显示异常,充电枪无法锁止,仪表上的充电指示灯不亮,最终导致车辆不能进行充电。

视频 5-4　吉利 EV300 CP 信号断路故障诊断

【知识拓展】

新能源汽车快速换电模式

一、新能源汽车换电模式

一般新能源汽车在电量耗尽后需要使用充电桩对动力蓄电池进行充电，而新能源汽车换电模式是指在汽车电池将要耗尽时找到换电站，只需数分钟就可以换好电池，就像在加油站加油一样。相比一般电动汽车动辄数小时的充电时间，换电模式非常快速、便捷。

换电模式作为新能源汽车的一种产品模式，国家电网早在 2011 年就确定了以换电为主、插充为辅、集中充电、统一配送的运营思路，但由于当时新能源汽车市场尚未打开，换电生态缺乏用户基础，因此换电模式被搁置。如今，随着中国新能源汽车市场的不断拓展，从 2019 年开始，国家相关政策计划重提“换电”“车电分离”等概念，曾被搁置多年的换电模式开始复苏。

中国新能源车企对于换电模式的探索也比较早。北汽新能源和蔚来汽车两家车企都较早地在换电领域进行了布局。二者在目标市场的选择上各有侧重，北汽主攻公共用车、出租车领域，而蔚来更加重视私家车市场，图 5-32 中所示的是北京密云纯电动重卡换电站。如今，中国众多车企响应号召，开始着力发展新能源汽车快速换电模式。除了上述两家车企，包括吉利汽车、上汽荣威、小鹏汽车、长安新能源等中国车企也正在积极布局换电汽车市场。

图 5-32　北京密云纯电动重卡换电站

二、换电模式的优点

(1)换电模式汽车采用车电分离的设计理念,用户可以用相对低廉的价格购买不包含电池的电动汽车,并以租赁的方式使用电池,可降低购车初始成本、自燃风险,还避免了后期电池性能衰减和寿命衰减的问题。随着电池技术的进步,后期可以租用容量更高的新型电池,极大地延长了电动汽车的保值率、使用寿命以及续航里程。

(2)相较于较长的充电时间,换电最快 3 min 即可完成,极大地提高了出行便捷度。

(3)长途旅行用大电池,日常通勤用小电池。换电模式让用户可以按需取电,有效降低车重,节能减耗。

(4)避免用户在夜间用电高峰期充电而产生的额外花销,同时还能减少城市供电系统压力(电池运营公司可利用峰谷优惠时间来对电池充电,有效降低租赁成本)。

(5)解决了老旧小区由于电压负荷不够,导致充电桩无法建设的难题。

(6)由于电池由运营公司进行统一管理、维护与保养,可提升电池寿命和安全性。换电模式还有利于电池全生命周期管理,便于进行梯次利用和回收利用,减少了电池报废、污染环境的隐患,从而实现电池效益最大化。

三、换电模式存在的问题

(1)换电技术和实现形式较为复杂,而且换电站的建设和运维成本相对较高。

(2)存在电池性能差异以及安全责任归属问题。

(3)市场培育期规模不足,管理规范不够明确。

(4)换电站数量远少于充电桩数量,存在换电难等问题。目前,全国投运的换电站数量约为 600 座,主要是奥动、蔚来和伯坦三家公司。其中奥动、伯坦面向公共换电领域,而蔚来则服务自己的客户。

(5)没有统一的国家标准,不同车企甚至同一企业的不同车型使用的电池技术规格不一样,电池接口和安装方式也不尽相同,电池管理系统的控制逻辑各有各的特点,难以做到通用性。目前,市场上的换电模式都是企业针对自己车型应用的,无法兼容其他企业的换电业务。

2020 年,从中央到地方出台了一系列换电模式支持政策。2021 年 4 月 30 日,首个换电模式国家标准——《电动汽车换电安全要求》颁布,将于 2021 年 11 月 1 日起开始实施,相信在不久的将来换电模式将会有质的飞跃。

【任务实施】

动力蓄电池慢充充电操作

<table>
<tr><td colspan="4">一、接受工作任务</td></tr>
<tr><td colspan="4">新能源汽车维修服务站接收了一辆待维修的车辆，车辆型号为吉利 EV300。在完成动力蓄电池的维修后，需要对整车动力蓄电池进行充电，请使用慢充充电桩对动力蓄电池进行慢充充电，并按实训工单完成学习任务。</td></tr>
<tr><td colspan="4">二、信息收集</td></tr>
<tr><td colspan="4">1.电动汽车的充电方式有________和________。
2.新能源汽车高压部件中有车载充电器，而车载充电器通过 220 V 工业用电对车辆进行充电。这种充电方式叫作________________。
3.快充和慢充的区别为______________。
4.慢充充电口有________个针脚，快充充电口有________个针脚。</td></tr>
<tr><td colspan="4">三、制订计划</td></tr>
<tr><td colspan="4">1.根据实训任务要求制订作业计划。</td></tr>
<tr><td colspan="4">作业计划</td></tr>
<tr><td>序号</td><td colspan="2">作业项目</td><td>操作要点</td></tr>
<tr><td></td><td colspan="2"></td><td></td></tr>
<tr><td></td><td colspan="2"></td><td></td></tr>
<tr><td></td><td colspan="2"></td><td></td></tr>
<tr><td></td><td colspan="2"></td><td></td></tr>
<tr><td colspan="4">2.根据作业计划完成小组成员任务分工。</td></tr>
<tr><td>操作人</td><td></td><td>记录员</td><td></td></tr>
<tr><td>监护人</td><td></td><td>展示员</td><td></td></tr>
</table>

作业注意事项

(1)举升车辆时严格遵守举升机使用方法,禁止在车底嬉戏打闹。
(2)车辆内含 300 V 以上高压电,严禁用手直接触摸高压回路的导体部分。
(3)实训过程中严禁私自拆解任何动力蓄电池系统的内零部件。
(4)若实训过程中出现故障,务必第一时间中止实训,并报备实训指导教师。

检测设备/工具/材料

序号	名称	数量	清点
			□已清点
			□已清点
			□已清点
			□已清点
			□已清点
			□已清点

四、计划实施

(1)打开点火开关,观察仪表上显示的 SOC。

SOC 状态为________%。

(2)按下驾驶室车门上的充电口开关,打开充电口盖板。

慢充充电口的 7 个针脚分别为________、________、________、________、________、________、________。

(3)插入充电枪。

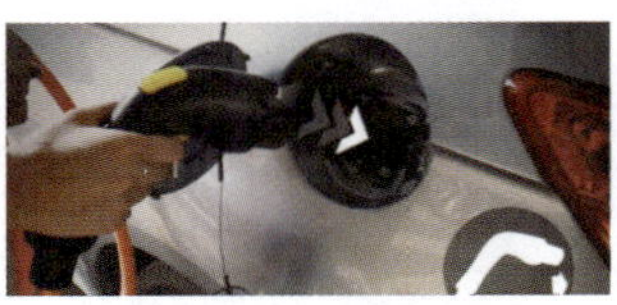

注意:在插入充电枪之前需检查慢充口是否无脏污。

(4)插入 IC 卡。	
	充电枪的 CC 与 PE 之间的电阻为________。 充电桩的输出功率为________。
(5)输入密码。	
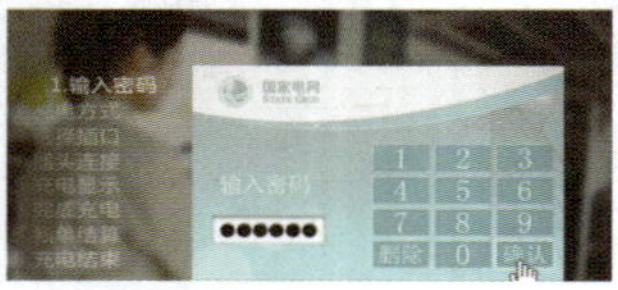	注意:输入密码后,按确认键。
(6)选择充电方式。	
	选择的充电方式为________。
(7)选择充电桩的充电口。	
	选择的充电口为________。
(8)插头连接。	
	选择的充电口是否连接:□已连接　　□未连接
(9)查看充电显示。	
	充电电压为________, 充电电流为________, 充电电量为________, 充电金额为________, 充电时间为________。

(10)查看仪表盘显示的充电状态。	
	充电电流为________， 充满电需要的时间为________。
(11)完成充电。	
	注意：在充电过程中不得随意拔下充电枪，以免发生危险。
(12)账单结算。	
	总共花费的充电金额为________。
(13)充电结束，拔下充电枪。	
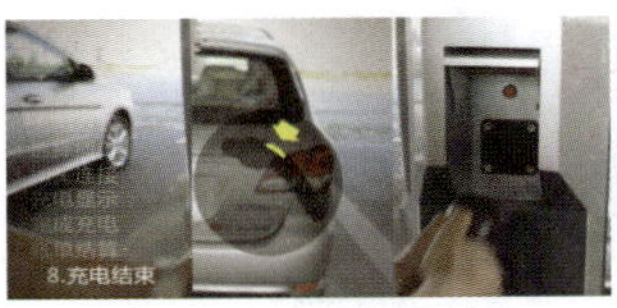	注意：正在充电时，若中途想停止充电，应先按________解锁，再拔下充电枪。

五、质量检查

请实训指导教师检查本组作业结果，并针对实训过程出现的问题提出改进措施及建议。

序号	评价标准	评价结果
1	规范使用设备仪器，恢复场地	
2	作业计划完善且保证安全实施	
3	准确测量、记录数据，分析合理	
4	正确展示团队实训成果	
综合评价	☆☆☆☆☆	
综合评语（作业问题及改进建议）		

六、评价反馈

请根据自己在课堂中的实际表现进行自我评价和小组评价。

自我评价：________________________________。

小组评价：________________________________。

实训成绩单

项目	评分标准	分值	得分
接受工作任务	明确工作任务及结果要求	5	
信息收集	掌握工作相关知识及操作要点	15	
制订计划	按照计划顺利且高效地完成工作任务	10	
计划实施	准确识别动力蓄电池的充电接口	20	
	能够正确判断充电接口的针脚定义	10	
	能够正确判断充电桩的充电功率	15	
	能够正确使用充电桩为动力蓄电池充电	15	
质量检查	按照要求完成相应任务	5	
评价反馈	经验总结到位，评价合理	5	
得分(满分100)			

项目六
认识动力蓄电池管理技术

任务一　动力蓄电池管理系统的结构与功能

【工作情景】

一辆吉利帝豪 EV450 纯电动汽车动力蓄电池接触器发生粘连，进店维修。请你找出发生粘连的接触器进行更换，你能完成这个任务吗？

【学习目标】

素质目标

1.尊重学习、热爱学习，具备可持续发展能力；

2.能够进行有效的沟通和交流，具备团队合作意识；

3.培养安全第一的操作意识、严谨的学习态度。

知识目标

1.掌握动力蓄电池系统的结构；

2.掌握动力蓄电池管理系统的功能。

能力目标

1.能够将所学知识运用于工作实践，并能解决实际问题；

2.能够按照职业规范正确采取安全防护措施；

3.能够准确找到维修开关位置并进行拆装。

【知识准备】

一、动力蓄电池管理系统

(一)电池管理系统的定义

电池管理系统(Battery Management System，BMS)是用来对动力蓄电池组进行安全监控及有效管理，提高动力蓄电池使用效率的装置。对于新能源汽车，通过动力蓄电池管理系统对电池组进行充放电的有效控制，可以达到增加续驶里程、延长使用寿命、降低运行成本的目的，并保证动力蓄电池组应用的安全性和可靠性。

另外，作为动力蓄电池和整车控制器(VCU)以及驾驶者沟通的桥梁，电池管理系统通过接收整车控制器指令控制动力蓄电池组的充放电，并向整车控制器上报动力蓄电池的基本参数及故障信息。电池管理系统可以实时精确地采集单体电池和整组电池包的工作参数(如电压、电流、温度、剩余电量等)，优化整车能量控制策略和温度管理策略，提高电池使用的可靠性、安全性，延长电池的使用寿命，是电池保护和管理的核心部件。

(二)电池管理系统的基本功能

电池管理系统通过传感器对动力蓄电池的电压、电流、温度进行实时监测，同时还进行漏电检测、热管理、电池均衡管理、报警提醒，计算剩余容量、放电功率，监控电池的电量状态和健康状态；通过 CAN 总线接口与整车控制器、电机控制器(MCU)、车载充电机、组合仪表等进行实时通信；根据车辆运行工况、动力蓄电池运行状况控制最大输出功率，保障车辆行驶安全。蓄电池管理系统的基本功能如图 6-1 所示。

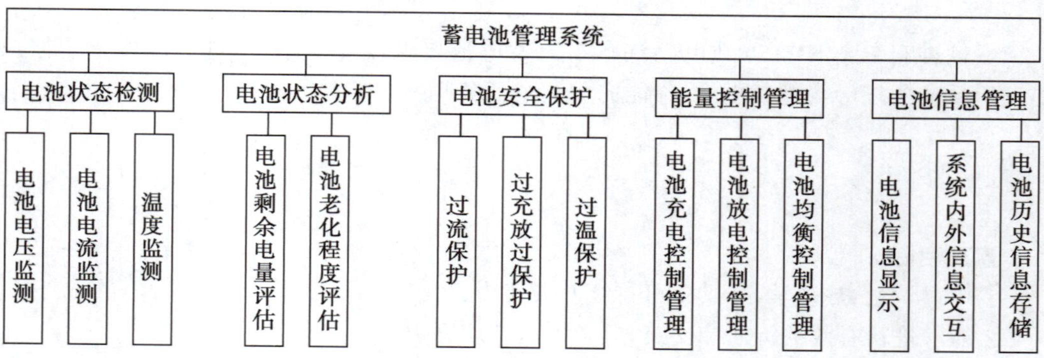

图 6-1　蓄电池管理系统的基本功能

电池管理系统的主要功能可归纳为数据采集、荷电状态计算、能量管理、安全管理、热管理、通信等。

1.数据采集

实时采集动力蓄电池组中的单体电池的端电压、温度、充放电电流以及电池组总电压等。由于电池组中的单体电池在使用中的性能和状态不一致，因而对单体电池的电压、电流和温度等数据进行监测。电池管理系统可实时在线检测电池组电压和单体电池电压，并通过软件分析单体电池状态，有效预测各单体电池的供电性能，及时发现性能劣化的故障电池，掌握电池组的运行状况，为电池组精细维护提供测量依据，保证电池安全无故障运行，降低维护人员的劳动强度，提高工作效率和测试的安全性、可靠性。

2.荷电状态计算

电池状态包括电池组荷电状态(State of Charge，SOC，即荷电量)和电池组健康状态(State of Health，SOH)两方面。SOC 用来提示动力蓄电池组剩余电量，是用来计算和估计新能源汽车续驶里程的基础。SOH 用来提示电池的老化状态，是用来预计可用寿命等健康状态的参数。

在新能源汽车运行过程中，大电流很可能会造成电池过充电或过放电。因此，电池管理系统必须要对电池的荷电状态进行精确监测，并及时作出准确的调整。电池管理系统根据电池容量决定电池的充放电电流，从而实施控制。

3.能量管理

能量管理主要包括以电流、电压、温度、SOC 和 SOH 等参数为输入进行充电过程控制，以 SOC、SOH 和温度等参数为条件进行放电功率控制两个部分。

电池组的使用寿命在很大程度上取决于电池组充放电过程中的管理和维护。要想避免单体电池由于过充电、过放电导致提前失效，确保电池组的功能和性能指标达到最佳水平，对电池组中单体电池之间实现均衡控制和管理是必由之路。目前，国内外动力蓄电池广泛采用基于荷电状态的安全管理技术，通过对荷电状态的估计，确定最佳的充电电流和放电电流，使单体电池充电过程中端电压不超过允许值，放电过程中端电压不低于允许值，以达到避免电池发生过充电和过放电的目的。

4.安全管理

安全管理主要是对动力蓄电池组进行过电流保护、过充过放保护、过温保护和绝缘监测。监视电池电压、电流、温度、绝缘阻值是否超过正常范围，防止电池组过充、过放、过热、漏电等威胁高压安全的问题。

5.热管理

电池热管理系统是蓄电池管理系统的有机组成部分，其功能是通过风扇等冷却系统和热电阻加热装置使电池温度处于适宜的工作温度范围内。在电池工作温度过高时对电池进行冷却，在低于适宜工作温度时对电池进行加热，使电池始终处于适宜的工作温度范围内，维持单体电池间的温度均衡，避免由于温度不均衡而使电池的不一致性进一步扩散，从而提高电池组的使用寿命。

6.均衡控制

由于电池的一致性差异，导致电池组的工作状态由状态最差的单体电池决定。在电池组各单体电池之间设置均衡电路，实施均衡控制，有利于提高整体电池组的工作性能，延长电池的使用寿命。

7.通信功能

通过电池管理系统实现电池与车载设备和非车载设备的通信，为充放电控制、整车控制提供参考依据。根据应用需要，数据交换可采用不同的通信接口，如模拟信号接口、PWM 信号接口、CAN 总线接口和 PC 串行接口。

8.人机接口

根据设计的需要设置显示信息、控制按键以及旋钮等。

二、动力蓄电池系统的结构组成

(一)动力蓄电池系统的组成

动力蓄电池系统主要由动力蓄电池包、电池管理系统、辅助元器件以及动力蓄电池箱等部分组成，如图 6-2 所示。

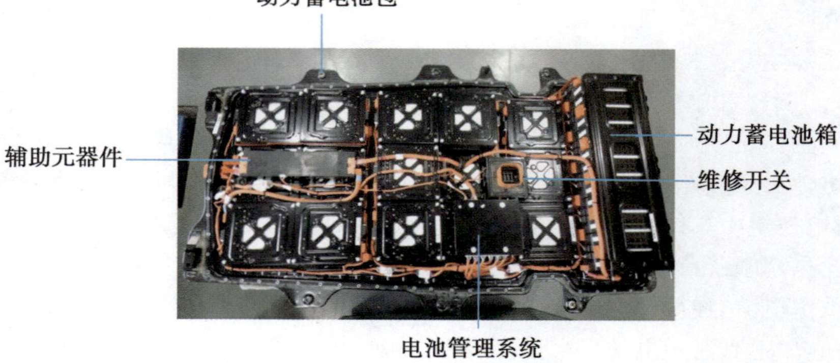

图 6-2　动力蓄电池系统的组成

在动力蓄电池中间有维修开关。吉利 EV 系列的动力蓄电池维修开关安装位置如图 6-3 所示。在打开动力蓄电池包进行维修作业时，需断开维修开关以保证高压安全，维修开关内部结构如图 6-4 所示。它是一个带有锁止和高压互锁回路的机械开关，一般安装在动力蓄电池的中间位置。拔下维修开关时，动力蓄电池中的各单体电池无法构成回路，从而保证维修作业人员的安全。动力蓄电池维修开关与动力蓄电池的关系如图 6-5 所示。

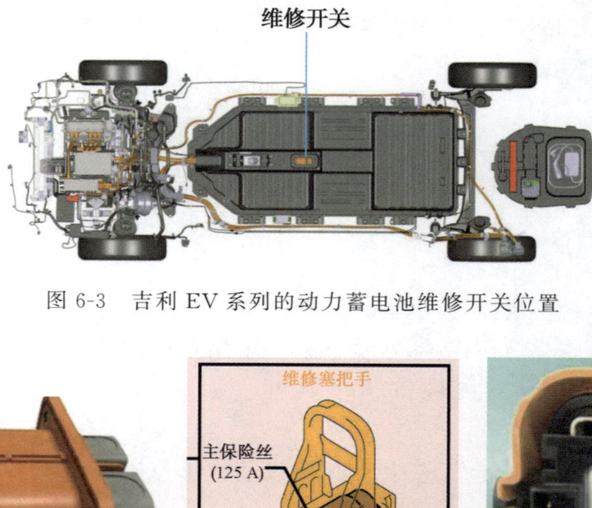

图 6-3　吉利 EV 系列的动力蓄电池维修开关位置

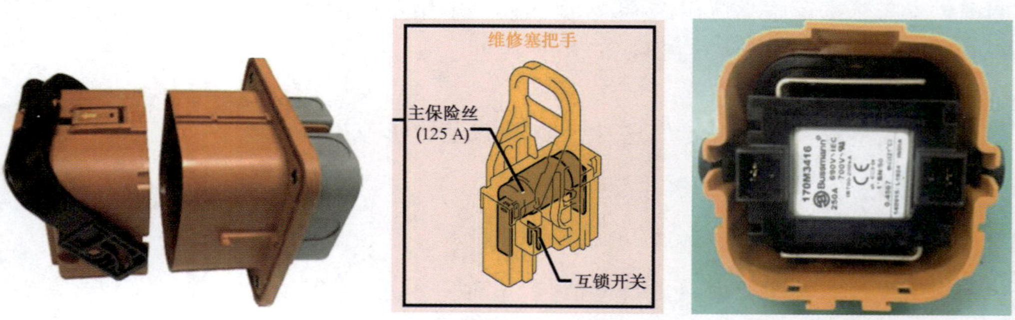

(a)维修开关外形　　(b)维修开关内部保险　　(c)维修开关内部

图 6-4　维修开关

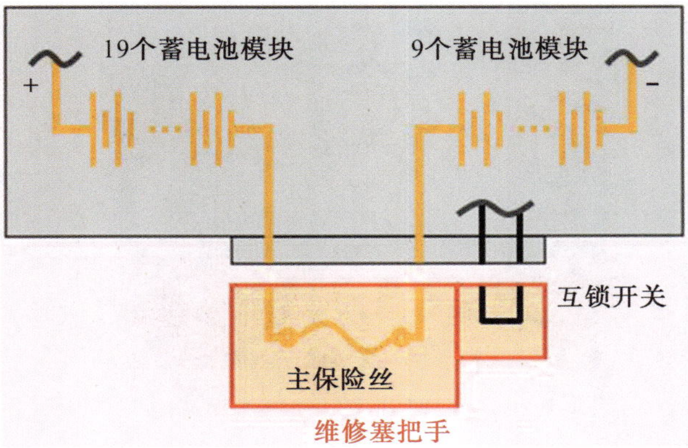

图 6-5 维修开关安装位置

(二)电池管理系统的结构组成

电池管理系统包括硬件和软件。电池管理系统的硬件包括主控盒(BCU)、从控盒(BMU)、高压盒、接触器盒等,还包括采集电压、电流、温度、高压线路绝缘电阻等数据的传感器,电池管理系统实物图如图 6-6 所示。电池管理系统的软件主要用来对电池电压、电流、SOC、绝缘电阻、温度等数据进行分析,完成对动力蓄电池的状态诊断,建立与整车控制器、车载充电机等部件的通信,从而控制动力蓄电池系统的充放电。

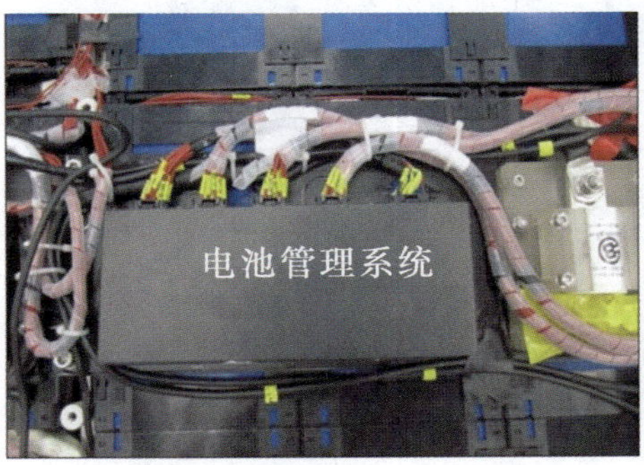

图 6-6 电池管理系统实物图

1.主控盒

主控盒是一个连接外部通信和内部通信的平台,电池管理系统主控盒如图6-7所示。主控盒接收从控盒的数据、整车控制器的指令等,并根据高压回路绝缘状况,控制正负极母线接触器的断开与闭合,决定整车安全上下电。主控盒的主要功能如下:

(1)接收从控盒检测的实时温度和单体电压(并计算最大值和最小值)。

(2)接收高压盒反馈的总电压和电流。

(3)控制与整车控制器的通信。

(4)控制动力蓄电池正极母线的主正接触器。

(5)对动力蓄电池实施热管理。

(6)根据车辆运行状态和动力蓄电池状态控制充放电电流。

图 6-7　电池管理系统主控盒

2.从控盒

从控盒又称为电压和温度采集单元，电池管理系统的从控盒如图 6-8 所示。它用来监控动力蓄电池的单体电压和动力蓄电池组的温度，主要功能如下：

(1)监控各单体电压。

(2)监控动力蓄电池组的温度。

(3)对动力蓄电池的荷电量进行监测。

(4)将监控到的数据反馈给主控盒。

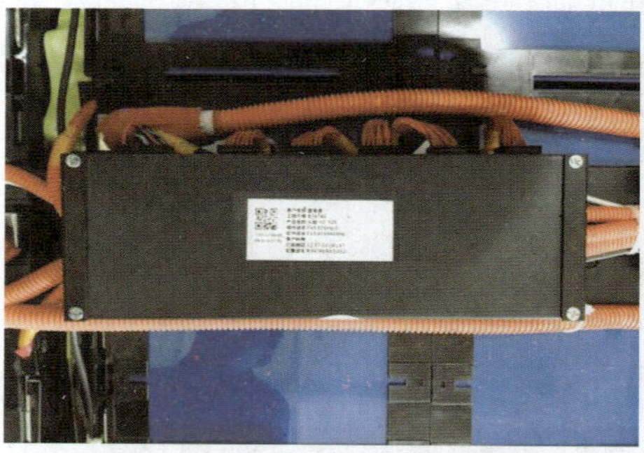

图 6-8　电池管理系统从控盒

3.高压盒

电池管理系统的高压盒用于监控动力蓄电池的总电压、总电流和绝缘性能。高压盒如图 6-9 所示，主要功能如下：

(1)监控动力蓄电池的总电压，包括主接触器内外四个监测点。

(2)检测充放电电流。

(3)监控高压系统的绝缘性能。

(4)监控高压连接情况。

(5)将监控到的数据反馈给主控盒。

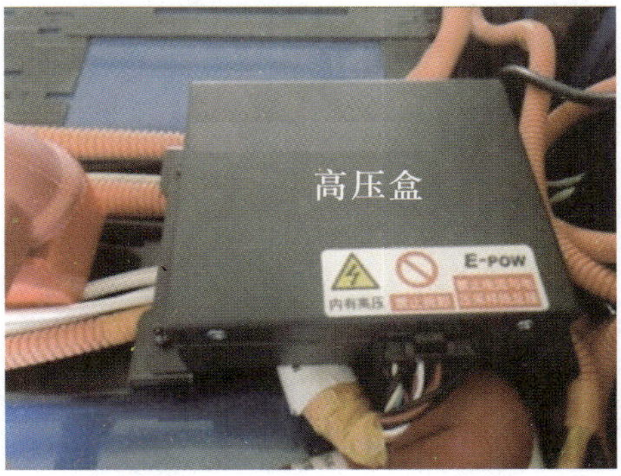

图 6-9　电池管理系统高压盒

4.接触器盒

电池管理系统接触器盒如图 6-10 所示，内部主要包括主正接触器、主负接触器、预充接触器、PTC 加热接触器，接触器盒的内部如图 6-11 所示。

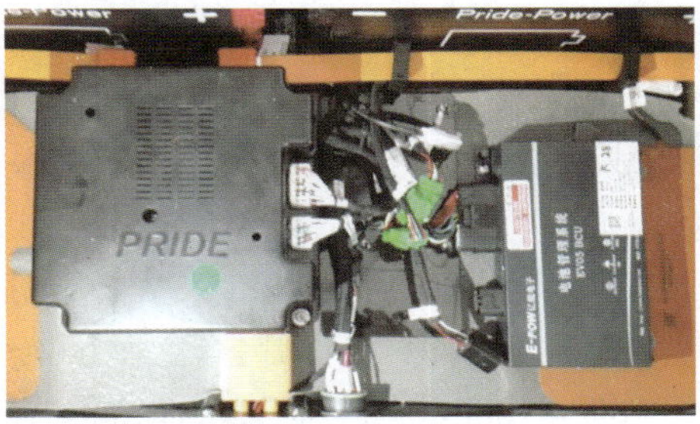

图 6-10　电池管理系统接触器盒

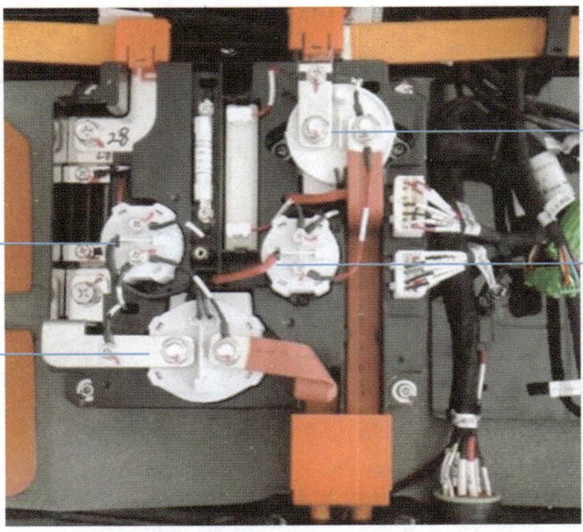

图 6-11　接触器盒的内部

视频 6-1　动力蓄电池正负极接触器的拆装与检测

【知识拓展】

特斯拉动力蓄电池及管理技术

特斯拉汽车有限公司是一家成立于美国的电动汽车制造商。2019 年 1 月 7 日，特斯拉超级工厂在上海正式开工建设。特斯拉作为许多新能源汽车企业的标杆，也为中国新能源汽车的发展提供了机遇和挑战。

特斯拉电动汽车动力蓄电池采用松下的 18650 型三元锂电池（NCA 镍钴铝酸锂）。18650 型电池是锂电池领域技术最成熟的型号，曾一直用于笔记本电脑、数码相机、手机等电子消费产品中。18650 型三元锂电池的优点：电池本身能量较小，一旦发生爆炸威力有限；由于其内部有大量并联配置电池单元，即使并联的一个电池单元出现故障，也仅是续航距离缩短一块电池单元的行驶距离；电池工艺成熟（经过长期市场检验），适合大批量生产，同时电池一致性高、成本低，单从性能上看更适合用作动力蓄电池。18650 型三元锂电池的缺点：采用单体电池数目多，电池管理系统复杂。

特斯拉 Model S 采用的动力蓄电池的容量为 85 kW · h，标准工作电压为 400 VDC，续航里程可达到 500 km 以上。一般来说，电池容量越大，续航里程也就越多。对蓄电池进行分解，可以清晰地看到 18650 型三元锂电池的内部结构。特斯拉 Model S 电池包如图 6-12 所示。

图 6-12　特斯拉 Model S 电池包

特斯拉 Model S 的动力蓄电池重达 900 kg，主要由 7104 节 18650 型三元锂电池、电池热管理系统、电池管理系统组成。当然，不同的 Model S 车型的电池容量不同，18650 型三元锂电池的数量也存在相应的差别。特斯拉 Model S 的高压动力锂电池如图 6-13 所示。

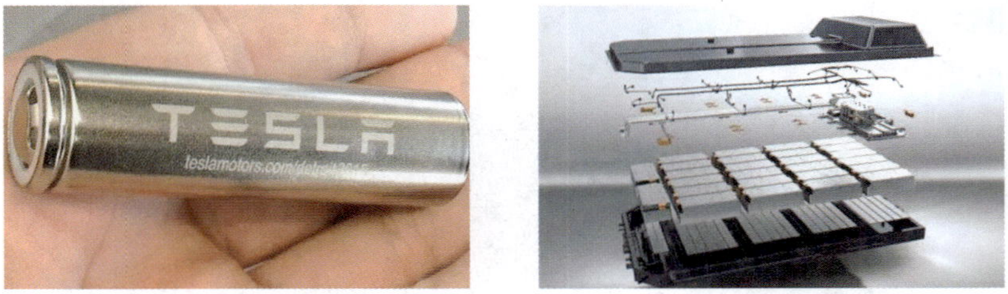

(a)单体电池　　(b)电池模组

图 6-13　特斯拉 Model S 的高压动力锂电池

特斯拉 Model S 的动力蓄电池共有 16 个模块，每个模块由 444 节单体电池组成，如图 6-14 所示。电池组中的每个模块由 6 组电池组串联，每个电池组由 74 节单体电池并联，共有 7104 节单体电池。

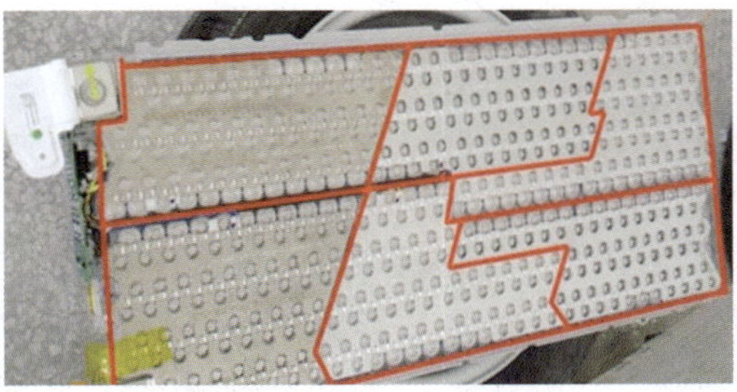

图 6-14　电池模组
(图片来源：育彬课堂)

特斯拉动力蓄电池中的每一组电池组都有其独立的电池管理系统。它位于电池组的侧面，在动力蓄电池的输出端同样有电池包的电池管理系统。电池管理系统集成的功能有电池状态检测、电池平衡管理、电池残余电量管理、电池热管理、电池诊断与预警、电池老化与监控状态预估等。

电池组中间的几根线一头连接着电池的极板，另一头连接着电池控制模块。这些线用来检测电池组的电压，保证电池组正常工作。特斯拉动力蓄电池中的每节单体电池都有单独的保险丝相连，如图 6-15 所示。当单节电池出现温度过高或短路等异常现象时，保险丝自动熔断，以保护整个电池组。

图 6-15　电池模组控制连接导线和保险丝
(图片来源：极客汽车)

整个电池中有16块电池板，即16块电池板并联在一起，形成特斯拉的整个电池板，如图6-16所示。

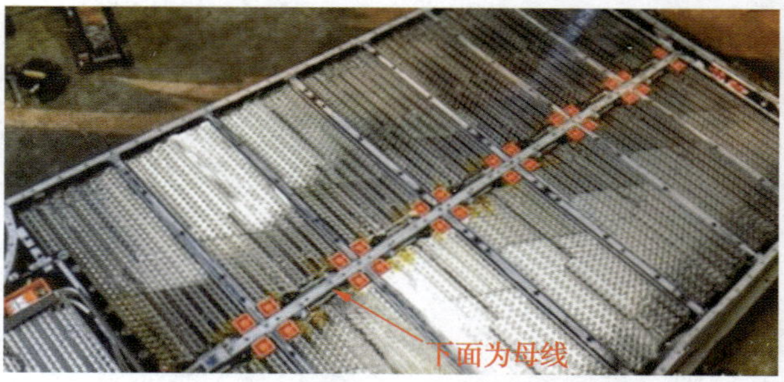

图6-16　特斯拉整个电池板

（图片来源：育彬课堂）

特斯拉纯电动汽车采用了液冷式电池热管理系统。在电池两侧都布满冷却液，冷却液通过电池组和铝管在电池组内流动，冷却整个电池板，如图6-17所示。

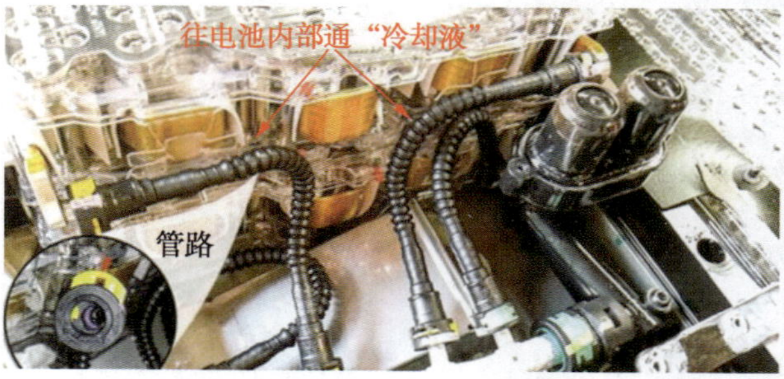

图6-17　电池内部冷却系统

（图片来源：育彬课堂）

电池组四周布满了冷却管路。注意：特斯拉的电池冷却系统并不是主动循环系统，即没有装备循环泵和温度控制的部件，如图6-18所示。

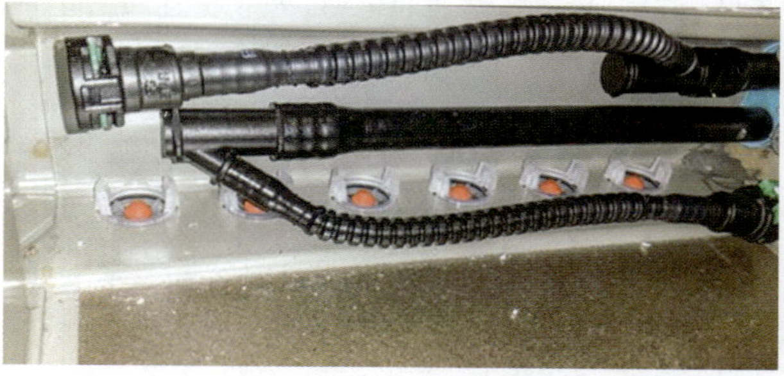

图6-18　冷却管路

（图片来源：育彬课堂）

通过热管理系统，电池组内各单体电池的温度差异控制在±2 ℃内。特斯拉官方宣布，在行驶约5.2×10^5 km后，Model S电池组的容量仍能维持在初始容量的85%，且容量衰减与行驶里程数明显相关，而与环境温度、车龄无明显关系。上述成果的取得依赖于电池热管理系统的有力支撑。

【任务实施】

更换动力蓄电池组内部组件

一、接受工作任务

新能源汽车维修服务站对一辆事故车进行维修，经过诊断发现其动力蓄电池组正负极接触器烧结，请你按照安全规范对动力蓄电池内部正负极接触器进行更换，并按实训工单完成学习任务。

二、信息收集

1.电池管理系统主要由________、________和________组成。

2.电池管理系统的主要功能有________、________、________、________、________、________、________、________。

3.主控盒的作用为________、________、________、________、________、________。

4.从控盒的作用为________、________、________、________。

5.高压盒的作用为________、________、________、________、________。

6.预充电阻的作用是______________。

三、制订计划

1.根据实训任务要求制订作业计划。

作业计划		
序号	作业项目	操作要点

2.根据作业计划完成小组成员任务分工。

操作人		记录员	
监护人		展示员	

作业注意事项

(1)举升车辆时严格遵守举升机的使用方法，禁止在车底嬉戏打闹。
(2)台架内含 300 V 以上高压电，严禁用手直接触摸高压回路导体部分。
(3)实训过程中严禁私自拆解任何动力蓄电池系统的内零部件。
(4)若实训过程中出现故障时，务必第一时间中止实训，并报备实训指导教师。

检测设备/工具/材料

序号	名称	数量	清点
			□已清点
			□已清点
			□已清点
			□已清点
			□已清点
			□已清点

四、计划实施

1.拆装准备。

拆装时需要准备的场地安全措施有____________________。
工具安全措施有________________________。

2.拆除动力蓄电池盖上的铆钉，拆卸动力蓄电池盖。

注意：动力蓄电池盖与动力蓄电池之间有密封胶，拆盖后需重新密封。

3.拆除动力蓄电池上覆盖的隔热棉。

<table>
<tr><td>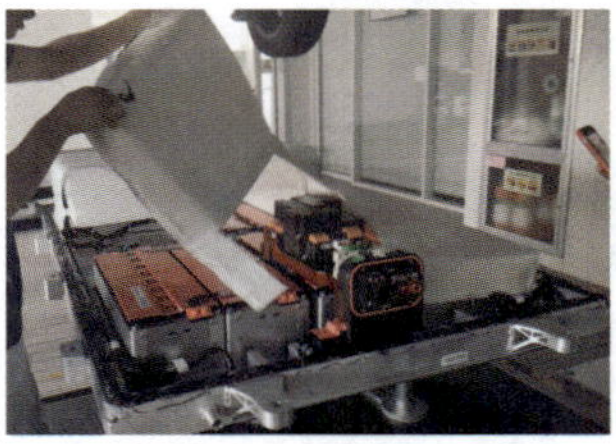</td><td>隔热棉的作用是________、________。</td></tr>
<tr><td colspan="2">4.拆除接触器盖。</td></tr>
<tr><td></td><td>接触器盖拆卸工具为________mm 规格的六角扳手。</td></tr>
<tr><td colspan="2">5.拆卸动力蓄电池母线固定螺栓，断开动力蓄电池母线铜排，拆卸接触器盒固定螺栓，拆下接触器盒。</td></tr>
<tr><td>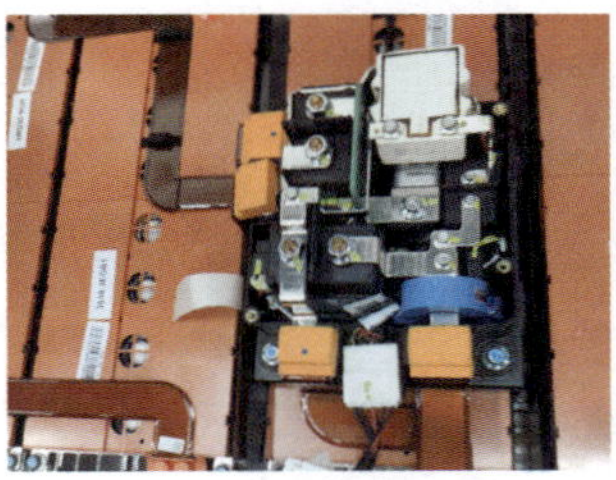</td><td>接触器盒固定螺栓的规格为________。</td></tr>
<tr><td colspan="2">6.拆卸预充电阻连接片螺栓，取下预充电阻连接片，拆下预充电阻固定螺栓，取出预充电阻，测量预充电阻的阻值。</td></tr>
<tr><td></td><td>预充电阻的阻值为________Ω。</td></tr>
</table>

<table>
<tr><td colspan="2">7.拆卸正负极接触器连接片固定螺栓、连接片，取下大电流保险，并测量保险阻值。</td></tr>
<tr><td>
</td><td>测量大电流保险所用的仪器为______，保险的阻值为______Ω。</td></tr>
<tr><td colspan="2">8.断开正极接触器控制线束插头，拆卸正极接触器固定螺栓，取下正极接触器，检测正极接触器的线圈和触点是否正常。</td></tr>
<tr><td></td><td>正极接触器的线圈电阻为________Ω，不通电触点的电阻为________Ω，通电触点的电阻为________Ω。
是否正常：□是　　　□否</td></tr>
<tr><td colspan="2">9.断开负极接触器控制线束插头，拆卸负极接触器固定螺栓，取下负极接触器，检测负极接触器的线圈和触点是否正常。</td></tr>
<tr><td></td><td>负极接触器的线圈电阻为________Ω，不通电触点的电阻为________Ω，通电触点的电阻为________Ω。
是否正常：□是　　　□否</td></tr>
<tr><td colspan="2">10.断开预充接触器控制线束插头，拆卸预充接触器固定螺栓，取下预充接触器，检测预充接触器的线圈和触点是否正常。</td></tr>
<tr><td></td><td>预充接触器的线圈电阻为________Ω，不通电触点的电阻为________Ω，通电触点的电阻为________Ω。
是否正常：□是　　　□否</td></tr>
</table>

11.更换烧结的正负极接触器，按拆卸的相反顺序安装。

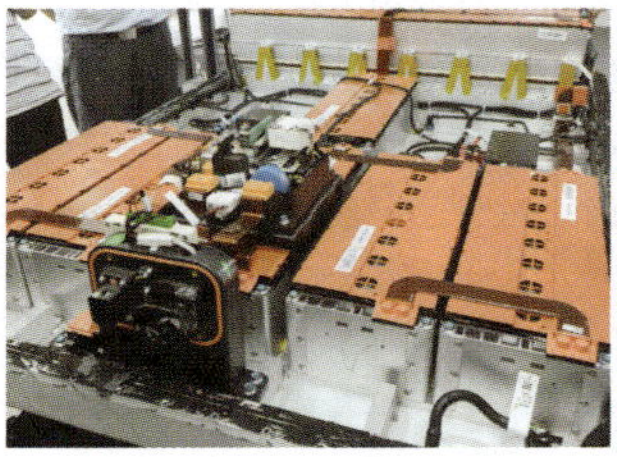	注意：大电流保险按电流方向安装，不得装反。

12.动力蓄电池安装完毕后，使用动力蓄电池专用诊断仪对动力蓄电池进行检查和调试；打开点火开关，查看仪表是否能够正常上电。

	整车能否上电：□能　　　□不能

五、质量检查

请实训指导教师检查本组作业结果，并针对实训过程出现的问题提出改进措施及建议。

序号	评价标准	评价结果
1	规范使用设备仪器，恢复场地	
2	作业计划完善且保证安全实施	
3	准确测量、记录数据，分析合理	
4	正确展示团队实训成果	
综合评价	☆☆☆☆☆	
综合评语（作业问题及改进建议）		

六、评价反馈

请根据自己在课堂中的实际表现进行自我评价和小组评价。

自我评价：______________________________。

小组评价：______________________________。

实训成绩单			
项目	评分标准	分值	得分
接受工作任务	明确工作任务及结果要求	5	
信息收集	掌握工作相关知识及操作要点	15	
制订计划	按照计划顺利且高效地完成工作任务	10	
计划实施	做好安全防护	20	
	正确拆装单体电池	10	
	正确拆装 BMS	15	
	正确拆装接触器组件	15	
质量检查	按照要求完成相应任务	5	
评价反馈	经验总结到位，评价合理	5	
得分（满分 100）			

任务二 动力蓄电池上电控制过程

【工作情景】

一辆吉利帝豪 EV450 纯电动汽车进店维修，车辆仪表显示动力蓄电池断开故障指示灯点亮，“READY”指示灯不亮，车辆无法上高压电，连接诊断仪后读取到的故障码为“预充失败”。请你帮车主诊断出故障点，修复车辆。

【学习目标】

素质目标

1.尊重学习、热爱学习，具备可持续发展能力；

2.能够进行有效的沟通和交流，具备团队合作意识；

3.培养安全第一的操作意识、严谨的学习态度。

知识目标

1.掌握整车上电控制过程；

2.理解整车上电预充电路的作用；

2.了解电池管理系统参数监测方法。

能力目标

1.能够将所学知识运用于工作实践，并能解决实际问题；

2.能够按照职业规范正确实施车辆上电、下电操作；

3.能够在实际工作中解决“为什么要这么做”的问题。

【知识准备】

一、动力蓄电池上电控制

动力蓄电池电压高达几百伏，因此在动力蓄电池的正极和负极母线上安装接触器，便于对车辆实施上电和下电控制，提高车辆使用安全性。

(一)车辆上电控制过程

动力蓄电池上电控制原理图如图 6-19 所示，其高压电气系统主要由动力蓄电池组、高压电缆、紧急开关(维修开关)、主正接触器(正极接触器)、主负接触器(负极接触器)、预充接触器、预充电阻、电流传感器、电压传感器、加热接触器、加热元件和绝缘检测电路等组成。

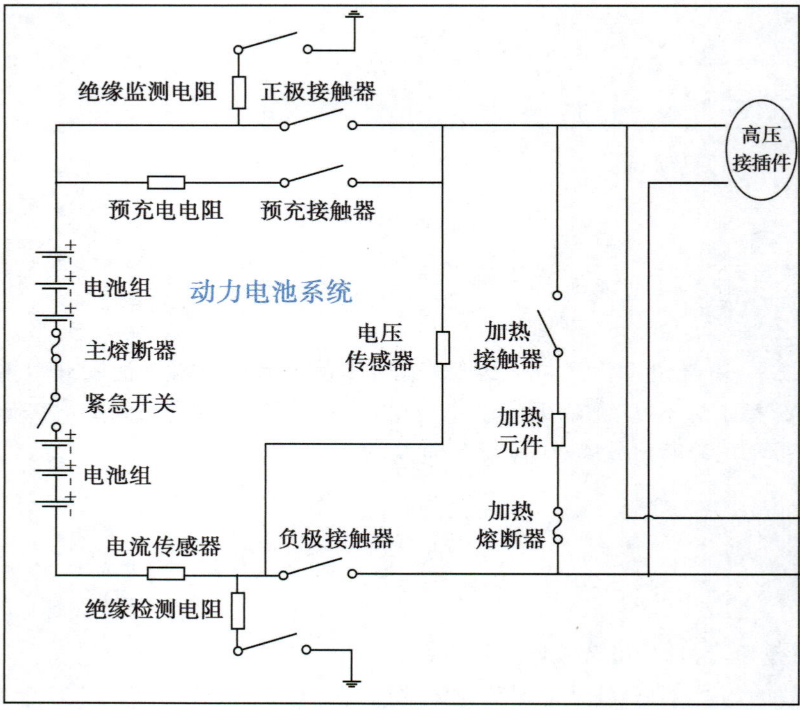

图 6-19　动力蓄电池上电控制原理图

动力蓄电池高压上电过程如下：

(1)启动车辆，将钥匙置于 ON 挡，VCU、MCU、BMS、DC/DC 以及空调控制器等被唤醒，初始化、自检等检测均正常后分别上报 VCU。

(2)VCU 闭合动力蓄电池负极接触器；BMS 对高压回路做绝缘监测，对各单体电池进行电压、温度等参数检测，计算单体电池最高电压和最低电压之差、最高温度和最低温度之差。其中，最高电压和最低电压之差应小于 300 mV，最高温度和最低温度之差应小于 15 ℃，合格后闭合预充接触器。

(3)动力蓄电池通过预充接触器和预充电阻对车辆负载端的电容充电，BMS 检测到预上电电压达到动力蓄电池额定电压的 95％时，闭合主正接触器。

(4)主正接触器闭合一定时间后，断开预充接触器。

(5)此时仪表盘上的“READY”指示灯点亮，车辆完成上电。吉利 EV 系列电动汽车上电控制策略如图 6-20 所示。

当钥匙置于 OFF 挡位时，BMS 先控制正极接触器断开，然后 VCU 控制负极接触器断开，全车高压下电。在高压上电后，如果发生重要故障，BMS 和 VCU 也会控制断开正极和负极接触器。吉利 EV 系列电动汽车高压下电流程如图 6-21 所示。

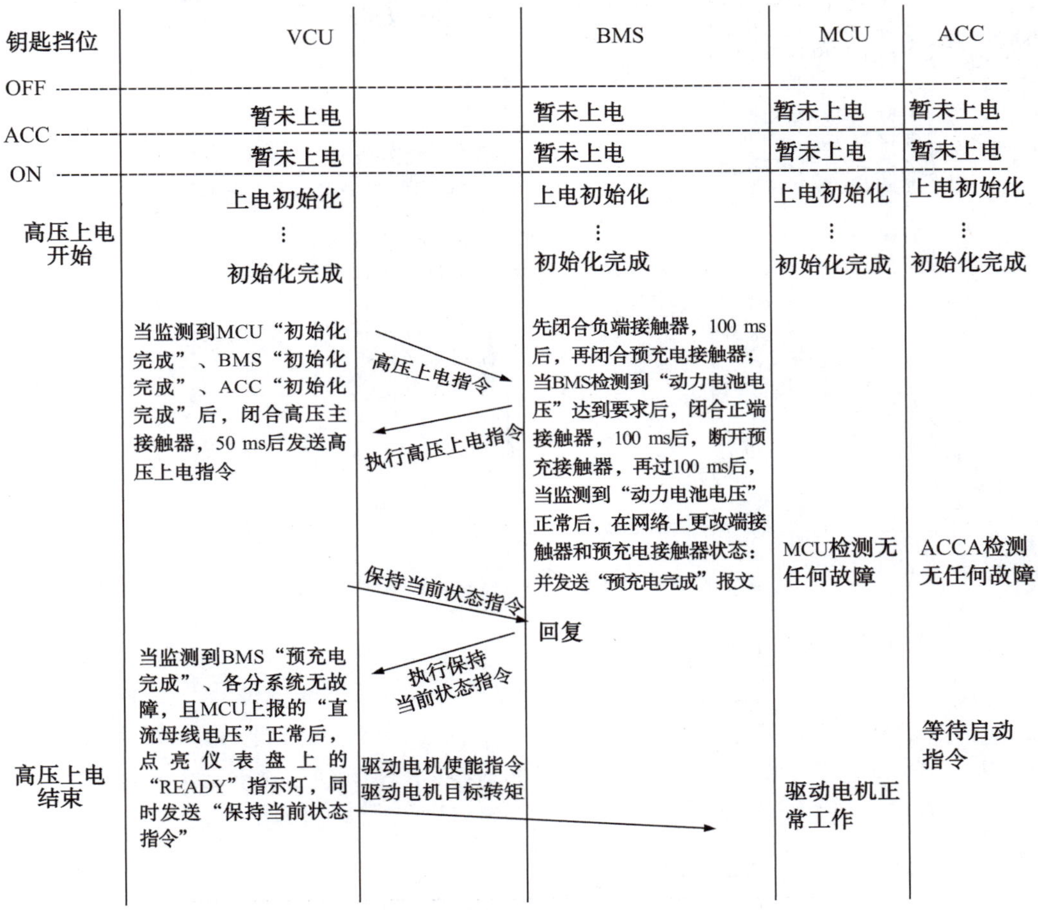

图 6-20　吉利 EV 系列电动汽车高压上电流程

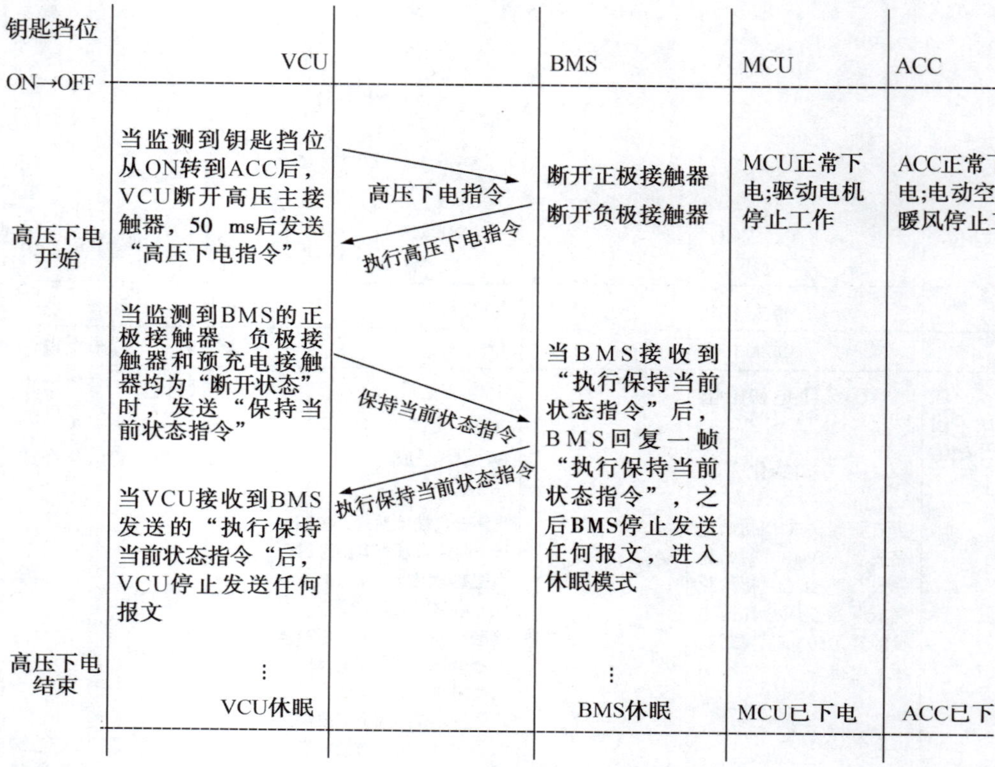

图 6-21　吉利 EV 系列电动汽车高压下电流程

(二)动力蓄电池预上电控制

为了防止在车辆起步、超车等工况下，动力蓄电池电压过渡下降，在 MCU 中有一个超级电容，利用超级电容快速放电的物理特性平衡动力蓄电池的电压。另外，车载充电机(OBC)、空调压缩机等高压部件中也有电容，这些电容的存在要求动力蓄电池上电过程中必须有一个预上电控制过程。动力蓄电池预上电控制电路如图 6-22 所示。

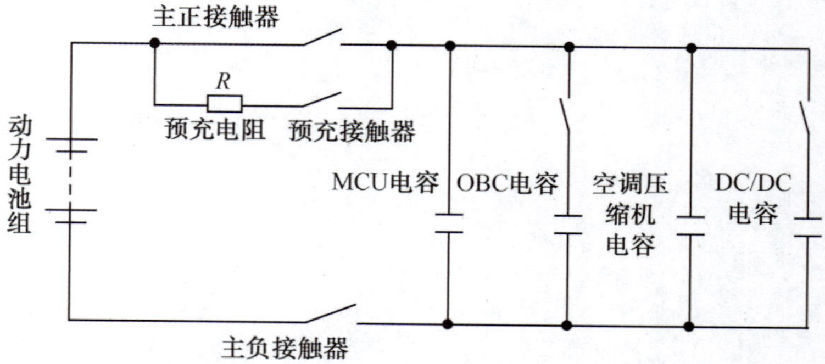

图 6-22　动力蓄电池预上电控制电路

电容上电压与电流的关系：$i_c = C\dfrac{du_c}{dt}$。假如没有预充电阻，当动力蓄电池正极接触器、负极接触器闭合时，电容电压的变化量 du_c 等于动力蓄电池电压，而接触器的触点由断开到闭合的时间变化量 dt 很小(一般为毫秒数量级)，因此会产生很大的上电电流，从而对动力蓄电池产生较大冲击。

增加预充电路后，上电控制逻辑为：先闭合负极接触器，再闭合预充接触器，这时动力蓄电池母线电压经历一个超级电容充电过程，电压呈逐渐上升趋势，如图 6-23 所示。当超级电容两端电压上升到动力蓄电池电压的 95%(即充电时间为 3τ 的电容两端达到的电压，$\tau=RC$)时，闭合正极接触器，由此避免上电电流太大对动力蓄电池造成冲击。

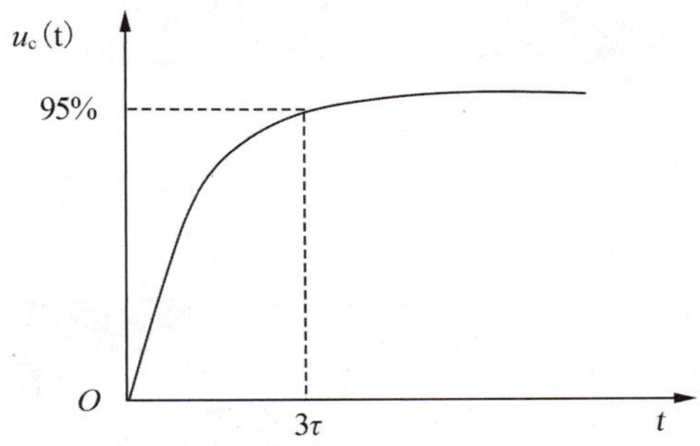

图 6-23　电动汽车上电电压变化曲线

二、动力蓄电池的参数监测

(一)动力蓄电池的电压监测

动力蓄电池的电压监测分为单体电池的电压监测和电池组的电压监测。

1.单体电池的电压监测

对单体电池电压进行监测的目的：一方面是了解当前动力蓄电池中任意一个单体电池的电压情况，以此来判断每个单体电池的充电终止和放电终止条件，防止过充电和过放电；另一方面是监测单体电池的一致性，保护动力蓄电池。因单体电池数量多，电压采集信息量大，采集电路及程序的设计将变得非常复杂。对于先由单体电池并联构成电池模块，再由电池模块串联构成动力蓄电池包的新能源汽车，有时需要采集电池模块电压来实现对单体电池的监测。每个电池正极都有电压测量端子，可进行分布式电压测量，从而掌握每个电池模块的电压。电池模组电压采集如图 6-24 所示。

电压采集的范围为 0～4.5 V。动力蓄电池中电池模块电压数据可以通过诊断仪或厂家的专用设备读出。

图 6-24 电池模组电压采集

许多新能源汽车的单体电池电压采集都采用柔性电路板，如图 6-25 所示。相对于传统采样线束的方案，柔性电路板的集成度更高，也更轻薄。

图 6-25 柔性电路板

特斯拉动力蓄电池模块中的每一节电池上都有一根很细的保险丝，这是用来保护整个电池组的。当单节电池出现温度过高等异常现象时，保险丝会自动熔断，以达到保护整个电池组的目的。单体电池保护如图 6-26 所示。

图 6-26 单体电池保护

2.动力蓄电池组的电压监测

动力蓄电池组的电压监测由3个并联的电压传感器 V_1、V_2、V_3来完成，如图6-27所示。V_1、V_2、V_3电压检测点位置设置在接触器主触点处，通常用螺栓把检测线的线端固定在主触点座上，并由检测线连接到高压盒。

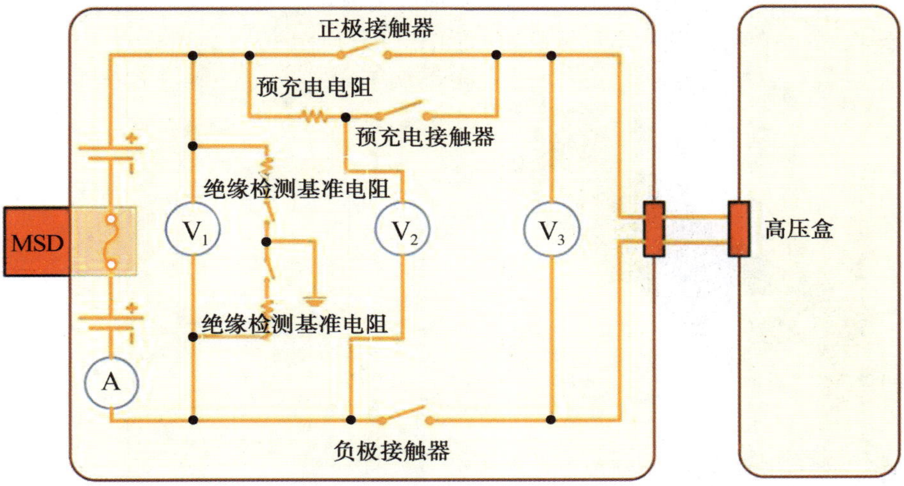

图6-27　动力蓄电池组电压监测

电压传感器 V_1检测的是动力蓄电池串联后的总电压。当维修开关MSD插入良好，或者没有配置维修开关时，电压传感器 V_1可以测出动力蓄电池的总电压，即电压传感器 V_1测量电压值可以判断动力蓄电池串联回路的连接是否完好。电压传感器 V_2检测的是预充电阻之后的电压，电压传感器 V_3测量的是高压用电设备的电压。

当动力蓄电池不进行充放电时，正极接触器、负极接触器及预充接触器都断开，此时 $V_1=V_2$，$V_3=0$。

当动力蓄电池向外放电时，预充接触器和负极接触器闭合，电压传感器 V_1测量动力蓄电池工作电压，电压传感器 V_2和 V_3测量高压用电设备的电压。预充接触器闭合后高压回路接通，电压 V_2随着电容器充电迅速上升，此时 $V_1>V_2=V_3$。当 V_2与 V_1差值小于5 V（或者 V_2达到 V_1的95%）时，判定为预充电结束，闭合正极接触器，断开预充接触器，此时 $V_1=V_2=V_3$。若预充电时间超过设定时间，系统判断并记录预充电超时故障。

当动力蓄电池进行充电时，预充接触器和负极接触器闭合，电压传感器 V_1测量动力蓄电池工作电压，V_2和 V_3测量外部充电线路电压，此时 $V_1<V_2=V_3$，预充结束后预充接触器断开，正极接触器闭合，此时 $V_1=V_2=V_3$，均为动力蓄电池工作电压。

由电压值 V_1、V_2、V_3的比较就可以判断各个接触器触点是否按要求正确开闭。

(二)动力蓄电池的电流检测

在动力蓄电池组中，BMS还需要对充放电电流进行监测。一方面，防止充放电过程中出现过流，提高车辆使用安全性；另一方面，动力蓄电池的荷电量(SOC)计算常采用电流积分法，只有高精度的电流检测才能够保证高精度的SOC计算。

常用的电流检测方法有电阻采样法、霍尔传感器法。电阻采样法能够带来一定的能量损耗，同时温度漂移（温度对电阻的影响）也会使检测灵敏度下降。霍尔传感器法更适合大电流检测，并且它还有自保护功能。

1.分流器

采样电阻又称分流器，属于大功率、高精密度、低阻值的电阻器，利用电流在电阻上产生的电压完成对电流的采样，即 $U=RI$。一般情况下，U 需要通过运放电路进行放大后输入到检测控制单元（简称电阻采样法），如图 6-28 所示。

(a)分流器外形

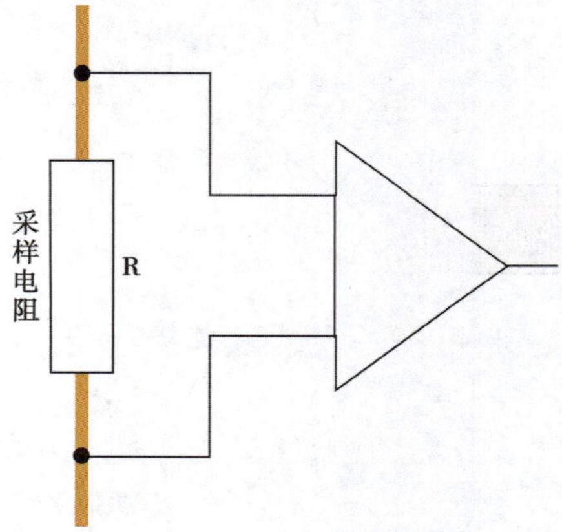

(b)分流器内部采样电阻

图 6-28 分流器

分流器一般串联在动力蓄电池正极高压母线上，如图 6-29 所示。同时，在动力蓄电池正极母线上安装一个熔断器，熔断电流为 250 A。在车辆运行过程中，BMS 根据分流器电压对动力蓄电池电流进行监测。当动力蓄电池出现过流时，BMS 将根据故障严重程度采取相应的安全控制措施。

分流器测量电流成本低，但它会带来一定的能量损耗，且温度变化会导致分流器的阻值产生温度漂移，降低检测精度。另外，分流器串联在主电路里，属于接触式测量，在电路设计时需要考虑共地、电气隔离等问题。但随着精密电阻的发展，温漂越来越小，电阻采样法在汽车工业中应用的比例越来越大。

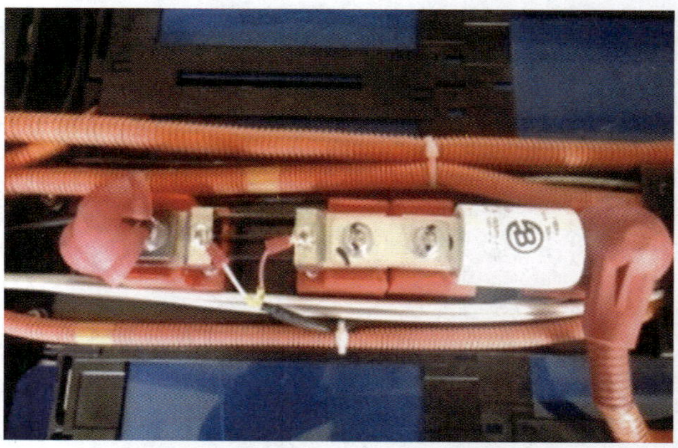

图 6-29 动力蓄电池正极电流传感器

2.霍尔电流传感器

霍尔电流传感器如图 6-30 所示。在测量时需将被测导线穿入电流传感器的孔中，无需破坏导线。

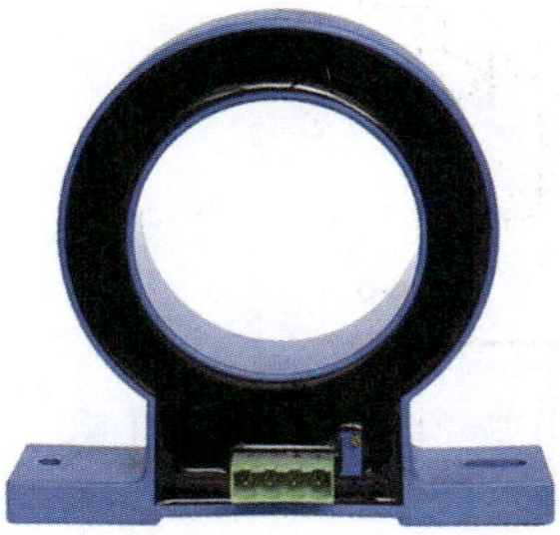

(a)霍尔电流传感器外形

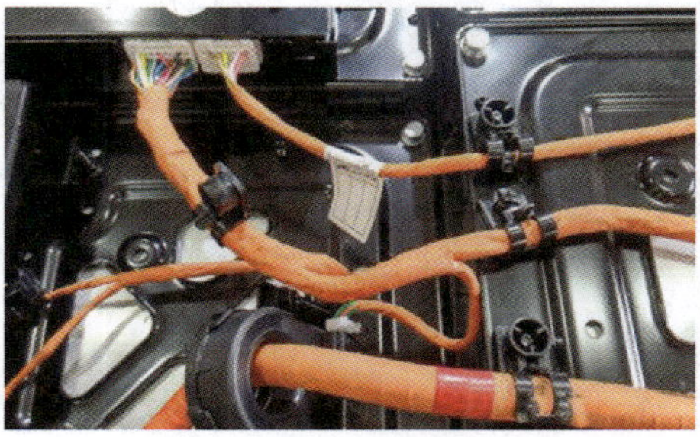

(b)霍尔电流传感器测量高压线电流

图 6-30 霍尔电流传感器

霍尔效应原理如图 6-31 所示。从霍尔元件的控制电流端通入电流 I，并在霍尔元件平面的法线方向下施加磁场强度为 B 的磁场，那么在垂直于电流和磁场方向(即霍尔输出端之间)将产生一个电势 U_H，该电势称为霍尔电势，其大小正比于控制电流 I 与磁场强度 B 的乘积。

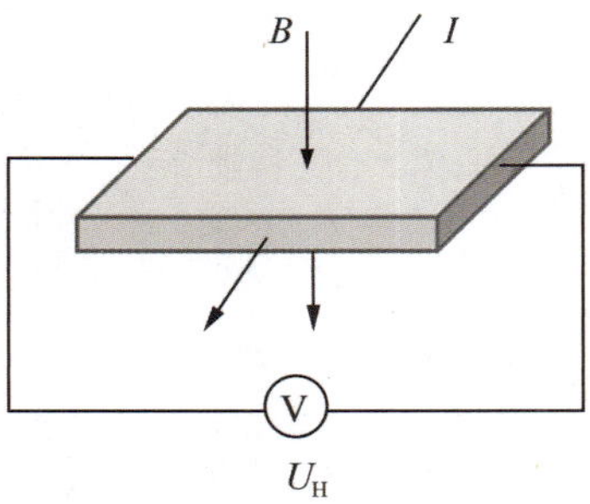

图 6-31 霍尔效应原理

霍尔电流传感器是基于磁平衡式霍尔原理设计的，其工作原理如图 6-32 所示。当被测导线(如动力蓄电池正极母线)有电流通过时，在导线上产生的磁场被磁环聚集并感应到霍尔器件上，所产生的信号输出用于驱动功率管使其导通，从而获得一个补偿电流 I_s。这一电流通过多匝绕组产生磁场，该磁场与被测电流 I_p 产生的磁场正好相反，因而抵消了原来的磁场，使霍尔器件的输出逐渐减小；当磁场完全抵消时，I_s 不再增加，这时检测单元通过测量电阻 R_m 的电压得出被测电流大小。

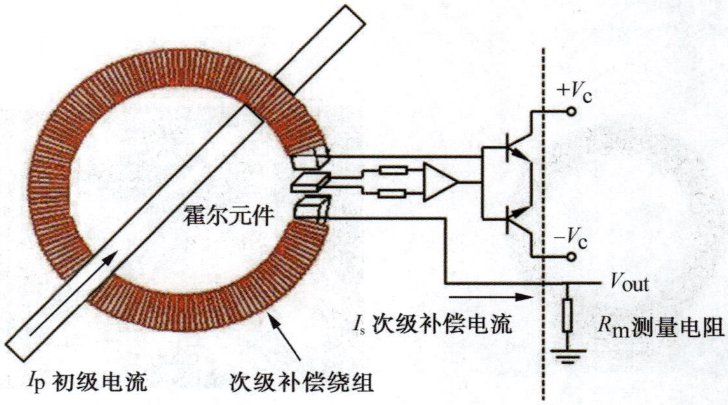

图 6-32 霍尔电流传感器工作原理

分流器和霍尔电流传感器的特点如表 6-1 所示。

表 6-1 两种电流传感器的特点

项目	分流器	霍尔电流传感器
插入损耗	有	无
布置形式	需插入主电路	开孔，导线穿入
测量对象	直流、交流、脉冲	直流、交流、脉冲
电气隔离	无隔离	隔离
使用方便性	小信号放大，需控制处理	使用简单
使用场合	小电流，控制测量	控制测量
价格	较低	较高

(三)动力蓄电池的绝缘检测

1.高压绝缘

高压电缆绝缘介质老化、环境潮湿等因素都会导致高压线路绝缘性能下降。高压线路漏电不仅会危及人身安全，而且会影响低压设备正常工作。高压线路漏电导致热量积累，可能导致车辆着火。实时监测高压线路绝缘性能对车辆安全运行具有重要意义。

2.动力蓄电池的绝缘检测

高压电气系统的绝缘性能通常用地漏电流的大小来表征。现在普遍使用的三种地漏电流检测方法分别是辅助电源法、电流传感法和桥式电阻法。下面主要介绍桥式电阻法。

高压回路绝缘状况检测点设置在正极母线和负极母线接触器的触点处，动力蓄电池金属底壳与车身接地良好，通过检测高压回路正极母线、负极母线对车身的绝缘电阻来反映高压电气系统的绝缘性能。

为检测绝缘电阻，将动力蓄电池高压电源作为检测电源，在其正极、负极和车身之间建立桥式阻抗网络，如图 6-33 所示。

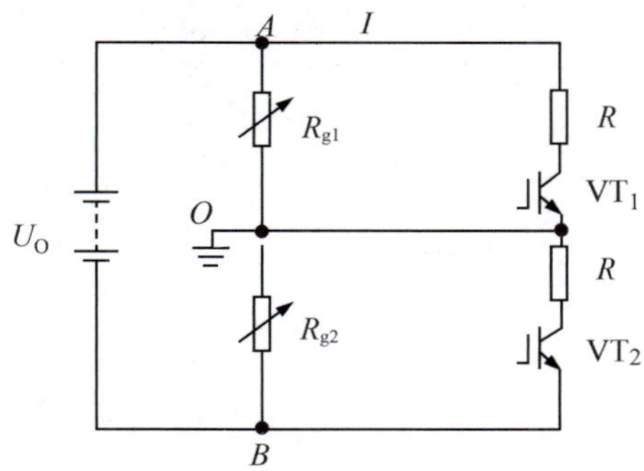

图 6-33　桥式电阻法绝缘检测原理图

其中，绝缘监测电路 A 点与电源正极相连，B 点与电源负极相连，O 点与车身相连。U_O 为高压电源的输出电压，I 为绝缘检测电路内部电流。R_{g1}、R_{g2} 分别为高压正负极引线对车身的绝缘电阻(可以等价成一个实体电阻)，其阻值根据正负极母线对地(电池包壳体)的绝缘状况来变化的。母线对车身地绝缘良好，阻值无穷大；母线绝缘层损坏，阻值会变小。限流电阻 R 有两个，阻值非常大，约为 20 kΩ。VT_1、VT_2 为电子控制开关管，由高压盒内部控制器通过控制其导通与关断，来改变点 A 和点 B 之间的等效电阻和电源的输出电流 I。根据 U、I 和等效电阻之间的关系，可以计算出 R_{g1} 和 R_{g2}。

在电动汽车运行过程中，电压 U_O 随着电量变化而变化，其数值要和电流 I 同时采集。

当 VT_1 导通、VT_2 关断时，桥式阻抗网络的等效形式为 R_{g1} 与 R 并联后与 R_{g2} 串联，这时，电源电压为 U_{O1}，电流为 I_1，则 $U_{O1}=I_1\dfrac{R_{g2}+R_{g1}R}{R_1+R}$。

当 VT_2 导通、VT_1 关断时，桥式阻抗网络的等效形式为 R_{g2} 与 R 并联后与 R_{g1} 串联，这时，电源电压为 U_{O2}，电流为 I_2，则 $U_{O2}=I_2\dfrac{R_{g1}+R_{g2}R}{R_{g2}+R}$。

当高压电源正负极引线对底盘绝缘性能较好，满足 $R_{g1}>10R$、$R_{g2}>10R$ 时，则 R_{g1} 与 R 并联的阻值近似为 R，R_{g2} 与 R 并联的阻值近似为 R，则

$$R_{g1}=\frac{U_{O2}}{I_2}-R,$$

$$R_{g2}=\frac{U_{O1}}{I_1}-R。$$

如果 VT_1 和 VT_2 同时关断，电流大于 2 mA，说明绝缘电阻 R_{g1}、R_{g2} 之和小于 250 kΩ，电源的正负极引线对底盘的绝缘性能都不好，检测系统不再单独检测 R_{g1} 和 R_{g2}，并立即发出报警信号。绝缘电阻是反映电池用电安全的重要方面。根据人体所能承受的电压范围，当监测到绝缘电阻小于 500 Ω 时，电池管理系统立即给出安全警告或

做出切断高压接触器动作。

（四）动力蓄电池的温度检测

动力蓄电池在充放电过程中会产生热量，并在局部造成热量积累，使各处温度不均匀从而影响单体电池的一致性，严重时还会导致热失控。如果电池温度过低，会导致电池容量降低、行驶里程缩短等。电池的工作温度不仅影响电池的性能，而且直接关系到汽车使用的安全性。采集温度的主要方法有以下几种：

1.热敏电阻采集法

热敏电阻采集法是最常用的温度采集方法，热敏电阻的阻值随温度的变化近似为线性变化，因此通过阻值的变化即可判断出温度的变化。热敏电阻采集温度的原理如图 6-34所示。

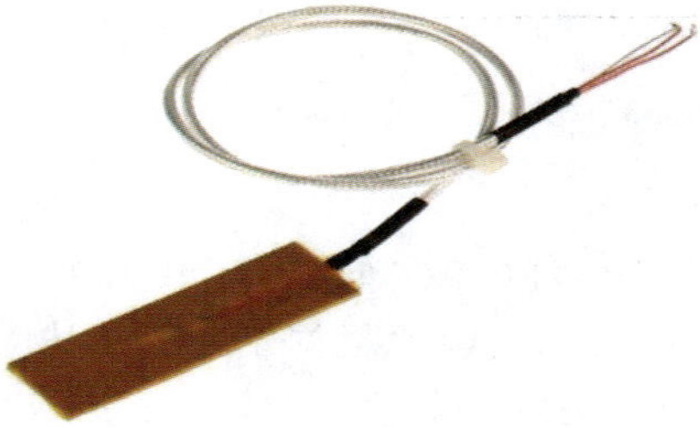

(a)热敏电阻温度传感器

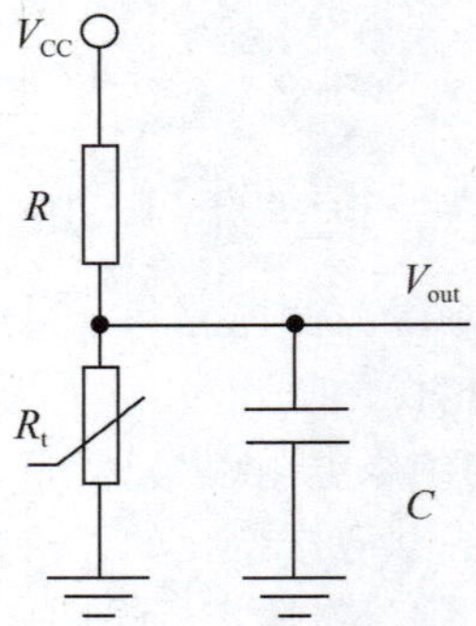

(b)温度传感器检测电器

图 6-34　热敏电阻温度检测电路

吉利帝豪 EV450 驱动电机采用 NTC 103NT-4 型号的负温度系数传感器，热敏电阻的阻值随着温度升高而减小。

温度为－40 ℃：正常电阻的阻值为 241±20 Ω；

温度为 20 ℃：正常电阻的阻值为 13.6±0.8 Ω；

温度为 85 ℃：正常电阻的阻值为 1.6±0.1 Ω。

2.DS18B20 温度采集法

DS18B20 温度传感器是美国 DALLS 半导体公司生产的单线数字温度传感器，如图 6-35 所示。DS18B20 测量的温度范围为－55～125 ℃，采用单线总线协议，即单片机接口仅需占用一个 I/O 端口。一个控制器最多可连接 64 个传感器，降低了连线的复杂程度。

图 6-35　DS18B20 温度传感器

北汽 EV160 汽车采用 DS18B20 芯片作为温度传感器监测电池温度。北汽 EV160 汽车将温度传感器安装在动力蓄电池模组侧面，通过螺栓紧固在电池组外壳，如图 6-36所示。红线为传感器提供电源，黑线为搭铁线，蓝线为信号线，电池温度信号通过蓝线输入总线，然后传递给 BMS。

图 6-36　动力蓄电池模组的 DS18B20 温度传感器

DS18B20 温度传感器接线方便，封装成后可应用于多种场合，耐磨、耐碰，体积小，使用方便，封装形式多样，适用于各种空间狭小的设备。通过诊断仪或厂家专用的软件，可以读出 BMS 中动力蓄电池的温度数据。

3.集成芯片温度采集法

由于温度测量在日常生产、生活中越来越普遍，所以半导体生产商推出了很多集成温度传感器。有些专门针对电池管理系统设计的芯片集成了电压、电流以及温度的采集功能。

【任务实施】

北汽 EV160 BMS 参数检测

一、接受工作任务

新能源汽车维修服务站开展了一期新员工的 BMS 上电原理及参数检测培训，技师刘强要求学徒按照安全规范在 BMS 台架上对北汽 EV160 汽车的动力蓄电池内部上电过程参数进行测量，测量主正接触器、主负接触器、预充接触器、温度传感器等处的电压。请按照实训工单完成学习任务。

二、信息收集

1.在北汽 EV160 汽车上电时，动力蓄电池内部接触器的闭合顺序为先闭合______接触器，再闭合______接触器，预充完成后闭合______接触器，10 ms 之后断开______接触器。

2.预充电阻的作用是________。

3.动力蓄电池的温度检测方法有________、________、________。

三、制订计划

1.根据实训任务要求制订作业计划。

作业计划		
序号	作业项目	操作要点

2.根据作业计划完成小组成员任务分工。

操作人		记录员	
监护人		展示员	

作业注意事项			
(1)在测量动力蓄电池电压时,遵循单手操作原则,保证高压安全。 (2)台架内含高压电,严禁用手直接触摸高压回路的导体部分。 (3)实训过程中严禁私自拆解任何动力蓄电池系统的内零部件。 (4)若实训过程中出现故障,务必第一时间中止实训,并报备实训指导教师。			
检测设备/工具/材料			
序号	名称	数量	清点
			□已清点
			□已清点
			□已清点
			□已清点
			□已清点
			□已清点

四、计划实施

1.场地工具准备。

测试设备采用动力蓄电池智能实训台,试验开始前应锁止台架固定脚轮。

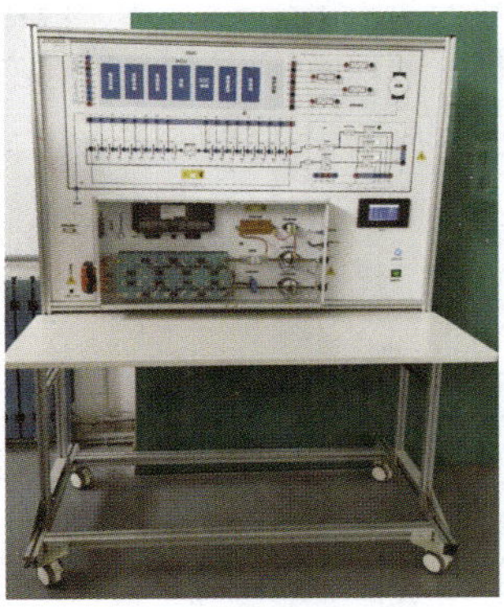

测量时需要准备的场地安全措施有____________________。

工具安全措施有____________________。

2.测量 BMS 上电参数。

(1)打开电源开关,测量动力蓄电池单体电压。

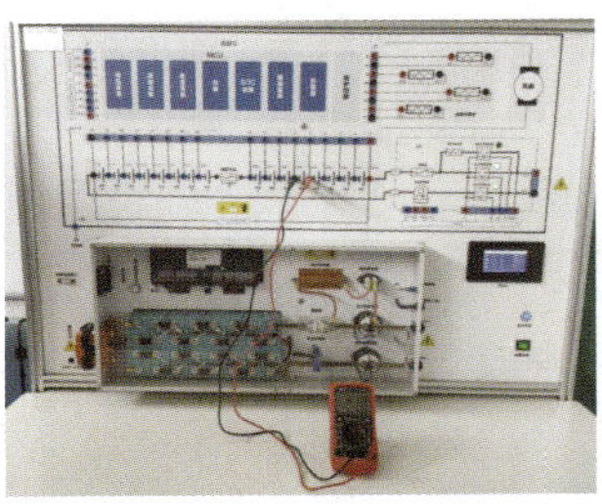

动力蓄电池模块由________节单体电池组成,单体电池电压为________V,动力蓄电池组总电压为________V。单体电池的类型为________。

<table>
<tr><td colspan="2">(2)打开点火开关,观察 BMS 台架面板上主正接触器、主负接触器、预充接触器指示灯的点亮顺序。</td></tr>
<tr><td>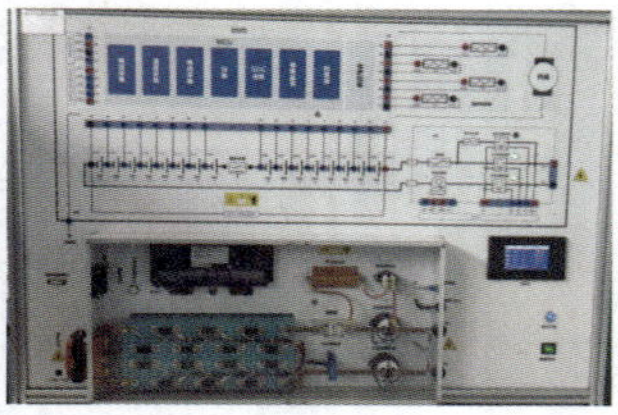</td><td>首先,______接触器指示灯亮;
其次,______接触器指示灯亮;
再次,______接触器指示灯亮;
最后,______接触器指示灯灭。</td></tr>
<tr><td colspan="2">(3)使用万用表分别测量打开点火开关时的主正接触器、主负接触器、预充接触器线圈电压。</td></tr>
<tr><td>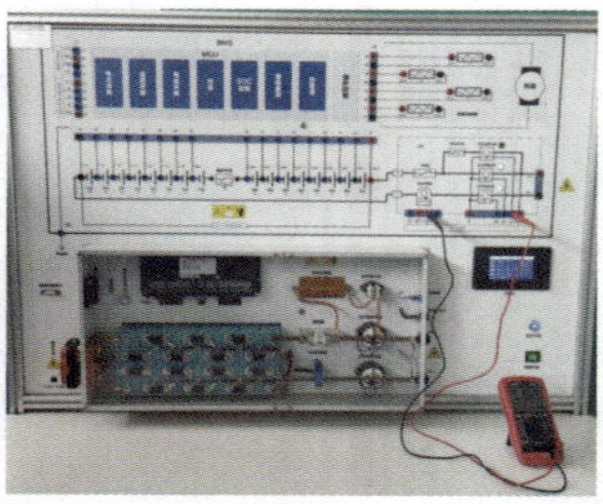</td><td>主正接触器线圈电压为______,
主负接触器线圈电压为______,
预充接触器线圈电压为______。
注:总正接触器、总负接触器、预充接触器闭合时线圈电压 12 V。</td></tr>
<tr><td colspan="2">(4)使用万用表测量温度传感器的信号电压。</td></tr>
<tr><td>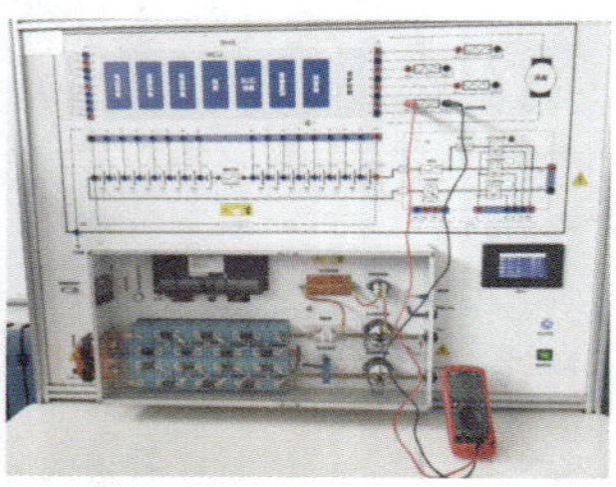</td><td>温度传感器 1 的信号电压为______,
温度传感器 2 的信号电压为______,
温度传感器 3 的信号电压为______,
温度传感器 4 的信号电压为______。
注:温度传感器电压范围为 0～5 V,15.8 ℃时电压参考值为1.95 V。</td></tr>
<tr><td colspan="2">(5)测量电流传感器的反馈信号电压。</td></tr>
<tr><td>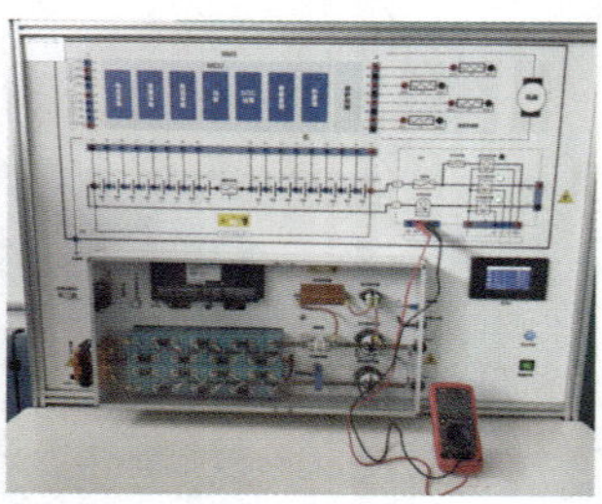</td><td>电流传感器的反馈信号电压为:______。注:反馈信号电压范围为 0～5 V。</td></tr>
</table>

五、质量检查

请实训指导教师检查本组作业结果，并针对实训过程出现的问题提出改进措施及建议。

序号	评价标准	评价结果
1	规范使用设备仪器，恢复场地	
2	作业计划完善且保证安全实施	
3	测量、记录数据准确，分析合理	
4	正确展示团队实训成果	
综合评价	☆☆☆☆☆	
综合评语（作业问题及改进建议）		

六、评价反馈

请根据自己在课堂中的实际表现进行自我评价和小组评价。

自我评价：______________________________。

小组评价：______________________________。

实训成绩单

项目	评分标准	分值	得分
接受工作任务	明确工作任务及结果要求	5	
信息收集	掌握工作相关知识及操作要点	15	
制订计划	按照计划顺利且高效地完成工作任务	10	
计划实施	做好安全防护	20	
	正确测量单体电池电压	10	
	正确检测各接触器是否闭合	15	
	正确测量温度传感器、电流传感器的电压信号	15	
质量检查	按照要求完成相应任务	5	
评价反馈	经验总结到位，评价合理	5	
得分（满分 100）			

任务三　动力蓄电池电量管理技术

【工作情景】

一辆吉利帝豪 EV450 在行驶 1×10^5 km 后发现续航里程缩短严重，于是进店维修。经过检查发现，单体电池存在严重的不一致性。技师小王安排你用动力蓄电池均衡仪对动力蓄电池进行均衡操作，请按照操作规范完成任务。

【学习目标】

素质目标

1.养成良好的职业道德和职业素养；

2.能够进行有效的沟通和交流，具备团队合作意识；

3.培养安全第一的操作意识、爱岗敬业的工作态度和精益求精的工匠精神。

知识目标

1.了解电池均衡的方法；

2.熟知主动均衡和被动均衡；

3.熟悉动力蓄电池均衡的方法。

能力目标

1.能够正确说出电池均衡的方法；

2.能够描述主动均衡和被动均衡；

3.能够使用均衡仪对单体电池进行均衡。

【知识准备】

一、动力蓄电池均衡

（一）电池组均衡的作用

动力蓄电池长期使用必然会导致各单体电池内部产生不一致性。不一致性主要表现为内阻不同、单体电压不同以及容量利用率不同。长期充放电循环会加剧电池组的不一致性，从而进一步导致各单体电池性能上的差异，如充电时电池组中部分电池充满而另一部分未充满，使整体能量降低；放电时也会出现总能量不能完全被利用的现象。久而久之，电池组必将导致电池过充或过放，从而降低电池使用性能和使用寿命，严重时甚至会使电池直接报废。

电池组均衡保护的目的：在原有内部不一致性的基础上采取相应的保护和平衡措施，使其内部各单体电池能够长期处于一种基本平衡，尽量消除各单体电池间的不一致性，从而确保电池组长期使用的安全性，延长电池组的整体寿命。

(二)电池均衡方法

目前，动力蓄电池组系统技术的均衡方法主要有以下几种：

1.并行平衡充电

电池组中每节单体电池都有独立的充电线路，可实现各单体电池的独立充电而互不干扰，但这种方法接线复杂且成本较高。

2.并联开关法

在充电回路中，每节单体电池都并联一个受控开关，当单体电池电压高于其他电池时，对应的开关闭合使该单体电池暂停充电，当其他电池电压与它相同时才断开开关，恢复正常充电。此方法控制电路复杂，可靠性不高。

3.能量转移法

这种方法主要是利用电感或电容储能元件对各单体电池上的电量进行转移。在该均衡方案中，均衡模块通过继电器或开关管组成的开关网络与电池组并联。采用电感的能量转移方案通过总充电电流的分流而实现能量转移，采用电容的能量转移方案通过开关切换将相邻两节电池中能量较高的一节向能量较低的转移。能量转移法不额外消耗能量，是一种无损均衡方案。但这种均衡方案中采用的开关管一般都是大功率器件，存在驱动问题，且控制电路也较为复杂。

4.电阻并联均衡方案

这种均衡方案是一种能耗型均衡方案，具体实施方法为：每节单体电池都并联一个电阻，通过电池组内单体电池的自消耗放电来达到电池组电压的一致性。这种方法受均衡电阻发热的限制，一般均衡电流较小、充电电流较大时难以达到预期的均衡效果。

目前，国内外主要采用两类均衡方法：一类是被动均衡，也称能耗型均衡，主要是旁路分流均衡法；另一类是主动均衡，也称无能耗型均衡，主要是电容法和多绕组变压器法。

(三)被动均衡和主动均衡

1.被动均衡

被动均衡也称能耗型均衡，利用发热电阻旁路分流，因此每节单体电池都要接上一个旁路。在复充阶段，将那些已完全充满的单体电池的旁路接通进行分流。这种方式对那些充电率已知的系统尤其适用。旁路电阻 R 的大小需要满足一定要求，能够恰好分流充电电流。若充电电流太小，那么旁路电阻就会使电池单体开始放电。因为这个电路采用接通旁路电阻来消耗电池的多余电能，因此该电路被称为能耗型均衡电路，电路图如图 6-37 所示。

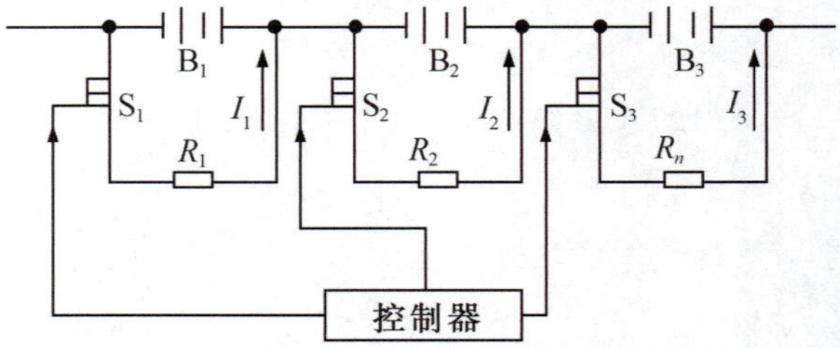

图 6-37　旁路分流均衡法原理图

运用能耗型均衡方法设计的均衡电路是最简单、成本最低的电路。若选择的电阻能够使电流 I 非常小，那么电阻物理尺寸以及开关的额定值都应该非常小，此均衡方法就能够连续工作，只要按照需要接通和切断电阻即可实现电池均衡。

2.主动均衡

主动均衡也称无能耗型均衡，主要是采用分流元件和电压或者电流转换器件把能量从某节单体电池转移到另一节单体电池。在这个过程中，这些器件仅作为能量器件，不损耗能量，这样的均衡电路为能量反馈型均衡电路。

(1)基于电容电路的能量反馈型均衡电路：电容元件是全部能量传递元件之中性能最好的存储电荷元件。利用电容达到充电均衡需要一个特殊的设备，这个设备需要具有从某节单体电池上得到电量、储存电量、传至另外某节的能力，其电路图如图 6-38 所示。

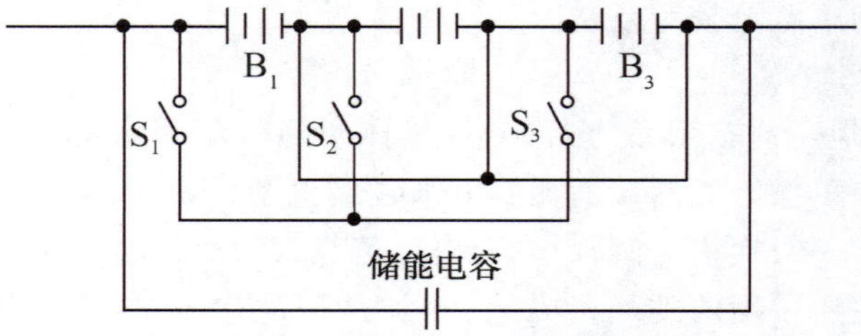

图 6-38　基于电容电路的能量反馈型均衡电路

通过电子控制器件接通相应开关以使储能电容通过 B_1 开始充电，充满电之后，开关断开，然后闭合相应开关，接通储能电容与 B_2。由于存在电压上的差异，于是电量便转送到 B_2。用同样的方式，储能电容分别逐个接通 B_3、B_4……B_n，如此循环下去。在此过程中，电量较高的单体电池会对储能电容实施充电，而电量较低的单体电池会从储能电容中获得电量。用这种方法，高电量单体电池上的部分电量将转移到低电量的单体电池上。这种方法所需的唯一电子控制器件就是一个固定的开关序列，以接通和断开相应的开关。

(2)基于开关变压器的能量反馈型均衡电路：开关变压器属于能量转换式均衡模块，它把单体电池剩余的能量传输到充电总线上，再均匀分配给其他单体电池，其电路图如图 6-39 所示。

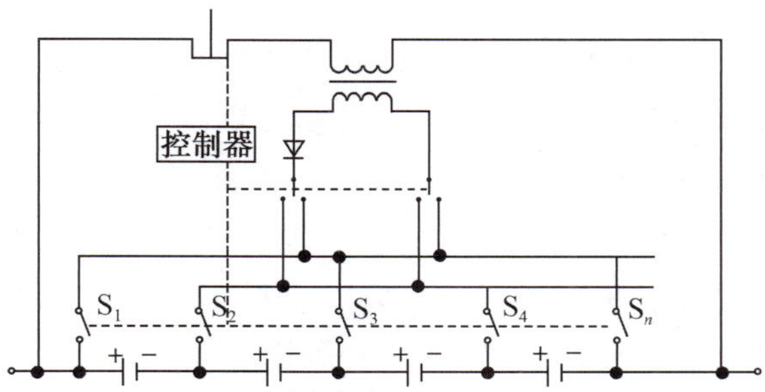

图 6-39　基于开关变压器的能量反馈型均衡电路示意图

电路中开关变压器 T 如同电容法中的储能电容 C，整个电池组电流通过 MOSFET 控制流入变压器 T，经过二极管 D 整流后再分配给所有的电池单体。该方法优点是能够快速地实现整个电池电流能量到单体的转移，缺点是控制复杂、缺乏灵活性。

视频 6-2　电池管理系统均衡工作原理

二、动力蓄电池的 SOC 估算

(一)SOC 估算的作用

SOC 指的是荷电状态，也叫剩余电量，用来反映电池的剩余容量。SOC 是防止动力蓄电池过充电和过放电的主要依据，只有准确估算电池组的 SOC 才能有效提高动力蓄电池组的利用效率，保证电池组的使用寿命。准确估算蓄电池 SOC 的作用有四点。

1.保护蓄电池

对于蓄电池而言，过充电和过放电都可能对蓄电池造成永久性的损害，严重缩短电池的使用寿命。如果可以提供准确的 SOC，整车控制策略可以将 SOC 控制在一定的范围之内(如 20%～80%)，起到防止电池过充电或过放电的作用，从而保证电池的正常使用，延长电池的使用寿命。

2.提高整车性能

在没有提供准确 SOC 的情况下，为了保证电池的安全使用，整车控制策略需要保守地使用电池，防止电池出现过充电和过放电的情况，因而不能充分发挥电池的性能，也就降低了整车的性能。

3.降低对动力蓄电池的要求

在准确估算 SOC 的前提下，电池的性能才可以充分发挥。选用电池时，针对电池性能设计的余量可以大大减小。例如，在准确估算 SOC 的前提下，只需要使用容量为 40 A·h的动力蓄电池组。如果不能提供准确的 SOC，为保证整车的性能和可靠性，可能需要选择 60 A·h 甚至更高容量的动力蓄电池组。

4.提高经济性

选择较低容量的动力蓄电池组可以降低制造成本。同时,准确估算 SOC 有利于提高系统的可靠性,大大降低后期的维护成本。

(二)影响 SOC 估算精度的因素

在新能源汽车的运行中需要动力蓄电池提供动力源,而电池荷电状态能够预测电池剩余电量,进而可以预测电池的续航时间和续航里程。在实际应用中,受温度、充放电、自放电、一致性以及电池老化等因素的影响,动力蓄电池自身能量的保持能力被破坏,造成容量衰减,使 SOC 呈现非线性特性,很难精准地获取 SOC。所以,需要根据电池的可测量值,如电压、电流,并结合电池内外界影响因素(温度、寿命等)来估算电池的 SOC。SOC 估算精度的影响因素有:

1.充放电电流

相对于额定充放电工况,动力蓄电池一般表现为大电流可充放电容量小于额定容量、小电流可充放电容量大于额定容量。

2.温度

不同温度下电池组的容量存在着一定的变化,温度段的选择及校正因素直接影响到电池的性能和可用电量。

3.电池容量衰减

在充放电循环过程中,电池的容量会逐渐减少。因此,对电量的校正条件就需要不断地改变,这也是影响 SOC 估算精度的一个重要因素。

4.自放电

电池内部的化学反应会产生自放电现象,使其在放置不用时,电量发生损失。自放电大小主要与环境温度有关,需要按实验数据进行修正。

5.一致性

电池组的建模和容量估算与单体电池有一定的区别,电池组的一致性差别对电量的估算有很大的影响。电池组的电量估算是按照总体电池的电压来估算和校正的。如果电池差异较大,将导致估算的精度误差很大。

(三)SOC 估算方法

SOC 估计常用算法分为直接计算法和智能估算法,其中直接计算法有开路电压法、电流积分法、电池内阻法以及放电实验法等,智能估算方法有卡尔曼滤波法、神经网络法等。直接计算方法简单、易于实现,但精度较差,需要定期校正;智能估算方法根据输出实时更新 SOC,具有较高的精度,但计算相对复杂。

【任务实施】

锂离子单体电池均衡测试

一、接受工作任务
一辆吉利帝豪 EV450 在行驶 1×10^5 km 后发现续航里程缩短严重，于是进店维修。经过检查发现，车辆单体电池存在严重的不一致性。技师小王安排你用动力蓄电池均衡仪对动力蓄电池进行均衡操作，请按照操作规范完成任务。
二、信息收集
1.电池组均衡的作用是________。 2.目前，国内外主要采用两类均衡方法：一类是________，也称能耗型均衡电路，另一类是________，也称无能耗型均衡电路。 3.影响 SOC 估算的因素包括________、________、________、________、________。
三、制订计划
1.根据实训任务要求制订作业计划。

作业计划		
序号	作业项目	操作要点

2.根据作业计划完成小组成员任务分工。

操作人		记录员	
监护人		展示员	

作业注意事项

(1)实训开始前应摘掉首饰,换上实训服,长发挽起并固定于脑后。
(2)测试仪表不要在高温、高湿、易燃、易爆和强电磁场中使用和存放。
(3)若实训过程中出现故障,务必第一时间中止实训,并报实训指导教师。
(4)作业完毕应清除杂物,打扫设备周围,以保持场地整洁。

检测设备/工具/材料

序号	名称	数量	清点
			□已清点
			□已清点
			□已清点
			□已清点
			□已清点
			□已清点

四、计划实施

1.准备设备、工具,检查电池组均衡维护仪、连接线束是否正常。

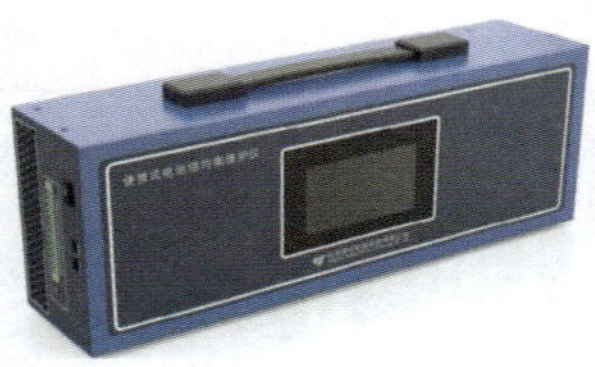

均衡维护仪状态:□正常　　　　□不正常
连接线束状态:□正常　　　　□不正常

2.将待均衡的电池与设备相连,将设备上电,选择工作模式。

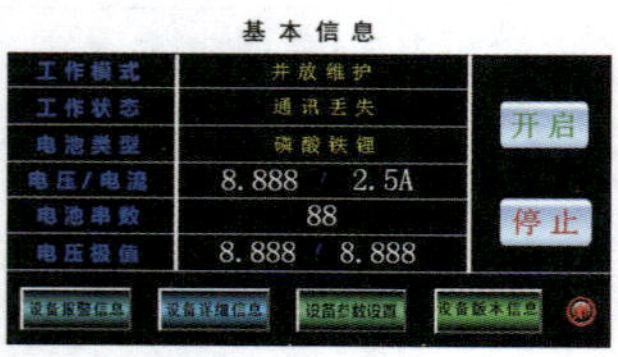

选择工作模式:□并充　　　　□并放　　　　□均衡

3.根据需要选择电池类型。

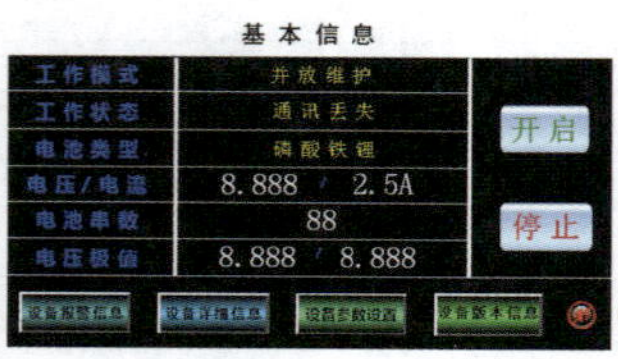

选择的电池类型为:□磷酸铁锂电池
□三元锂电池
□钛酸锂电池

<table>
<tr><td colspan="2">4.输入电池均衡充电需要的工作电流。</td></tr>
<tr><td>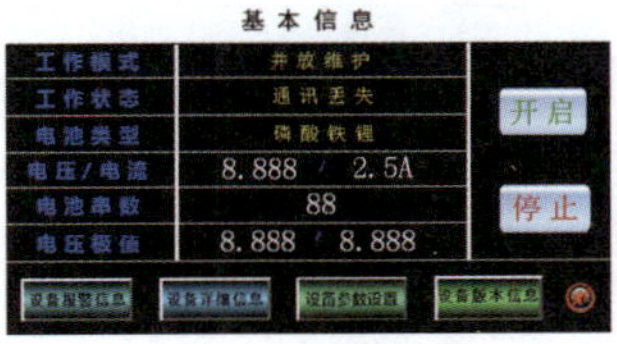
</td><td>输入的工作电流为________A。</td></tr>
<tr><td colspan="2">5.点击“设备参数设置”,进入设备参数设置界面。</td></tr>
<tr><td>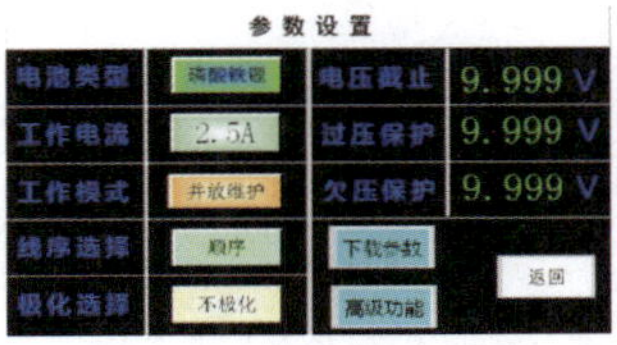
</td><td>设置电池的截止电压为________V。
设置电池的过压保护电压为________V。
设置电池的欠压保护电压为________V。</td></tr>
<tr><td colspan="2">6.点击“高级功能”图标,进入相应单元的通道选择页面。页面中,“√”表示使用当前通道,“×”表示不使用当前通道。</td></tr>
<tr><td>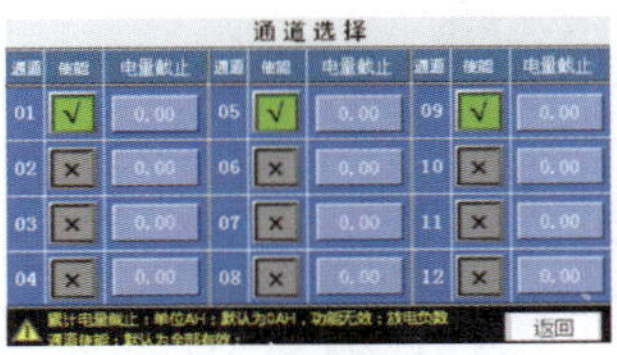
</td><td>当前使用的通道数量为________个。</td></tr>
<tr><td colspan="2">7.参数设置完毕后,点击“开始”对电池进行均衡。</td></tr>
<tr><td>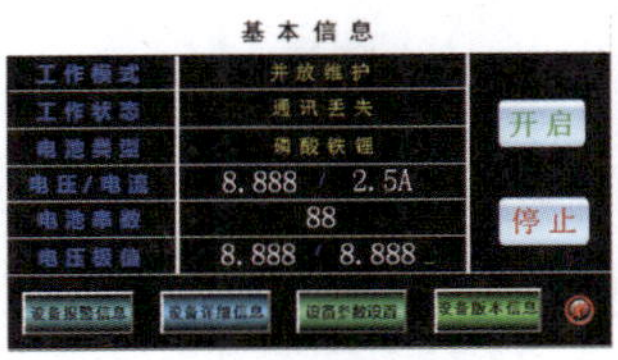
</td><td>注意:在均衡仪工作时,不要随意移动设备。</td></tr>
<tr><td colspan="2">8.点击“设备详细信息”,进入设备详细信息界面,查看单体电池的电压详细信息。</td></tr>
<tr><td>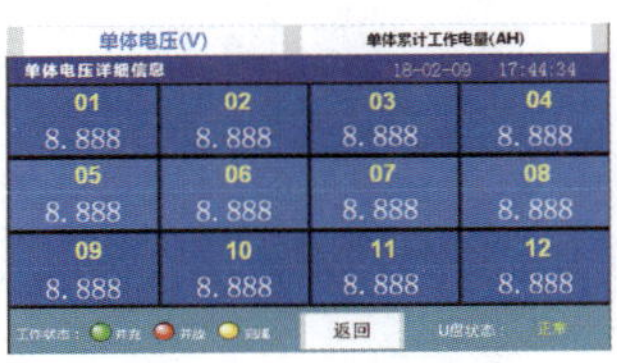
</td><td>设备显示各单体电池电压分别为________。</td></tr>
</table>

9.查看单体电池的累计工作电量信息。累计电量的单位为 A·h,默认为 0 A·h,即功能无效,充电为正数,放电为负数

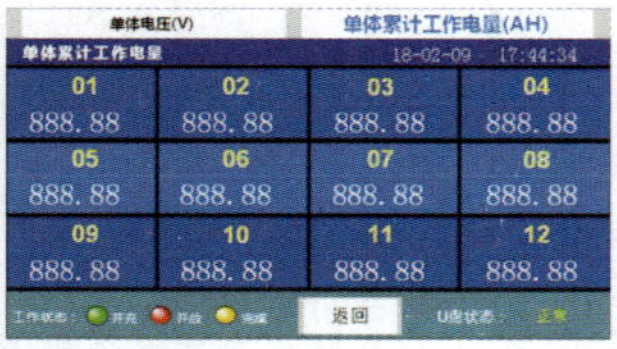

设备显示各单体电池累计工作电量分别为________。

10.使用标准的安全数码卡存储均衡数据。

五、质量检查

请实训指导教师检查本组作业结果,并针对实训过程出现的问题提出改进措施及建议。

序号	评价标准	评价结果
1	规范使用设备仪器,恢复场地	
2	作业计划完善且保证安全实施	
3	准确测量、记录数据,分析合理	
4	正确展示团队实训成果	
综合评价	☆☆☆☆☆	
综合评语(作业问题及改进建议)		

六、评价反馈

请根据自己在课堂中的实际表现进行自我评价和小组评价。

自我评价:________________________________。

小组评价:________________________________。

实训成绩单			
项目	评分标准	分值	得分
接受工作任务	明确工作任务及结果要求	5	
信息收集	掌握工作相关知识及操作要点	15	
制订计划	按照计划顺利且高效地完成工作任务	10	
计划实施	做好设备检查	10	
	正确进行均衡参数设置	10	
	正确进行单体电池均衡	25	
	正确读取和保存均衡数据	15	
质量检查	按照要求完成相应任务	5	
评价反馈	经验总结到位，评价合理	5	
得分（满分 100）			

任务四　动力蓄电池热管理技术

【工作情景】

一辆吉利帝豪 EV450 在行驶过程中发现仪表的限功率指示灯亮起，踩下加速踏板时车速无法提升，于是进店维修。经过检查发现，车辆动力蓄电池冷却系统存在故障。请你按照操作规范完成故障检修任务。

【学习目标】

素质目标

1.养成良好的职业道德和职业素养；

2.能够进行有效的沟通和交流，具备团队合作意识；

3.培养安全第一的操作意识、爱岗敬业的工作态度和精益求精的工匠精神。

知识目标

1.了解动力蓄电池热管理的功能；

2.熟悉动力蓄电池的冷却方式；

3.熟悉吉利帝豪 EV450 的动力蓄电池热管理系统构成；

4.掌握吉利帝豪 EV450 的动力蓄电池热管理系统运行模式。

能力目标

1.能够正确使用诊断仪等检测工具；

2.正确查阅维修资料、分析线路原理图；

3.按照维修规范正确完成常见故障诊断与排除；

4.能够按照 7S 要求正确完成场地整理。

【知识准备】

一、动力蓄电池热管理系统功能

(一)动力蓄电池适宜的工作温度

锂电池对温度变化比较敏感，理想温度范围为 25～45 ℃。高温会明显加速电池的衰老，影响系统安全性与可靠性；低温将导致电池性能急剧下降。因此，为了使电池组发挥最佳的性能，通过对动力蓄电池组冷却或加热使动力蓄电池组处于较佳的工作温度，改善其运行效率，提高电池组的寿命。表 6-2 为磷酸铁锂电池在不同温度下的充电性能。

表 6-2　磷酸铁锂电池在不同温度下的充电性能

电芯温度(℃)	标准充电	快速充电
<0	不允许充电	不允许充电
0～5	充电电流为 0.1C	不允许充电
5～10	充电电流为 0.1C	充电电流为 0.2C
10～25	充电电流为 0.2C	充电电流为 0.3C
25～45	充电电流为 0.5C	充电电流为 0.75C
45～50	充电电流为 0.1C	
>50	不允许充电	

(二)动力蓄电池热管理的功能

电池热管理的主要功能包括：

(1)准确测量和监控电池温度。

(2)当电池组温度过高时,能够有效散热。

(3)在低温条件下快速加热。

(4)保证电池组温度场的均匀分布。

(5)保证电池散热系统与其他散热单元的匹配。

二、动力蓄电池的冷却方式

电池组热管理系统有三种运行方式:风冷式、水冷式和空调循环冷却式。风冷式易实现,但动力蓄电池组温度梯度变化较大,不利于电池稳定工作。目前,通过冷却液与空调系统的制冷剂进行换热的液冷方式逐渐成为主流。

(一)风冷式

风冷式动力蓄电池组采用空气作为传导介质,使用一个或多个风机从汽车车厢内的一个或多个进风口将风抽入电池组内,从而进行冷却,如图 6-40 所示。进风口通常位于车厢内相对靠近电池组的位置,如汽车后排座椅坐垫下方、后排座椅靠垫两侧等。

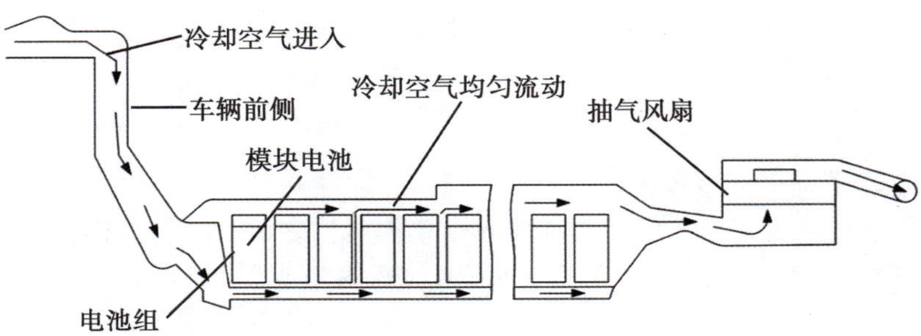

图 6-40　风冷式动力蓄电池组的冷却系统

风冷主要有并行和串行两种通风方式,电池包在结构上设计相应的风道,尽量减少流动阻力,保证气流的均匀性。串行通风一般是使空气从电池包一端流往另外一端,如图 6-41 中(a)所示,因此气流会将先流过的地方的热量带到后流过的地方,从而导致两端温度不一致且温差较大。在并行通风的情况下，电池模块间的空气都是直立上升气流，如图 6-41 中(b)所示，这样能够有效地分配气流，从而保证电池包各处散热一致。

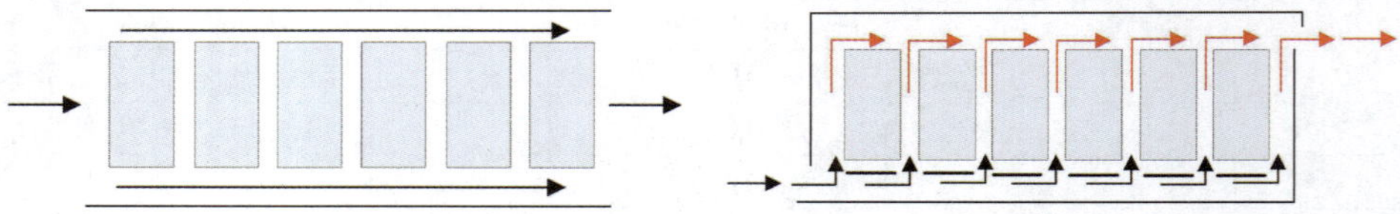

(a)串行通风　　(b)并行通风

图 6-41　动力蓄电池空气冷却方式

丰田普锐斯的动力蓄电池中安装了三个温度传感器，采用并行风冷却方式，如图 6-42所示。当外界天气炎热的时候，可以将乘员舱温度较低的冷空气由 12 V 鼓风电机从进风口输送到镍氢电池组的壳体中为电池组通风降温。鼓风电机控制器会根据电池组中温度传感器读取的电池组温度，作出相应的参数调整(如调整转速)。

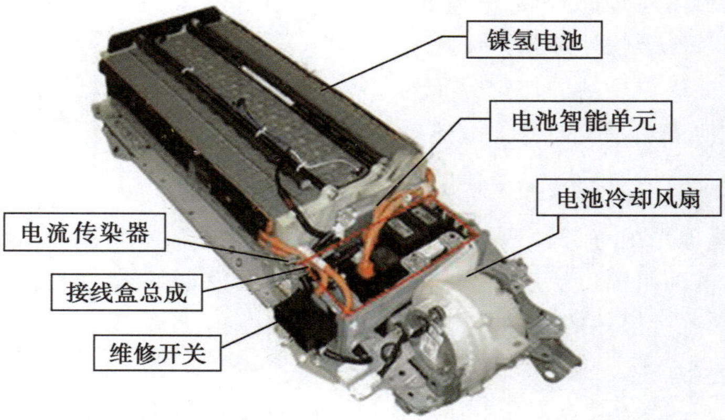

图 6-42　丰田普锐斯动力蓄电池风冷系统

风冷式的优点：结构简单，重量轻；有害气体产生时能有效通风；工艺简单，成本较低。

风冷式的缺点：散热效果较差，容易引起模块中电池间温度不均衡，进而损害电池的使用寿命。

(二)水冷式

水冷式冷却系统采用冷却液作为传导介质，冷却液一般为 50%的水和 50%的乙二醇的混合物。水冷管道穿插于电池系统的各个单体电池之间，并在系统外部配置水循环设备，利用水冷管道将电池热量送出系统外部，实现对电池组的冷却。水冷式动力蓄电池组的冷却系统如图 6-43 所示。

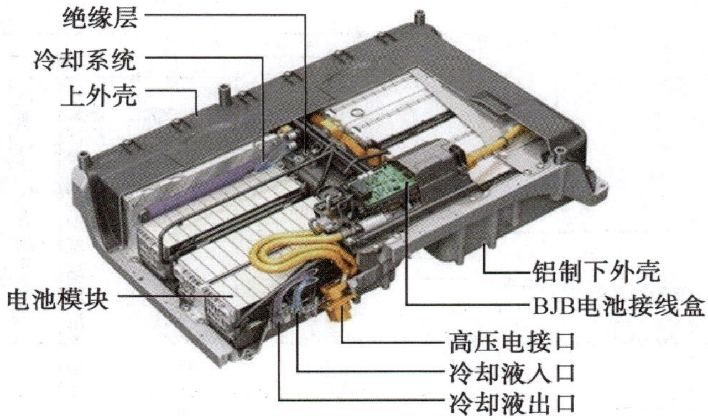

图 6-43　高压动力蓄电池组的冷却系统

水冷式的优点：冷却效果优异，电池组散热均匀，可集成电池加热功能。

水冷式的缺点：系统复杂，增加了很多部件(如水泵、阀、低温水箱等)，提高了成本。

(三)空调循环冷却式

空调循环冷却式是指动力蓄电池的冷却系统内部有与空调系统连通的制冷剂循环回路。动力蓄电池冷却液循环回路与空调压缩机的制冷剂循环回路通过制冷剂的热交换器连接。因此，空调系统制冷剂循环回路由两个并联支路构成，一个用于冷却车内空间，另一个用于冷却动力蓄电池单元，两个支路各有一个膨胀和截止组合阀。空调循环式冷却系统如图 6-44 所示。

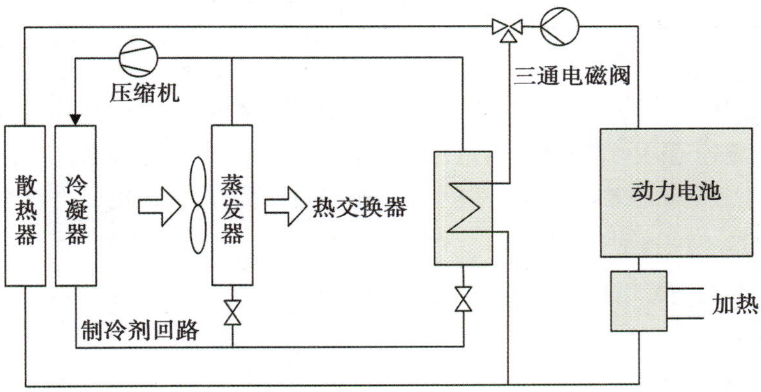

图 6-44　空调循环冷却式冷却系统

三、动力蓄电池热管理系统

吉利 EV 系列电动汽车的热管理系统主要包括电控部分、动力蓄电池组、空调暖风控制系统、空调制冷控制系统四大部分。电控部分热管理系统将驱动电机、电机控制器、OBC、散热器、水泵(电机)等通过串联方式实现热管理功能。动力蓄电池组热管理系统通过三通电磁阀 B、三通电磁阀 C 与电控部分热管理系统并联，根据 BMS 的热管理请求信号实现串联、并联、混联和独立工作四种方式。热管理系统如图 6-45 所示。

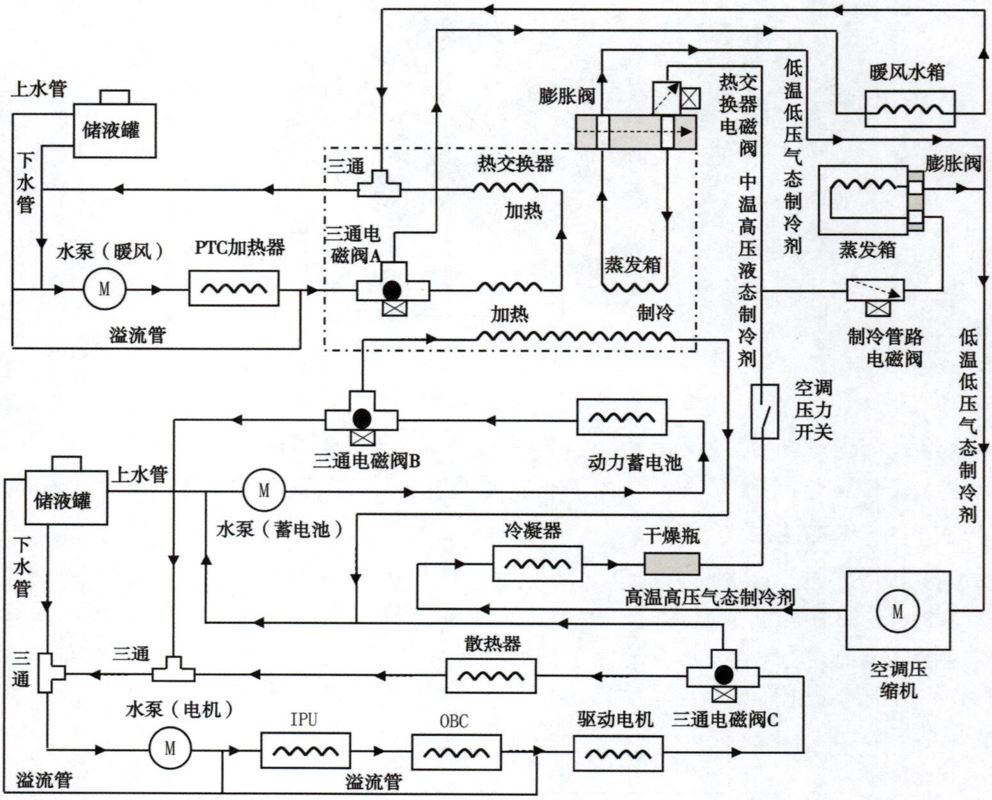

图 6-45　热管理系统

从图 6-45 中可以看出，热管理系统将电机、电控部分的液态温控系统与动力蓄电池的液态温控系统连通，中间通过三通电磁阀 B、C 和热交换器电磁阀共同控制冷却及预热功能。同时，通过三通电磁阀 A 引入 PTC 加热器暖风，为动力蓄电池进行充电预热。

(一)热管理系统组成

从吉利 EV 系列整车热管理系统可以看出，动力蓄电池热管理系统分为冷却系统和加热系统两部分。

(1)冷却系统：冷却系统通过热交换器与空调制冷系统耦合，主要包括储液罐、水泵(蓄电池)、动力蓄电池、三通电磁阀 B、热交换器(蒸发箱)、冷却风扇等。

吉利帝豪 EV450 的水泵控制电路如图 6-46 所示，动力蓄电池管理系统(BMS)根据温度传感器的检测输出，通过 P-CAN 总线向 VCU、空调控制器发出相应的温度管理请求。A/C 空调控制器从 IP86a/25 端子输出低电平(小于 0.7 V)，热管理继电器 ER11 触点闭合，经过 EF14(10 A)为水冷水泵电机提供 12 V 工作电源；同时，从 IP86a/6 端子向水冷水泵输出 PWM 脉冲工作信号，水冷水泵电机工作。

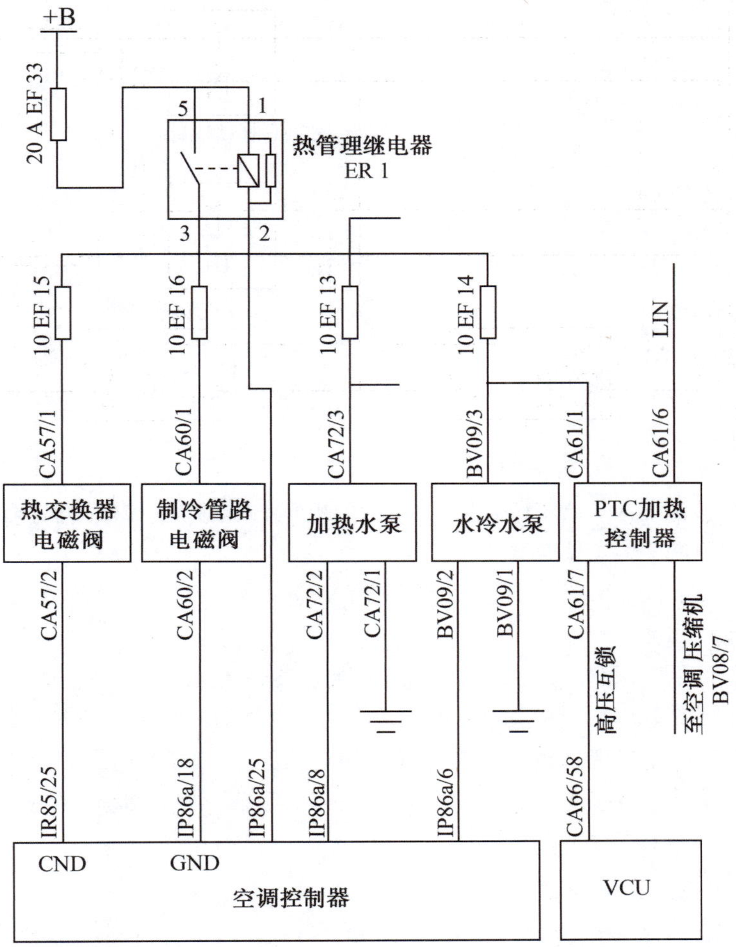

图 6-46　吉利 EV450 的水泵控制电路

吉利帝豪 EV450 的冷却风扇采用双风扇、高低速的控制模式。冷却风扇的开启和停止由 VCU 根据温度需求，利用冷却风扇的低速、高速继电器直接控制。在低速线路中，采用串联电阻的方式调节风扇转速。风扇控制线路如图 6-47 所示。

VCU 接收到由 BMS、OBC 通过 P-CAN 总线发送的低等级热管理系统启动请求后，从 CA67/128 端子输出低电平，低速风扇继电器线圈通电流，触点闭合，为风扇 1 的 CA30b/1 端子和风扇 2 的 CA31/1 端子提供工作电源，+B 端经调速电阻分压后连接到冷却风扇电机，使风扇低速旋转。

VCU 接收到由 MCU、OBC 通过 P-CAN 总线发送的高等级热管理系统启动请求后，从 CA67/127 端子输出低电平，高速风扇继电器触点闭合，+B 端直接连接到冷却风扇电机，使风扇高速旋转。

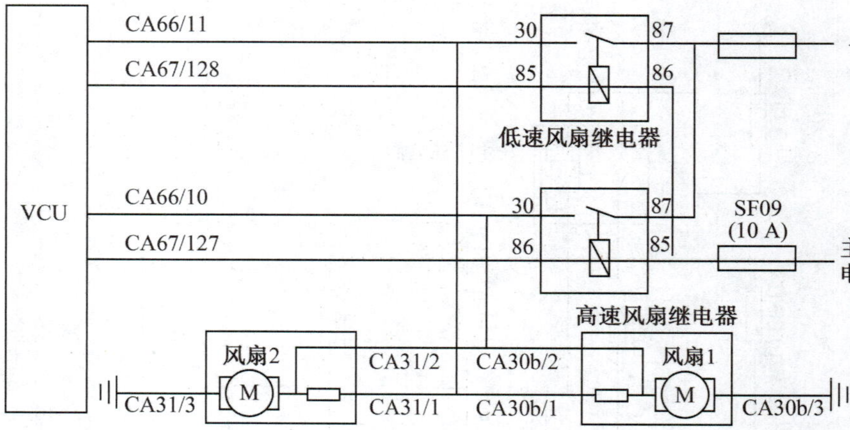

图 6-47　风扇控制线路

VCU 通过检测 CA66/10、CA66/11 端子的电压，判断高速和低速风扇继电器工作状态以及高速和低速风扇电源供电状态。

(2)加热系统：加热系统主要包括储液罐、加热水泵、PTC 加热器、三通电磁阀 A、热交换器等部分。

动力蓄电池管理系统(BMS)根据温度传感器的检测输出，通过 P-CAN 总线向 VCU、空调控制器发出相应的温度管理请求。A/C 空调控制器从 IP86a/25 端子输出低电平(小于 0.7 V)，热管理继电器 ER11 触点闭合，经过 EF13(10 A)为加热水泵电机提供 12 V 工作电源。同时，从 IP86a/8 端子向加热水泵输出 PWM 脉冲工作信号，加热水泵电机工作。

(二)热管理系统运行模式

(1)车辆运行中的预热管理：在运行放电模式下，当动力蓄电池温度低于 0 ℃时开启加热模式，高于 3 ℃时关闭加热。运行预热时引入电机、电控系统工作时所产生的热量，降低动力蓄电池电量的额外消耗，提高能量利用效率。电机、电控系统运转时产生的热量通过冷却液传递给动力蓄电池组。当蓄电池温度达到标定值时，三通电磁阀 C 断开与动力蓄电池回路的连接，电机、电控系统与动力蓄电池的温控系统恢复各自的独立运行，如图 6-48 所示。

(2)动力蓄电池的散热管理：动力蓄电池散热(冷却)循环控制如图 6-49 所示，空调控制单元控制三通电磁阀 B 打开热交换器冷却通道，水泵(蓄电池)启动。同时，空调压缩机控制单元关闭制冷管路电磁阀，打开热交换器电磁阀，空调压缩机启动，制冷剂流入热交换器，降低动力蓄电池内部流出的冷却液温度，再通过水泵(蓄电池)进入动力蓄电池，形成散热冷却循环，降低动力蓄电池温度。

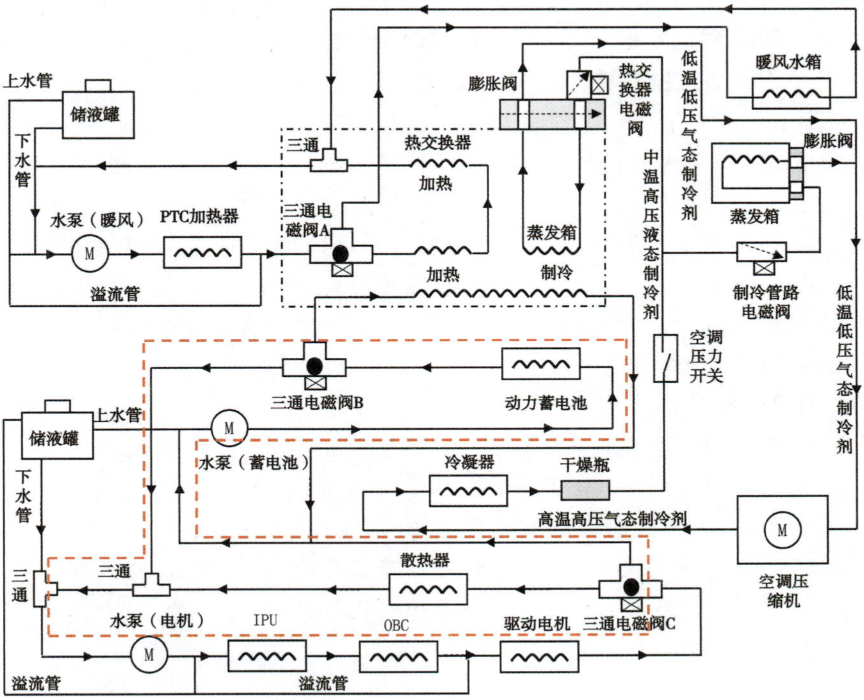

图 6-48　运行预热循环控制图

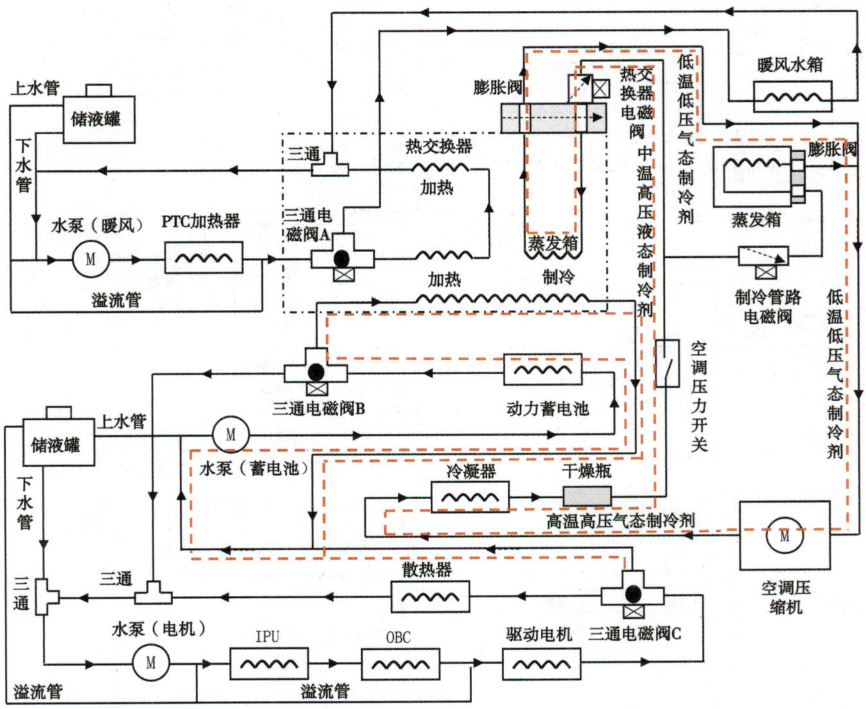

图 6-49　动力蓄电池散热(冷却)循环控制

(3)充电过程中的预热管理:在低温条件下,为保护动力蓄电池,BMS 对充电电流进行限制,只能采取小电流充电。充电过程中随着单体电池温度升高,充电电流才慢慢增大,延长了充电时间,不能发挥充电设施的性能,尤其是快充模式。

吉利帝豪 EV 系列配有充电预热方案。如果环境温度过低,会先对动力蓄电池预加热,当达到合适温度后,再启动快速充电。这不仅缩短了充电时间,还避免了低温下快充对单体电池可能造成的伤害。充电预热循环控制如图 6-50 所示。

慢充电模式:当蓄电池温度低于 0 ℃时加热开启,高于 3 ℃时加热关闭。

快充电模式:当蓄电池温度低于 10 ℃时加热开启,高于 12 ℃时加热关闭。

(4)充电过程中的散热管理:在充电过程中,如果动力蓄电池温度高于预设阈值时,BMS 向空调控制单元和空调压缩机控制单元发出冷却请求信号。空调控制单元控制三通电磁阀 B 打开热交换器冷却通道,水泵(蓄电池)启动。同时,空调压缩机控制单元关闭制冷管路电磁阀,打开热交换器电磁阀,空调压缩机启动,制冷剂流入热交换器,降低动力蓄电池内部流出的冷却液温度,再经水泵(蓄电池)进入动力蓄电池,内部冷却管路形成散热冷却循环。充电过程中的散热管理如图 6-51 所示。

慢充模式:当蓄电池温度高于 38 ℃时冷却模式开启,低于 32 ℃时冷却模式关闭。

快充模式:当蓄电池温度高于 32 ℃时冷却模式开启,低于 28 ℃时冷却模式关闭。

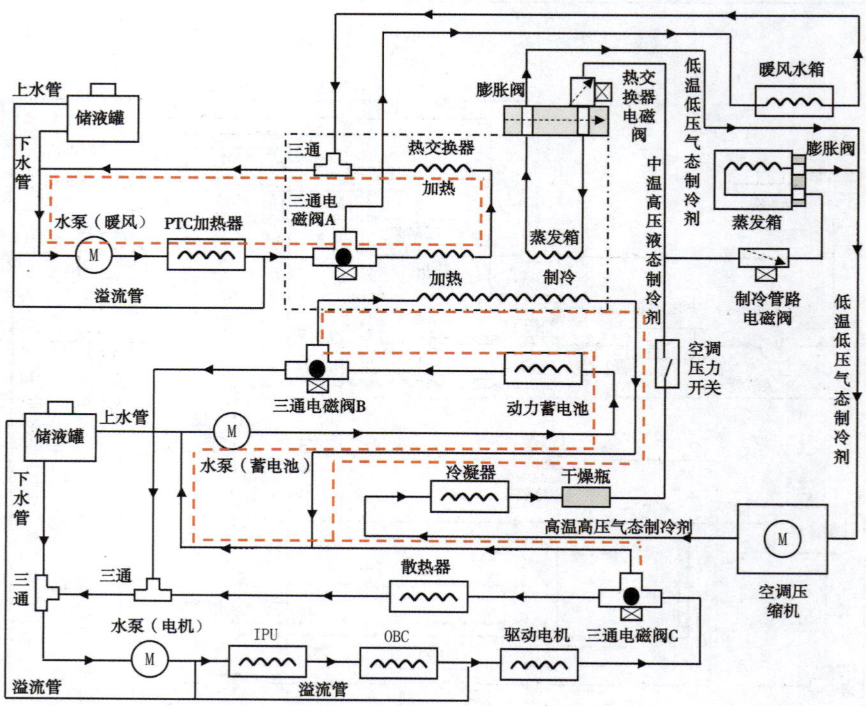

图 6-50　充电预热循环控制

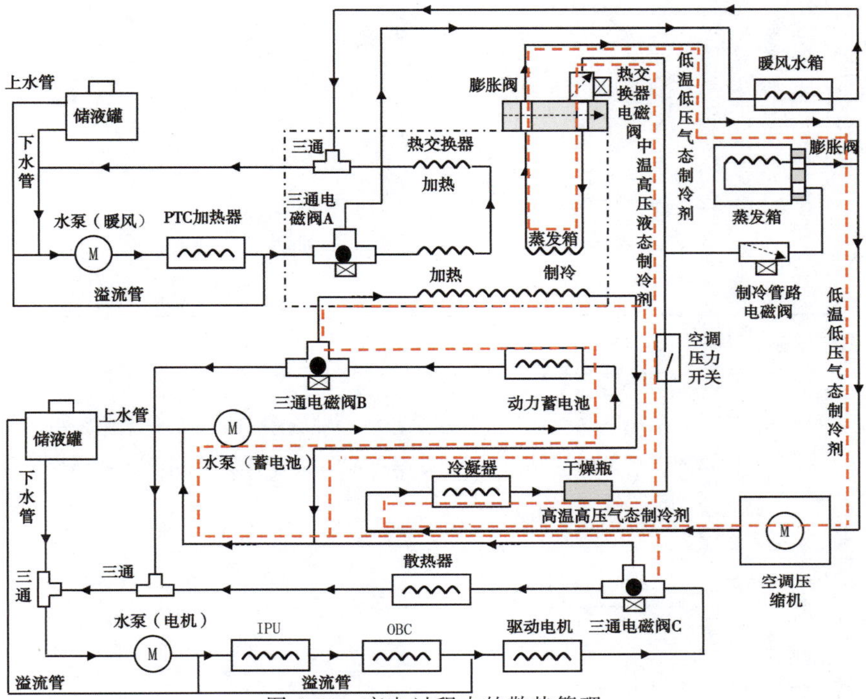

图 6-51　充电过程中的散热管理

【任务实施】

动力蓄电池冷却系统故障检修

一、接受工作任务

一辆吉利帝豪 EV450 在行驶过程中发现仪表的限功率指示灯亮起，踩下加速踏板时车速无法提升，于是进店维修。经过检查发现，车辆动力蓄电池冷却水泵存在故障。请你按照操作规范完成故障检修任务。

二、信息收集

1.动力蓄电池热管理的功能包括________、________、________、________、________。

2.电池组热管理系统的运行方式包括________、________、________。

3.吉利帝豪 EV 系列的热管理系统主要包括________、________、________、________四部分。

三、制订计划

1.根据实训任务要求制订作业计划。

作业计划

序号	作业项目	操作要点

2.根据作业计划完成小组成员任务分工。

操作人		记录员	
监护人		展示员	

作业注意事项
(1)实训开始前应摘掉首饰,换上实训服,长发挽起并固定于脑后。 (2)车辆带有 300 V 以上高压电,严禁用手直接触摸高压回路导体部分。 (3)若实训过程中出现故障,务必第一时间中止实训,并报实训指导教师。 (4)作业完毕应清除杂物,打扫设备周围以保持场地整洁。

检测设备/工具/材料

序号	名称	数量	清点
			□已清点
			□已清点
			□已清点
			□已清点
			□已清点
			□已清点

四、计划实施

1.测量准备。

测量时需要准备的场地安全措施有____________________。
工具安全措施有____________________。

2. 确认故障现象。

“READY”指示灯是否亮:□亮　　　□不亮
其他故障指示灯:________。

3.正确断电。断开蓄电池负极,断开维修开关。

注意:断开蓄电池负极后需要做绝缘防护。

4.使用万用表测量水泵 BV09/3 针脚的供电电压。	
	实测水泵供电电压为________V。
5.使用万用表分别测量水泵供电保险丝 EF14 的上游和下游电压。	
	EF14 下游电压为________V， EF14 上游电压为________V。
6.打开保险丝盒盖，取下水泵供电保险丝 EF14，测量保险丝电阻。	
	测得保险丝的电阻为________。
7.确定故障点。通过测量的数据分析得出故障点。	
	故障点为________。
8.更换新的保险丝，上电验证故障是否消除。	
	保险丝的规格为________。

五、质量检查		
请实训指导教师检查本组作业结果，并针对实训过程出现的问题提出改进措施及建议。		
序号	评价标准	评价结果
1	规范使用设备仪器，恢复场地	
2	作业计划完善且保证安全实施	
3	准确测量、记录数据，分析合理	
4	正确展示团队实训成果	
综合评价	☆☆☆☆☆	
综合评语（作业问题及改进建议）		

六、评价反馈

请根据自己在课堂中的实际表现进行自我评价和小组评价。

自我评价：________________________________。

小组评价：________________________________。

实训成绩单

项目	评分标准	分值	得分
接受工作任务	明确工作任务及结果要求	5	
信息收集	掌握工作相关知识及操作要点	15	
制订计划	按照计划顺利且高效地完成工作任务	10	
计划实施	做好设备检查和安全防护	10	
	正确进行整车断电	10	
	正确进行故障诊断排除	25	
	正确进行故障恢复和验证	15	
质量检查	按照要求完成相应任务	5	
评价反馈	经验总结到位，评价合理	5	
得分（满分100）			

任务五 动力蓄电池及管理系统故障检修

【工作情景】

一辆吉利帝豪 EV450 进店维修，车辆仪表盘显示续航里程为 129 km，动力蓄电池故障指示灯点亮，12 V 蓄电池指示灯点亮，“READY”指示灯不亮，车辆无法上高压电，挂 D 挡车辆无法行驶。你能帮车主诊断出故障点并修复车辆吗？

【学习目标】

素质目标

1.养成良好的职业道德和职业素养；

2.能够进行有效的沟通和交流，具备团队合作意识；

3.培养安全第一的操作意识、爱岗敬业的工作态度和精益求精的工匠精神。

知识目标

1.了解电池管理系统的功能和结构；

2.掌握电池管理系统参数检测与上电控制的方法；

3.掌握电池管理系统的电量管理、均衡管理、热管理；

4.掌握电池管理系统故障维修方法。

能力目标

1.能够正确检测电池管理系统的各个参数；

2.能够说出电池管理系统的电量管理、均衡管理、热管理的方法；

3.能够运用电池管理系统的控制原理进行故障诊断。

【知识准备】

一、动力蓄电池的故障分级

(一)动力蓄电池故障指示灯

新能源汽车出现电气故障时，仪表盘上相应的故障指示灯点亮，指示灯如图 6-52 所示，各故障指示灯含义如表 6-3 所示。动力蓄电池相关故障指示灯主要有动力蓄电池故障指示灯、动力蓄电池断开指示灯、充电连接指示灯等。

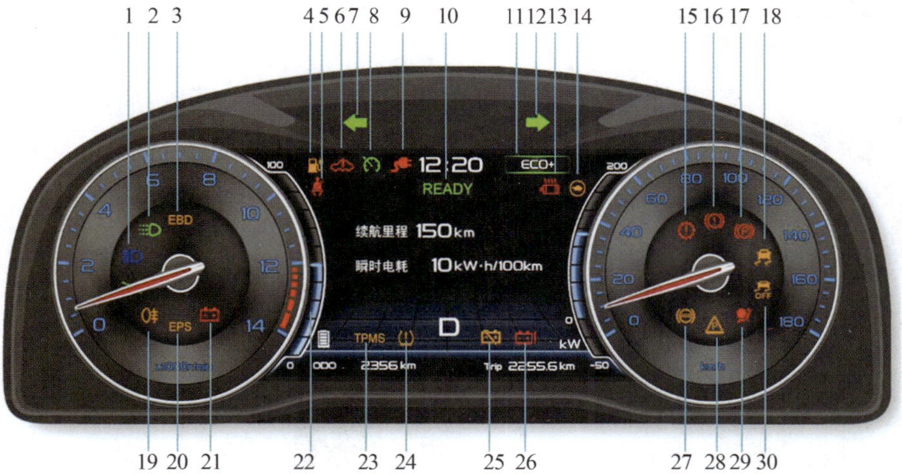

图 6-52　吉利帝豪 EV450 仪表盘中的指示灯

表 6-3　吉利帝豪 EV450 仪表盘中的指示灯的含义

序号	名称	符号	颜色
1	远光指示灯		蓝色
2	日间行车指示灯		绿色
3	电子制动力分配故障指示灯		橙色
4	动力蓄电池充电指示灯		橙色
5	驾驶员安全带未系报警指示灯	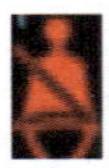	红色
6	系统故障指示灯		红色
7	左转向指示灯		绿色
8	巡航指示灯		绿色
9	充电连接指示灯		红色
10	运行准备就绪指示灯		绿色
11	模式指示灯		白色
12	右转向指示灯		绿色

续表

序号	名称	符号	颜色
13	电机及控制器过热指示灯		红色
14	功率限制指示灯		橙色
15	减速器故障指示灯		红色
16	制动系统故障指示灯		红色
17	驻车制动指示灯		红色
18	电子稳定控制系统(ESP)故障指示灯		橙色
19	后雾指示灯		橙色
20	电动助力转向系统故障指示灯	EPS	橙色
21	动力蓄电池充放电状态指示灯		红色
22	动力蓄电池电量指示条		蓝色
23	胎压监测系统故障指示灯	TPMS	橙色
24	胎压异常指示灯		橙色
25	动力蓄电池断开指示灯		橙色
26	动力蓄电池故障指示灯		红色
27	ABS 故障指示灯		橙色
28	驻车系统故障指示灯		橙色
29	安全气囊故障指示灯		红色
30	电子稳定控制系统(ESP)关闭指示灯		橙色

(二)动力蓄电池的故障分级

根据故障对整车的影响将动力蓄电池的故障划分为三个等级。

1.一级故障(非常严重)

一级故障表明动力蓄电池功能在此状态下已经丧失,请求其他控制器立即(1 s 内)停止充电或放电。如果其他控制器在指定时间内未作出响应,电池管理系统将在 2 s 后主动停止充电或放电,即断开高压接触器。

该故障出现一段时间后会造成整车出现安全事故,如起火、爆炸、触电等。动力蓄电池在正常工作下不会上报该故障,电池管理系统一旦上报该故障就表明动力蓄电池处于严重滥用状态。

2.二级故障(严重)

二级故障表明动力蓄电池功能在此状态下已经丧失,请求其他控制器停止充电或者放电;其他控制器应在一定的延时时间内响应动力蓄电池停止充电或放电请求。

该故障会造成整车进入跛行状态、暂时停止能量回馈、停止充电。动力蓄电池在正常工作下不会上报该故障,电池管理系统一旦上报该故障就表明动力蓄电池某些硬件出现故障或动力蓄电池处于非正常工作的状态下。

3.三级故障(轻微)

三级故障表明动力蓄电池性能下降,电池管理系统会降低最大允许充放电电流。

该故障对整车无影响或不同程度地造成整车进入限功率行驶状态。动力蓄电池在正常工作状态下可能不会上报该故障,电池管理系统一旦上报该故障就表明动力蓄电池处于极限环境温度下或单体电池一致性出现一定劣化等。

二、动力蓄电池的常见故障

(一)动力蓄电池常见故障

动力蓄电池常见故障如表 6-4 所示。

表 6-4 动力蓄电池常见故障

序号	故障现象	解决方法
1	SOC 异常,如无显示、数值明显不符合逻辑	(1)停车或者关闭车钥匙后重新启动 (2)检查仪表盘中其他故障报警是否点亮,并作好现象记录 (3)联系专业维修人员进行复查,维修人员确认无误后才能正常使用
2	续航里程低于经验值	(1)联系维护人员,检查充放电过程中容量是否衰减、BMS 控制是否正常

续表

序号	故障现象	解决方法
3	电池过热报警/保护	(1)10 s 内减速,停车观察 (2)检查报警是否消除,检查是否有其他故障,并作好记录 (3)若报警或保护消除,可以继续驾驶,否则联系专业维修人员 (4)运行中若连续 3 次以上出现停车,减速故障消除后联系专业维修人员
4	SOC 过低报警/保护	(1)SOC 低于 30%、报警出现时,减速行驶,寻找最近的充电站进行充电 (2)停车休息 3~5 min 后行驶,检查故障能否自动消除 (3)若故障不能自动消除,且仍未驶达充电站,联系专业维护人员解决
5	电压/电流明显异常	(1)熄火,迅速下车并保存适当距离 (2)联系专业技术人员处理
6	钥匙打到 ON/START 挡后不工作	(1)检查并维护低压电源 (2)若打到 ON 挡后能工作,检查仪表盘中的故障指示灯是否点亮,并作好记录 (3)若打到 START 挡后仍不能工作,联系专业人员
7	不能充电	(1)检查 SOC 当前数值 (2)检查充电线缆是否按照正确方法连接 (3)若环境温度超出使用范围,停止充电 (4)联系专业维修人员
8	运行时高压短时间丢失	检查系统屏蔽层是否有效,检查接触器是否能正常工作,检查主回路是否接触良好
9	电池外箱磨损、破坏	联系专业维修人员

(二)动力蓄电池典型故障

1.动力蓄电池断电故障

故障现象:启动车辆,仪表盘中动力蓄电池故障指示灯亮 ,动力蓄电池高压断开故障指示灯亮 。

故障检测步骤如下:

(1)首先使用专用诊断仪读取故障码,根据故障代码进行下一步检查。

(2)如果车辆有维修开关(MSD),则检查 MSD 是否松动。根据统计,在带有维修开关的车辆中,因 MSD 没插到位引起的故障占到 70%,高压线束端接触不良问题占到 20%。

(3)插拔检测动力蓄电池的高压线束,查看是否存在接触不良问题。

(4)检查前机舱电器盒内动力蓄电池低压供电熔断器是否熔断。若熔断器良好,则用万用表检查动力蓄电池的 BMS 电源电路，检测电源线是否有短路、断路现象。

(5)如果上述电源线束正常，但 BMS 电源电路无 12 V 电压，则更换前机舱电器盒总成；如果线束有短路或断路现象，更换动力蓄电池低压控制线束。

(6)检查动力蓄电池的 BMS 唤醒信号电路和 CAN 线通路，检查各信号线的通断及接地线是否与车身导通，如线束断路或接触不良则需更换动力蓄电池低压控制线束。

(7)如上述线路均无故障，则更换整车控制器 VCU，试车查看故障是否排除。

(8)若更换线束及 VCU 后故障依然存在，则需要将动力蓄电池拆下开箱检查，开箱检查需联系动力蓄电池厂家的售后工程师。

2.仪表报动力蓄电池绝缘故障

故障现象：若电池自身或是电池外电路高压回路上存在绝缘故障，将导致高压断开，仪表上显示动力蓄电池“绝缘故障”的信息，如图 6-53 所示。

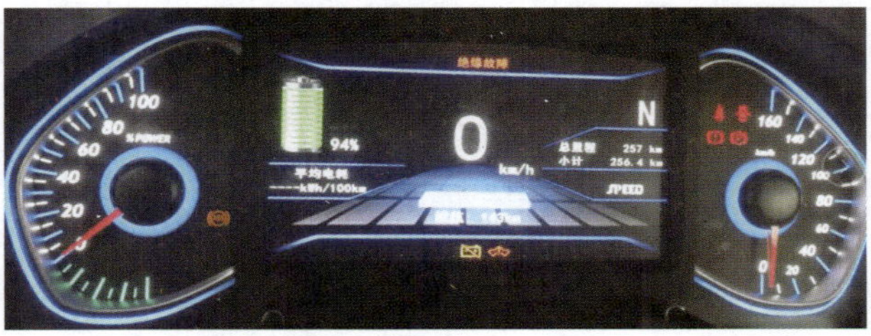

图 6-53　绝缘故障

故障检测：因为整车所有高压部分绝缘都由动力蓄电池管理系统检测，整车没有高压绝缘检测功能，所以出现绝缘故障。因此，首先需要断开动力蓄电池与其他部件的连接，然后用绝缘表检测动力蓄电池绝缘电阻。如果动力蓄电池绝缘阻值达不到规定值，则开箱进行动力蓄电池维修；如果动力蓄电池绝缘没有问题，则依次测量其他高压用电部件的绝缘值。

3.电池温度异常故障

故障现象：车辆仪表盘中黄色的电池故障报警信号灯点亮。如果车辆在行驶过程中可能会出现限速情况，用上位机或监控平台查看是否有温升过快、温度过高、温度过低及温度不均衡等故障。

故障检修：针对该故障，首先要分析数据是否为电池的真实温度。如果电池整体温度偏高或偏低，则可能是真实温度情况；如果不是电池的真实温度，则可能是温度传感器损坏。

4.电池电压不均衡故障

故障现象：在车辆低电量行驶过程中，若电池报警，可能会出现电压跳变情况，甚至出现限速或仪表盘中显示电量变为 10%左右，且充电时可能出现无法充电的现象。用上位机或远程监控平台查看是否有电压不均衡故障。

故障检测：电池系统经过一段时间的运行后，因环境变化及电池单体本身的差异性，放电末端压差会有增大的趋势。压差大于 500 mV 时，会点亮电池故障报警指示灯。出现该故障，首先应判断电池单体本身实际电压与监控数据显示电压是否一致。如果一致，此现象应该是电池单体本身的压差大导致的，需要拆箱做电池的均衡维护；如果不一致，则需要拆箱检查电压采集情况是否正常。

【案例拓展】

BMS 电源异常导致车辆无法上电故障

动力蓄电池管理系统及动力蓄电池组作为车辆运行的能量储备、输送单元，其安全监测和故障处理机制的条件要求非常高，因此在车辆准备启动及正常运行时，电池管理系统是决定车辆高压是否上电的主要条件之一。

1.故障现象

一辆吉利帝豪 EV450 在踩下制动踏板、打开一键启动开关后，仪表盘正常点亮，但“READY”指示灯无法点亮，辅助蓄电池指示灯、动力蓄电池故障指示灯（红色）点亮；动力蓄电池 SOC 信号值丢失，动力蓄电池低电量指示灯（黄色）点亮，如图 6-54 所示。

注意：仪表盘对电池 SOC 电量信息显示有记忆功能，如果仪表盘没有接收到当前的电池 SOC 电量信息，将会显示上一次关闭点火开关前的电池 SOC 电量信息。如果怀疑当前电池电量信息，可断开蓄电池负极 1 min 以上，清除仪表盘记忆后再连接蓄电池，此时仪表盘所显示的就是当前动力蓄电池 SOC 电量信息。

图 6-54　吉利帝豪 EV450 动力蓄电池故障仪表现象

2.读取故障代码

连接诊断仪器至 OBD 诊断接口，此时通过使用诊断仪器与 BMS 进行通信，显示未连接成功。通过使用诊断仪器与 VCU 连接，在 VCU 内部读取到以下故障代码：U011287，该代码表示 VCU 与 BMS 通信丢失。

3.故障原因分析

吉利帝豪 EV450 动力蓄电池控制电路如图 6-55 所示。吉利帝豪 EV450 的动力蓄电池故障灯点亮有两种控制方式：一种是动力蓄电池激活后自检，内部自检出现异常，BMS 通过 P-CAN 发送动力蓄电池内部故障信息给 VCU，VCU 接收到此信息后通过 V-CAN发送动力蓄电池故障信息至组合仪表，组合仪表接收到此信息后点亮仪表盘上的动力蓄电池故障指示灯；另一种是 VCU 没有接收到动力蓄电池管理系统 BMS 发送的动力蓄电池故障、电池电量、电池状态、电池温度等信息，VCU 通过 V-CAN 发送动力蓄电池故障信息至组合仪表，组合仪表接收到此信息后点亮仪表盘上的动力蓄电池故障指示灯。

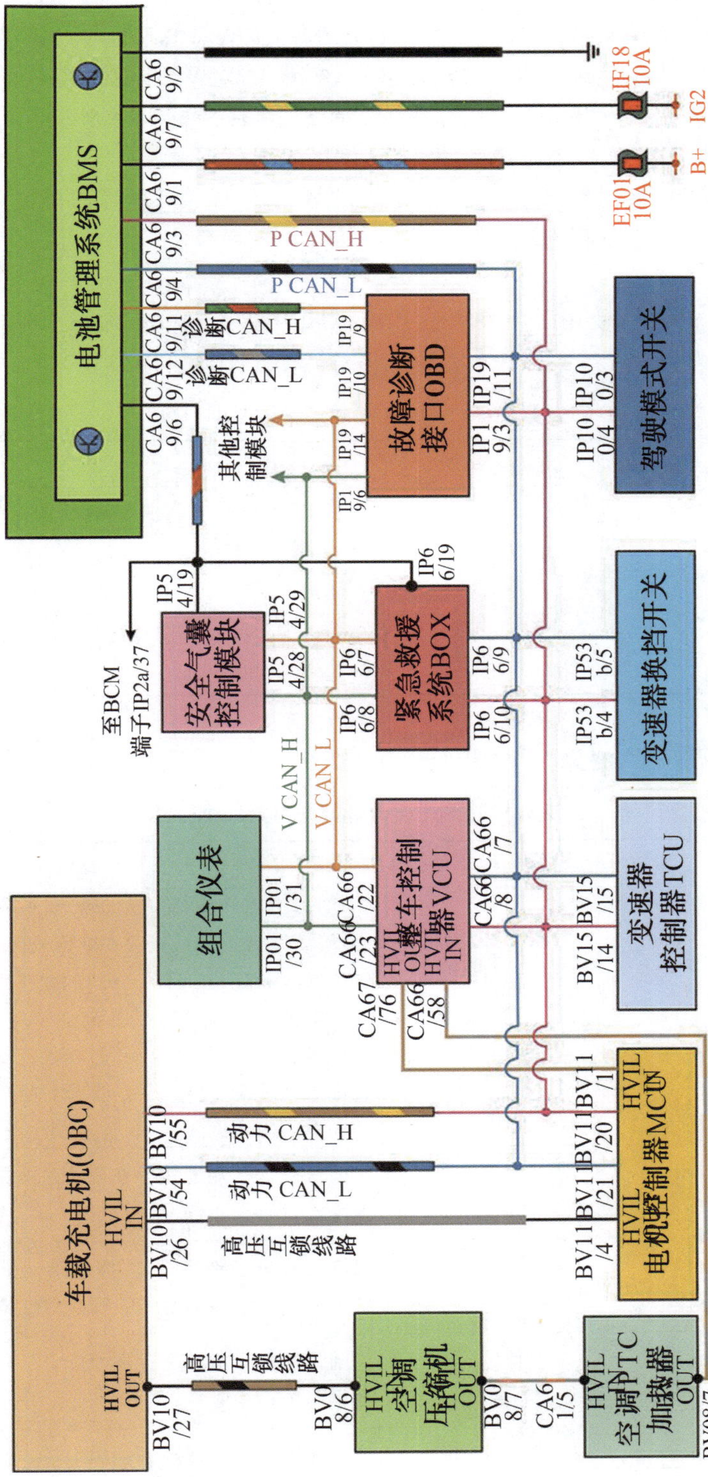

图 6-55　吉利帝豪 EV450 动力蓄电池控制电路

诊断仪器和BMS无法通信，但和VCU通信正常，VCU和BMS通过P-CAN总线进行通信。要保证诊断仪器和BMS之间能正确通信，首先要保证BMS供电电源正常，其次要保证P-CAN总线连接正常，无虚接、开路、短路等故障。根据故障代码定义，电池管理系统BMS模块在点火开关打开时未工作，导致这个故障的可能原因有：

(1)动力蓄电池管理系统电源线路开路、虚接或短路故障。

(2)动力蓄电池管理系统的P-CAN通信线路开路、虚接或短路故障。

(3)动力蓄电池管理系统自身故障。

4.故障诊断

(1)关闭点火开关，使用万用表测量BMS常用电源CA69/1端子对地电压，如表6-5所示，正常值应为+B。

表6-5　CA69/1端子对地电压

可能性	测量值	结论	下一步操作
1	+B	正常	测量BMS接地线路对地电压
2	0 V～+B	异常	说明供电线路存在虚接故障，下一步测量EF01保险丝两端对地电压
3	0 V	异常	说明供电线路存在断路故障，下一步测量EF01保险丝两端对地电压

(2)关闭点火开关，测量EF01保险丝两端对地电压，如表6-6所示，正常值应为+B。

表6-6　EF01保险丝两端的对地电压

可能性	测量值	结论	下一步操作
1	+B,+B	正常	1.如果上一步测试结果为0 V,说明端子CA69/1到熔丝EF01之间的线路存在断路故障，下一步对端子CA69/1到保险丝EF01之间的线路阻值测试 2.如果上一步测试结果为高于0 V～+B的某个值，说明端子CA69/1到保险丝EF01之间的线路存在虚接故障，下一步对端子CA69/1到EF01之间的线路阻值测试
2	+B,0 V～+B	异常	说明保险丝两端连接存在阻值过大故障，下一步对保险丝进行检查，必要时更换
3	+B,0 V	异常	说明保险丝断路故障，更换保险丝前测试EF01端子与CA69/1端子之间的线路对地电阻
4	0 V～+B,0 V～+B	异常	说明保险丝供电线路存在故障，下一步对保险丝供电电路进行检查
5	0 V,0 V	异常	说明保险丝供电线路未输出电压，下一步对保险丝供电电路进行检查

(3)关闭点火开关,测量 BMS 接地端 CA69/2 的对地电压,如表 6-7 所示,正常值应小于 0.1 V。

表 6-7　CA69/2 对地电压

可能性	测量值	结论	下一步操作
1	0 V	正常	更换 BMS 模块后进行上电测试
2	0 V～+B	异常	说明接地线路存在虚接故障,下一步测量接地线路的导通性
3	+B	异常	说明接地线路存在断路故障,下一步测量接地线路的导通性

(4)关闭点火开关,拔下保险丝 EF01 和 CA69 插头,测量 CA69/1 至 EF01 之间的对地电阻,如表 6-8 所示,正常值应大于 2 Ω。

表 6-8　CA69/1 至 EF01 之间的电阻

可能性	测量值	结论	下一步操作
1	无穷大	正常	BMS 内部故障
2	小于 2 Ω	异常	说明供电线路对地短路

(5)关闭点火开关,拔下保险丝 EF01 和 CA69 插头,测量 EF01 至 CA69/1 之间的电阻,如表 6-9 所示,正常值应小于 2 Ω。

表 6-9　EF01 至 CA69/1 之间的电阻

可能性	测量值	结论	下一步操作
1	小于 2 Ω	正常	插接件故障
2	无穷大	异常	线路断路
3	大于 2 Ω	异常	线路虚接

(6)关闭点火开关,拔下 CA69 插头,测量 CA69/2 与接地点之间的电阻,如表 6-10 所示,正常值应小于 2 Ω。

表 6-10　CA69/2 与接地点之间的电阻

可能性	测量值	结论	下一步操作
1	小于 2 Ω	正常	插接件故障
2	无穷大	异常	线路断路
3	大于 2 Ω	异常	线路虚接

5.恢复故障验证

(1)将点火开关置于 OFF 位置。

(2)更换或维修故障部件。需要注意的是,部分更换或拆装的模块需要执行调整、编程或设置程序。

(3)打开点火开关,清除故障代码(DTC)。

(4)关闭点火开关 60 s(注意,某些故障代码需要先将点火开关旋至 OFF 位置,然后旋回至 ON 位置后,故障诊断仪功能才会清除 DTC)。

(5)踩下制动踏板,打开点火开关,车辆仪表显示正常,切换至 P 挡或 R 挡进行试车,车辆运行正常。

6.故障机理分析

如果动力蓄电池管理系统 BMS 电源线路或 P-CAN 通信线路存在故障,造成 BMS 无法启动运行,无法进行信息传输,使 VCU 无法正常接收到 BMS 模块发送的动力蓄电池电量、电压、故障、温度等状态信息,从而无法确认动力蓄电池的工作状态,VCU 将启动整车保护功能,使整车高压系统无法上电。

【任务实施】

吉利帝豪 EV450 整车 BMS 电源故障诊断

一、接受工作任务

一辆吉利帝豪 EV450 在踩下制动踏板、打开一键启动开关后，仪表盘正常点亮，但“READY”指示灯无法点亮，辅助蓄电池指示灯、动力蓄电池故障指示灯（红色）点亮，动力蓄电池 SOC 信号值丢失，动力蓄电池低电量指示灯（黄色）点亮，请按操作规范完成故障诊断和实训工单任务。

二、信息收集

1.动力蓄电池相关故障指示灯主要有________、________、________等。

2.根据故障对整车的影响将动力蓄电池的故障划分为三个等级，即________、________、________，其中________级故障是最严重的故障。

3.是________指示灯，是________指示灯，是________指示灯，是________指示灯，是________指示灯，是________指示灯，是________指示灯。

三、制订计划

1.根据实训任务要求制订作业计划。

作业计划		
序号	作业项目	操作要点

2.根据作业计划完成小组成员任务分工。

操作人		记录员	
监护人		展示员	

作业注意事项

(1)举升车辆时严格遵守举升机使用方法,禁止在车底嬉戏打闹。
(2)台架内含 300 V 以上高压电,严禁用手直接触摸高压回路导体部分。
(3)实训过程中严禁私自拆解任何动力蓄电池系统的内零部件。
(4)若实训过程中出现故障,务必第一时间中止实训,并报备实训指导教师。

检测设备/工具/材料

序号	名称	数量	清点
			□已清点
			□已清点
			□已清点
			□已清点
			□已清点
			□已清点

四、计划实施

1.实训前,检查并准备设备。

绝缘手套状态:□正常　　□漏气
安全帽状态:□正常　　□破损
车辆 P 挡状态:□P 挡　　□非 P 挡
绝缘地垫状态:□良好　　□损坏
低压蓄电池电压状态:□正常　　□欠压

2.打开点火开关,观察仪表盘现象。

“READY”指示灯状态:□点亮　　□未点亮
仪表中有哪些故障指示灯点亮?

3.连接诊断仪，读取故障代码和数据流。

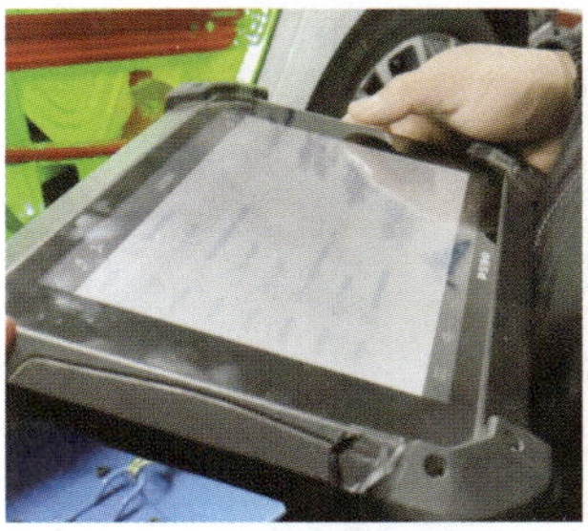

读取到的故障代码：

1.________________，

2.________________，

3.________________。

读取到的数据流：

1.________________，

2.________________，

3.________________。

4.故障原因分析。

根据故障现象和故障码、数据流分析可能的故障原因：

1.________________，

2.________________，

3.________________。

5.故障诊断与测量。

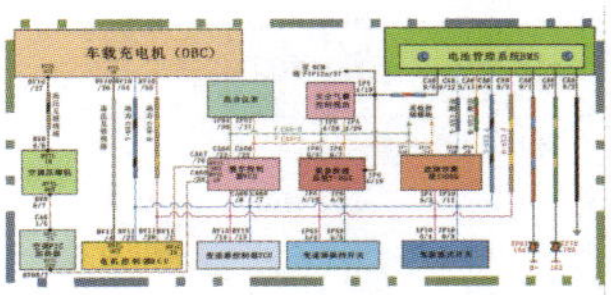

根据电路图进行故障诊断：

1.测量________端子，测量结果为________。

2.测量________端子，测量结果为________。

3.测量________端子，测量结果为________。

根据测量结果得出故障点为：________。

6.恢复故障验证。恢复故障点，重新打开点火开关，验证故障现象是否消失。

故障现象是否消失：□是　　　□否

“READY”指示灯状态：□点亮　　　□未点亮

五、质量检查

请实训指导教师检查本组作业结果，并针对实训过程出现的问题提出改进措施及建议。

序号	评价标准	评价结果
1	规范使用设备仪器，恢复场地	
2	作业计划完善且保证安全实施	

3	准确测量、记录数据，分析合理	
4	正确展示团队实训成果	
综合评价	☆☆☆☆☆	
综合评语（作业问题及改进建议）		

六、评价反馈

请根据自己在课堂中的实际表现进行自我评价和小组评价。

自我评价：____。
小组评价：____。

实训成绩单

项目	评分标准	分值	得分
接受工作任务	明确工作任务及结果要求	5	
信息收集	掌握工作相关知识及操作要点	15	
制订计划	按照计划顺利且高效地完成工作任务	10	
计划实施	准确判断故障现象	20	
	会使用故障诊断仪读取故障码和数据流	10	
	能够根据故障现象和故障码判断故障范围	15	
	能够按照正确的排故思路完成故障诊断	15	
质量检查	按照要求完成相应任务	5	
评价反馈	经验总结到位，评价合理	5	
得分（满分 100）			

参考文献

[1]徐艳民. 电动汽车动力电池及电源管理[M]. 北京:机械工业出版社,2014.

[2]蒋鸣雷. 新能源汽车动力电池结构与检修[M]. 北京:机械工业出版社,2018.

[3]吴小俊,张金友,陈金友. 新能源汽车动力电池原理与检修[M]. 西安:西北工业大学出版社,2019.

[4]敖东光,宫英伟,陈荣梅. 电动汽车结构原理与检修[M]. 北京:机械工业出版社,2017.

[5]钱锦武. 新能源汽车储能装置与管理系统[M]. 北京:人民交通出版社,2018.

[6]孔超. 纯电动汽车电池及管理系统拆装与检测[M]. 北京:机械工业出版社,2018.

[7]许云,赵良红. 新能源汽车动力电池及充电系统检修[M]. 北京:机械工业出版社,2018.

[8]谭婷,李健平. 新能源汽车电池及管理系统检修[M]. 北京:机械工业出版社,2018.

[9]弋国鹏,魏建平. 电动汽车控制系统及检修[M]. 北京:机械工业出版社,2020.

[10]何洪文. 电动汽车原理与构造[M]. 北京:机械工业出版社,2012.